La force de l'Ennéagramme

Helen Palmer

avec Paul Brown

La force de l'Ennéagramme

Agir juste, coacher, manager

Traduit de l'américain par Myriam Shalak

InterEditions

L'édition originale de cet ouvrage a été publiée aux États-Unis par Three Rivers Press, New York, New York, member of The Crown Publishing Group, a division of Random House, Inc., sous le titre *The Enneagram Advantage - Putting the 9 Personnality Types to Work in the Office.*

La présente traduction est publiée avec l'accord d'Harmony Books, a division of Random House, Inc.

ISBN 978-2-7296-1359-4

À Janet Levine, dont la réflexion sur la spiritualité dans le monde du travail m'a incitée à écrire cet ouvrage

À Sandy Levine, pour nos discussions passionnantes sur l'influence de l'Ennéagramme dans l'entreprise

SOMMAIRE

Première partie

1 L'ENNÉAGRAMME ET LA FORCE QU'IL PROCURE

1

NEUF FAÇONS DE VOIR LA VIE, D'AGIR ET DE RÉAGIR

Bien qu'il se réfère à des concepts très anciens, l'Ennéagramme n'est ni difficile à expliquer, ni difficile à comprendre. Conçu à l'origine pour être un outil d'auto-observation, l'Ennéagramme décrit neuf grands types de personnalité et leurs interactions. Chacun de ces types se définit par des habitudes affectives, un mode de pensée et un rapport aux autres qui, conjugués, aboutissent à un regard spécifique sur le monde.

L'origine du terme « Ennéagramme » est tout aussi simple. En grec, « ennea » signifie « neuf » et « gramme » signifie « dessin » ou « écrit ». Or, l'Ennéagramme est précisément une étoile à neuf branches représentant graphiquement neuf types de personnalité.

Comme toutes les typologies, l'Ennéagramme met en évidence les caractéristiques communes des personnes relevant du même profil – à noter qu'il s'agit de personnes saines, et non d'individus frappés d'une quelconque pathologie psychiatrique. Au sein de l'entreprise, la grande force de l'Ennéagramme est de permettre de comprendre comment les autres raisonnent, ce qu'ils ressentent et la manière dont ils filtrent les informations relatives à leur travail. Aucun « ennéatype » n'est préférable à un autre, mais chacun définit le filtre de perception à travers lequel l'individu aborde les réalités de sa vie professionnelle. Il est donc important de connaître les divers ennéatypes.

Comme son étymologie grecque l'indique, l'Ennéagramme trouve sa source dans un passé lointain. Il n'a aucun lien avec le système psychanalytique mis au point par Freud il y a un siècle à peine. De tout temps, les hommes ont élaboré des grilles de lecture visant à observer et à comprendre leurs différences. Malgré les montagnes, les océans et les déserts qui les séparaient, les diverses cultures du monde ont produit des systèmes étonnamment similaires d'analyse du comportement humain. Elles ont abouti à une même conclusion: si nous avons du mal à nous comprendre nous-même et à comprendre les autres, c'est à cause de nos habitudes de pensée, qui nous rendent aveugles aux autres points de vue que le nôtre.

L'explication traditionnelle des différences de comportement réside dans une théorie d'ordre éthique: la soumission de chaque type de personnalité à une « passion » caractéristique. Aujourd'hui, on ne parle plus de passion, mais de stratégie de survie psychologique. Il s'agit d'une sorte de bouclier que le jeune enfant adopte pour se protéger de la souffrance affective. C'est en comprenant les racines enfantines de ce mécanisme de défense qu'on peut, à l'âge adulte, transformer cette passion en la vertu opposée. En effet, notre passion affecte nos rapports aux autres et nous empêche d'accéder à la spiritualité. C'est donc une source de souffrance.

L'Ennéagramme a été conçu, à l'origine, pour nous aider à identifier notre passion affective dominante. Chacun des ennéatypes illustre une dynamique passion-vertu. Ainsi, la colère (passion) des Perfectionnistes de la base 1 peut se transformer en sérénité (vertu). De même, la peur des Loyaux-sceptiques de la base 6 est le matériau de base du courage. Une fois qu'on découvre sa passion dominante, il faut se souvenir qu'elle n'est pas apparue sans raison. Par ailleurs, il faut apprendre à mieux connaître son propre point de vue, mais aussi veiller à avoir de l'empathie pour les points de vue des autres.

La transformation de la passion en vertu est fondamentale pour les nombreuses traditions spirituelles qui considèrent la personnalité comme le moteur de la transformation spirituelle. Ainsi, pour ne citer qu'eux, le judaïsme, le bouddhisme et le soufisme (la branche mystique de l'islam) ont identifié les potentiels d'élévation de chaque ennéatype. Autre exemple: les sept péchés capitaux. Le christianisme y voit la source des souffrances humaines mais suggère que chaque passion crée un élan vers la vertu opposée.

Ainsi, l'orgueil gonfle lorsqu'on se sent important dans la vie des autres et dégonfle douloureusement quand on se sent rejeté. Mais l'orgueil nourrit aussi une recherche d'humilité pour mettre fin à la souffrance liée à cette dépendance vis-à-vis du regard des autres.

Le silence de la vie spirituelle, les prières ou les méditations peuvent aussi être pollués par l'orgueil si, quand on se plonge dans l'introspection, on craint la perte de ses soutiens extérieurs. L'humilité consiste simplement à savoir exactement comment les autres nous voient et à leur en être reconnaissant – un état spirituel que ceux qui sont asservis à leur orgueil ne peuvent qu'envier.

L'objectif traditionnel de la transformation de la passion en vertu consiste à identifier sa stratégie de survie personnelle et à cultiver la « vertu » correspondante – en d'autres termes, une attitude constructive. L'orgueil disparaît avec la pratique de l'humilité, c'est-à-dire la connaissance de sa véritable valeur aux yeux des autres. De même, l'avarice s'évanouit lorsqu'on apprend le détachement, et ainsi de suite pour les neuf types de personnalité.

Chaque passion, c'est-à-dire chaque stratégie de survie, s'accompagne d'un système spécifique de filtrage des informations. Ainsi, dans les traditions spirituelles qui utilisent les ennéatypes comme moteurs du développement personnel, les Épicuriens de la base 7 étaient appelés les « moines à l'esprit gourmand », non pas parce qu'ils mangeaient trop, mais parce que leur attention était constamment tournée vers des projets ou des fantasmes agréables. De même, les Perfectionnistes de la base 1 étaient appelés « les moines à l'esprit de jugement » parce que la passion de la colère les conduisait à se focaliser sur les erreurs. Les passions et le schéma de pensée correspondant ne peuvent être identifiés qu'au prix d'un travail d'auto-observation.

La transformation de la passion en vertu correspond à un point de rencontre entre les diverses traditions spirituelles. Loin d'être une question de dogme ou de croyance religieuse, cette transformation est un enseignement éthique qui nous permet de comprendre nos actions et notre conduite envers les autres. Au sein des communautés spirituelles traditionnelles, où des systèmes tels que l'Ennéagramme trouvent leur source, notre conduite consciente envers nous-même et envers les autres et notre cheminement spirituel étaient considérés comme des choix éthiques.

Tableau 1 : La transformation de la passion (au sens ancien du terme) en vertu

Ennéatype	Passion	Vertu
Un	Colère	Sérénité
Deux	Orgueil	Humilité
Trois	Mensonge	Sincérité
Quatre	Envie	Équanimité
Cinq	Avarice	Détachement
Six	Peur	Courage
Sept	Gourmandise	Sobriété
Huit	Excès/Luxure	Innocence
Neuf	Paresse (oubli de soi)	Action

La stratégie de survie affective qu'on a élaborée pendant son enfance mobilise des trésors de temps, d'énergie et d'attention au quotidien. Or, elle ne convient plus forcément à l'adulte qu'on est devenu. Grâce à l'Ennéagramme, on peut mieux comprendre à quoi on consacre habituellement son énergie et devenir plus productif, prendre plus d'initiatives et être plus réactif au travail.

En 1988, j'ai écrit un premier ouvrage où je décrivais les neuf ennéatypes dans le contexte de la spiritualité[1]. J'ai ensuite publié en 1994 un livre consacré aux effets des ennéatypes sur nos relations amoureuses et professionnelles[2]. Dans le présent ouvrage,

1. *L'Ennéagramme.*
2. *L'Ennéagramme au travail et en amour.*

j'approfondis l'analyse des neufs points de vue en montrant comment ils opèrent dans l'action, au travail, et donc le plus souvent dans un contexte professionnel quotidien. Car c'est à cette part de leur vie que la plupart des êtres consacrent la majeure partie de leur temps et de leur énergie...

Neuf types de personnalité

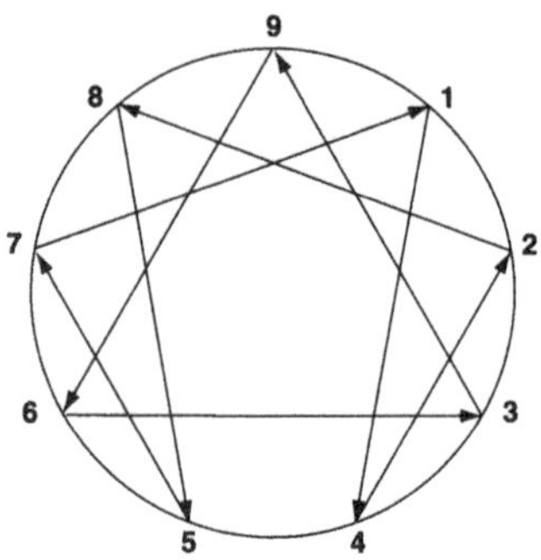

1

LE PERFECTIONNISTE

Discipline, sens moral, esprit pratique, colère

2

L'ALTRUISTE

Serviabilité, empathie, manipulation, orgueil

3

LE BATTANT

Efficacité, faculté de persuasion, inconstance, tromperie

4

LE ROMANTIQUE

États d'âme, originalité, mélancolie, envie

6

LE LOYAL-SCEPTIQUE

Loyauté, questionnement, vigilance, crainte

7

L'ÉPICURIEN

Optimisme, éparpillement, gourmandise

8

LE PROTECTEUR

Sens du territoire, goût pour la confrontation, protection, confiance

9

LE MÉDIATEUR

Ambivalence, souplesse, entêtement, oubli de soi

5

L'OBSERVATEUR

Discrétion, observation, détachement, dissimulation

2

DÉCOUVRIR SON ENNÉATYPE ET EN APPRÉCIER LES RISQUES ET LES QUALITÉS

DANS L'ENNÉAGRAMME, aucun ennéatype n'est meilleur qu'un autre : chacun d'entre eux représente une stratégie de survie efficace. En revanche, les points de vue qui en découlent sont radicalement différents. Dans le reste de cet ouvrage, nous étudierons en détail ces neuf types de personnalité, en insistant sur la manière dont ils se manifestent et interagissent au travail. Pour l'instant, contentons-nous d'un bref aperçu.

BASE 1 : LE PERFECTIONNISTE

Le monde paraît constamment tourner à l'envers. Il faut faire quelque chose, et le faire étape par étape, avec précision. Ainsi, quand on rédige un rapport, il doit être exhaustif mais concis. De même, quand on formule un avis, il faut aller droit au but, sans gaspiller son temps ni ses efforts.

Les Perfectionnistes sont dotés d'un redoutable esprit critique qui passe au crible toutes leurs pensées, toutes leurs paroles et tous leurs actes. Cet esprit critique leur souffle qu'ils peuvent toujours mieux faire, et le niveau d'exigence augmente continuellement.

Un Perfectionniste n'est jamais conscient de sa colère, même quand il affirme d'une voix polie mais tendue et d'un ton cassant: « Tout va *bien* et je ne me mets *jamais* en colère. »

Tirer parti de vos qualités

Les activités et les postes accompagnés d'une structure hiérarchique claire et exigeant une attention méticuleuse aux détails vous conviennent, car le « contrôle qualité » fait partie intégrante de votre manière de raisonner.

Vous prenez du plaisir au travail bien fait. Vous êtes donc, plus qu'un autre, très exigeant envers vous-même. Vous aimez améliorer les procédures et corriger les erreurs et vous savourez les moments où tout se passe « comme il faut ».

Limiter les risques

Vous n'êtes pas attiré par les activités ou les postes où les décisions se prennent en fonction d'informations changeantes ou partielles. Perturbé par l'absence de repères, vous vous sentez tenu de tout vérifier.

Les décisions à prendre sur-le-champ accroissent les risques d'erreur et de mise en cause de votre responsabilité. La présence de points de vue et d'opinions multiples peut vous paralyser.

Votre credo

« La perfection exige des efforts héroïques.
Je ne suis pas encore parfait. »

BASE 2: L'ALTRUISTE

Vous aimez donner pour établir un rapport personnel avec les autres. Dans une large mesure, vous vous définissez en fonction de vos rapports aux autres. Vous exercez votre pouvoir en coulisses, par la persuasion ou la manipulation, et vous obtenez l'adhésion des autres en étant agréable et indispensable.

Vous vous coulez dans des personnalités diverses en fonction des besoins des autres. Vous avez une personnalité pour votre patron, une personnalité pour votre équipe et d'autres personnalités encore pour votre vie de famille. Pour vous, le défi à relever consistera à faire la différence entre le don intéressé et le soutien réellement altruiste.

Tirer parti de vos qualités

Le positionnement est important. Vous donnez le meilleur de vous-même lorsque vous devenez indispensable à une personne et/ou à un chef. Vous travaillez *avec* ce chef, et non pas *pour* lui, parce que c'est vous qui gérez sa vie. Les êtres charismatiques ayant besoin d'aide sont une proie facile pour les Deux.

Limiter les risques

Les environnements où on est avare de compliments vous posent des problèmes. Il vous est difficile de continuer si vous ne bénéficiez d'aucune gratitude lorsque vous satisfaites les besoins des autres.

> *Votre credo*
>
> *« Ils ne pourraient pas se passer de moi. »*

BASE 3 : LE BATTANT

Le monde appartient aux vainqueurs. Vous projetez donc une image positive et vous devenez l'archétype de la réussite dans votre profession. Vous savez que vous pouvez tout accomplir, à condition d'y consacrer suffisamment d'énergie.

Votre vie affective est sacrifiée, mais vous préférez agir plutôt que d'y penser. Tant que vous restez actif, vous avez le sentiment de maîtriser la situation. En revanche, l'inactivité vous terrifie. Les Battants ont besoin de résultats immédiats et de compliments. Ils ont peur de se demander : « Et si ça ne marchait pas ? ».

Tirer parti de vos qualités

Il vous faut des activités ou un poste prestigieux offrant de larges possibilités d'avancement et dans lequel vous pouvez exceller. Les longues heures de travail et le talent doivent y être récompensés. Ceux qui menacent votre irrésistible ascension n'ont qu'à bien se tenir.

Limiter les risques

Les tâches ingrates, les postes sans possibilités d'avancement ne vous intéressent pas. Vous aimez que les choses et les résultats aillent vite. Les projets créatifs nécessitant une introspection et de longs tâtonnements sont une torture.

> **Votre credo**
>
> *« La valeur d'un être se mesure à sa dernière victoire. Pas de pitié pour les perdants. »*

BASE 4: LE ROMANTIQUE

Vous cumulez peut-être deux activités: un travail alimentaire et une profession artistique. En tout cas, vous considérez que le travail devrait être un moyen d'expression et vous refusez de vendre votre âme au diable pour l'appât du gain.

Vous pensez constamment à ce qui vous manque. Ce qui est hors d'atteinte vous paraît fascinant. Inversement, ce que vous avez vous satisfait peu.

Votre efficacité peut dépendre de votre humeur. Vous avez du mal à vous concentrer quand vous n'avez pas le moral. Vos projets peuvent s'enliser quand vous ne vous sentez pas bien ou lorsque vous vivez une histoire d'amour.

Tirer parti de vos qualités

Vous aimez les activités et les postes créatifs nécessitant un regard original, voire excentrique. Vous êtes attiré par les tâches et les emplois mettant en jeu vos émotions, qu'il s'agisse de passer des ordres boursiers dans un stress permanent ou d'assurer une permanence téléphonique à l'écoute de candidats au suicide. Vous vous demandez toujours: « Pourquoi la vie professionnelle ne refléterait-elle pas les vraies valeurs humaines? »

Limiter les risques

Les tâches et les emplois ordinaires au sein d'un cadre banal sont pour vous une catastrophe. Vous devez également éviter les postes administratifs impliquant l'anonymat et le détachement affectif. De même, vous devez fuir les activités et les emplois où vous devez collaborer avec des personnes ou des collègues plus compétents, plus appréciés ou mieux payés. Vous vous sentez rabaissé par les postes « plébéiens », même si vous seul savez ce que vous entendez par là. Il peut tout aussi bien s'agir, à vos yeux, d'un emploi de jardinier que d'un poste de PDG.

Votre credo

« Il me manque quelque chose. Si seulement je l'avais! »

BASE 5: L'OBSERVATEUR

Sous l'effet de votre détachement, de nombreuses activités vous semblent vaines. Pourquoi les autres gaspillent-ils ainsi leur énergie alors qu'il est si agréable de s'isoler pour réfléchir? Votre intimité est votre bien le plus précieux. Vous adorez vous replier dans un endroit protégé, à l'abri des intrus.

Vous contenter de peu simplifie tout: vous avez moins de besoins, moins d'obligations et moins de rapports avec vos collègues. Vous avez également plus de temps et d'énergie à consacrer à l'étude et à la réflexion.

Tirer parti de vos qualités

Votre aptitude à analyser une situation avec détachement vous permet de mettre de l'ordre dans le chaos. Votre détachement affectif vous permet également de travailler seul longtemps en vous préoccupant exclusivement des réponses que vous cherchez. Vous aimez les tâches ou les postes où votre temps et votre énergie ne sont pas gaspillés. Chaque fois que c'est possible, vous préférez limiter les contacts et vous abriter derrière des secrétaires, des courriers électroniques et des télécopies.

Limiter les risques

Tout travail impliquant une concurrence ouverte ou une confrontation directe est impensable. Il est risqué de s'exposer lorsqu'on a une énergie limitée. Les réunions sans ordre du jour précis, les décisions spontanées, les brainstormings impromptus et les interactions mêlées d'affectivité vous pèsent.

Votre credo

« L'esprit prime sur la matière. »

BASE 6: LE LOYAL-SCEPTIQUE

Vous faites preuve de force face à l'adversité, mais vous avez tendance à douter quand la victoire paraît facile. Le doute et votre tendance à imaginer le pire vous conduisent à vous interroger: « Et si la situation devenait dangereuse? », « Est-ce que nous ne devrions pas réfléchir encore un peu? ». Paradoxalement, votre anxiété est à son comble pendant les périodes de succès éclatant, parce que la notoriété attire la concurrence. En revanche, vous prenez les situations difficiles à bras-le-corps, surtout lorsque vous avez des alliés.

Tirer parti de vos qualités

Vous n'avez aucun mal à agir et à travailler dans les environnements où la hiérarchie est clairement définie et où vous savez à quoi vous attendre. Le travail en indépendant vous convient également, car vous n'êtes soumis qu'à votre propre autorité. Votre détermination à aborder les questions qui fâchent fait de vous un excellent intervenant en cas de crise et un analyste très apprécié.

Limiter les risques

Les tâches, les activités, les postes très stressants exigeant des décisions immédiates peuvent paralyser vos capacités d'analyse. Sous la pression, vous avez tendance à trop réfléchir et à faire parfois traîner les choses. Choisir un poste très en vue et sans lignes de conduite claires serait courir à l'échec.

> *Votre credo*
>
> *« Remettre en cause l'autorité. »*

BASE 7: L'ÉPICURIEN

À vos yeux, le monde regorge de possibilités et d'options. Il y a toujours de nouveaux paramètres à prendre en compte et des projets passionnants à imaginer. Conscient de votre propre valeur, vous considérez la réussite comme un dû, et cet enthousiasme est contagieux. Là où la plupart des gens voient des obstacles, vous voyez des possibilités.

Vous vous sentez bien dès lors que vous apercevez des possibilités. Vous êtes un champion du brainstorming et vous savez vous créer un réseau en esquivant les conflits. Cette personnalité est toutefois à double tranchant: vous débordez d'idées originales, mais vous avez du mal à tenir vos engagements.

Tirer parti de vos qualités

Quand, dans les premières étapes d'un projet, l'heure est à l'examen de toutes les options et à la projection vers l'avenir, vous donnez le meilleur de vous-même. Vous aimez participer au début d'une aventure et synthétiser des informations d'origines diverses.

Limiter les risques

Dès que la mise en œuvre d'un projet implique un travail routinier éloigné de l'esprit d'aventure des débuts, vous vous en désintéressez. Les fonctions de supervision et les postes sans perspectives d'avenir vous conduisent à jouer de votre réseau pour trouver un emploi mieux adapté.

> *Votre credo*
>
> *« Je suis content. Vous êtes content.*
> *Tout le monde est content, non? »*

BASE 8: LE PROTECTEUR

L'important, c'est le pouvoir: « Qui a le pouvoir, et sera-t-il équitable? ». Vous prenez les choses en main et vous combattez les autres candidats au pouvoir pour ne pas tomber sous leur coupe.

La colère est votre émotion de prédilection et les autres gagnent votre confiance par la confrontation. Vous savez qu'ils laissent échapper ce qu'ils pensent vraiment quand ils sont en colère. En les provoquant, vous essayez de voir s'ils sont manipulateurs, bons joueurs, honnêtes ou lâches.

En disant ce que vous pensez, vous crevez l'abcès et vous testez vos collègues pour voir si vous pouvez leur laisser une certaine autonomie. La justice pour tous est un axe important de votre action et vous protégez énormément vos collaborateurs.

Tirer parti de vos qualités

Vous êtes réputé pour votre ambition et votre soif de pouvoir, mais vous savez aussi donner de l'autonomie aux autres. Les postes de chef correspondent à votre nature profonde, car vous êtes à la fois déterminé et humain, avec la force nécessaire pour faire avancer des projets lourds.

Limiter les risques

Vous n'êtes pas doué pour les tâches, les activités ou les postes nécessitant de la diplomatie et le respect des ordres. Vous détestez les jeux de pouvoir occultes et les tentatives de manipulation. Vous souhaitez que les injustices puissent être corrigées par le biais d'un système clair, indépendamment de la bonne volonté des supérieurs.

> ***Votre credo***
>
> *« On fait comme je dis. »*

BASE 9: LE MÉDIATEUR

Vous recherchez le consensus et la paix. Aussi, vous pesez le pour et le contre. Vous voyez les aspects positifs et négatifs de chaque décision et vous avez du mal à trancher. À force de comprendre le point de vue de tous les autres, vous pouvez en oublier vos propres priorités, jusqu'au jour où vous vous demandez : « Est-ce moi qui ai voulu ce projet ou quelqu'un d'autre ? ».

Malheureusement, une fois que vous avez commencé à participer au projet en question, il vous est difficile de faire machine arrière, malgré votre envie. Plutôt que d'exprimer votre colère, vous avez alors tendance à traîner des pieds et à faire preuve d'entêtement.

À l'approche des échéances, vous passez à l'action. Une fois lancé, vous êtes très productif. La difficulté consiste à ne pas dévier de votre position alors que vous vous laissez facilement influencer par les souhaits des autres.

Tirer parti de vos qualités

Votre aptitude à saisir tous les aspects d'une question fait de vous un excellent médiateur. Ceux qui vous entourent se sentent respectés parce que vous êtes capable de partager leur point de vue.

Limiter les risques

Les activités ou les postes nécessitant une auto-promotion constante sont risqués, de même que les milieux où les procédures évoluent rapidement. Les changements de priorités vous perturbent et vous vous sentez déchiré en cas de conflit.

Votre credo

« Vivons en paix. Ne faisons pas de vagues. »

Si, après avoir lu ces neuf portraits rapides, vous n'êtes pas sûr de la catégorie à laquelle vous appartenez, vous n'êtes pas le seul. Après tout, les neuf branches de l'Ennéagramme sont entourées par un cercle qui montre que chacun de nous a accès à ces neuf types de personnalité. Il n'empêche que nous avons tous un type de personnalité dominant. Le test-questionnaire qui suit vous aidera à vous situer.

TEST-QUESTIONNAIRE : TROUVER PAR SOI-MÊME SON ENNÉATYPE

Ce questionnaire d'auto-évaluation décrit neuf types de personnalité. Aucun de ces types n'est pire ni meilleur que les autres, mais leurs points de vue sur le monde diffèrent.

Chacun des paragraphes qui suivent (paragraphes « A » à « I ») comporte une description simple d'un type de personnalité. Aucun de ces paragraphes ne prétend être un portrait exhaustif de la personnalité d'un individu. Plusieurs paragraphes peuvent vous correspondre de près ou de loin. Choisissez celui qui vous ressemble le plus.

Pour prendre votre décision, voyez chaque paragraphe comme un tout plutôt que de vous focaliser sur des phrases isolées, hors contexte, et demandez-vous : « Est-ce que ce paragraphe, globalement, me correspond mieux que les autres ? ».

SUGGESTIONS

Si vous avez du mal à choisir entre plusieurs paragraphes, imaginez comment l'un de vos proches vous décrirait.
Le type de personnalité étant particulièrement marqué à l'entrée dans l'âge adulte, il peut être également utile de vous demander quelle description vous correspondait le mieux quand vous aviez une vingtaine d'années.

Paragraphe A

Je recherche l'harmonie et l'équilibre dans ma vie privée et dans mon travail. Je donne le meilleur de moi-même dans un environnement structuré et prévisible où les responsabilités sont clairement définies. Je peux me montrer très adaptable aux besoins de l'entreprise et de mes collègues, mais j'ai tendance à résister au changement lorsqu'il est trop rapide.

Je tiens à ce que la bonne entente règne et je peux être très mal à l'aise en cas de conflit. Je n'aime pas me mettre en colère et je m'efforce généralement d'éviter les affrontements. Toutefois, il peut m'arriver d'exploser.

Je sais accepter les différences des autres et leurs points de vue très divers. En général, les autres me parlent facilement. Du fait de ces qualités, je suis un excellent médiateur. Souvent, je joue un rôle de conciliateur ou je préside des séances de travail.

Je dois apprendre à imposer mon point de vue et mes priorités, car je finis par me sentir opprimé ou écrasé face aux avis et aux priorités des autres.

Je dois également apprendre à gérer mon énergie et à hiérarchiser les priorités. J'ai tendance à me perdre dans les détails d'un projet puis à me sentir dépassé par l'ampleur du travail à accomplir. Cela m'aide que les autres me donnent leur avis sur ce que je fais et m'assistent. Une fois que je suis sur la bonne voie, je travaille avec régularité et beaucoup d'efficacité.

Paragraphe B

Je suis doué pour me projeter dans l'avenir, imaginer des issues favorables et faire la synthèse entre des idées de sources diverses. Je m'intéresse à toutes sortes de sujets et, généralement, j'accueille avec plaisir la perspective d'une nouvelle expérience. Pour moi, la vie est une formidable aventure. J'essaie de faire en sorte d'apprécier mon travail et mes collègues, mais je n'aime pas la routine.

J'ai une tendance naturelle à l'optimisme et j'ai un don pour identifier les possibilités qu'offre toute situation. Je sais parler aux autres, les conseiller et les motiver, mais les pessimistes et ceux qui ne partagent pas mon enthousiasme m'agacent. Il arrive qu'on me trouve trop optimiste ou insuffisamment conscient des risques.

Je suis particulièrement doué pour ouvrir de nouvelles perspectives et pour lancer les projets, mais j'ai tendance à me désintéresser du dossier au bout d'un certain temps. Ça ne me dérange généralement pas que d'autres personnes que moi mènent le projet à son terme.

Mon style de travail ne cadre pas toujours avec des horaires réguliers ou avec une structure hiérarchique traditionnelle. Je donne le meilleur de moi-même quand je peux faire preuve de créativité et quand je peux expérimenter des idées novatrices. Je préfère avoir beaucoup de latitude pour mener à bien mon travail et je suis mal à l'aise si quelqu'un regarde par-dessus mon épaule ou me donne constamment des instructions.

Paragraphe C

Je me considère comme quelqu'un de compétent. J'ai généralement des avis bien tranchés et je dis ce que je pense, même si cela conduit à un conflit avec les autres. De même, j'attends des autres qu'ils soient directs et je n'aime pas qu'ils tournent autour du pot.

J'endosse souvent le rôle de chef, même sans l'avoir prémédité. Quand je juge que quelqu'un doit prendre les choses en main, je m'en charge. D'un autre côté, j'apprécie les bons chefs et je respecte sans problème leurs instructions lorsqu'elles sont données en toute équité. Je me fie à mon instinct pour prendre mes décisions. J'aime que les idées se traduisent par des actions et je n'aime pas que les autres s'enlisent dans des discussions conceptuelles et théoriques.

Je sais être très généreux et très protecteur vis-à-vis de mes collègues et de mes subordonnés. Il m'arrive d'être dur avec eux, mais je les protège face à quiconque s'aviserait de les traiter d'une manière injuste. Je suis très sensible à l'injustice et je suis prêt à remuer ciel et terre pour que justice soit faite.

Comme j'ai tendance à être sûr de moi, voire péremptoire, on peut parfois me trouver autoritaire ou tyrannique. Je ne demande pas aux autres de m'apprécier, mais je tiens à ce qu'ils me traitent avec respect.

Paragraphe D

J'aime prendre soin de mes collègues et les soutenir. Je communique facilement et je suis fier de pouvoir m'entendre avec tout le monde. Mon image positive et mon attitude amicale me valent d'être apprécié par les autres.

Les conflits et les critiques me mettent mal à l'aise, sauf si je suis certain que les autres continueront à m'apprécier. Je peux avoir du mal à trouver un équilibre entre ma soif d'être apprécié et mon indépendance.

Je suis particulièrement doué pour déceler le potentiel des autres et j'aime leur permettre de l'exprimer. Je dois veiller à ne pas aller trop loin et à ne pas négliger mes propres besoins à force de m'occuper de ceux des autres. Par ailleurs, mes réactions affectives sont si fortes qu'elles peuvent m'égarer.

Je préfère généralement travailler en partenariat ou en équipe et je peux avoir du mal à occuper le devant de la scène ou à jouer un rôle de chef. J'aime les contacts et je n'aime pas travailler longtemps seul. Tant que mes rapports avec les autres sont au beau fixe, je fais généralement preuve de souplesse quant à notre manière de travailler.

Paragraphe E

Je suis très exigeant envers moi-même sur la façon de faire les choses et je peux me montrer très critique vis-à-vis de moi et des autres pour que le travail se fasse correctement. Je trouve important de s'astreindre à une grande intégrité et à une grande honnêteté, et je peux me montrer mécontent ou tendu quand les autres ne respectent pas les règles ou ne prennent pas le temps de bien faire le travail.

Les autres peuvent me trouver trop critique ou trop perfectionniste, alors que je suis simplement équitable. Je m'efforce d'avoir le sens des responsabilités et, quand je m'engage à faire une chose, je la fais bien. J'attends des autres le même sérieux et je peux en vouloir aux collègues qui ne respectent pas leurs engagements ou qui en font moins que les autres.

J'ai un grand sens de l'ordre et j'aime travailler de façon très organisée. J'aime que les règles et l'organisation du travail soient claires et je n'apprécie pas particulièrement les brusques changements de procédure.

Le travail passe avant le plaisir et je peux avoir du mal à me détendre ou à prendre du repos. Il m'arrive de porter une attention excessive aux détails d'un projet. J'accepte les critiques lorsqu'elles sont justes. De toute façon, je suis mon critique le plus sévère.

Paragraphe F

Je raisonne principalement en termes de tâches et d'objectifs et je me considère comme très compétent. La réussite compte beaucoup à mes yeux et je suis prêt à faire beaucoup d'efforts en ce sens. Je tiens à éviter tout échec, de quelque nature qu'il soit, et je déteste les revers et les résultats médiocres.

J'aime passer à l'action rapidement et il peut m'arriver de m'impatienter quand les autres m'empêchent d'avancer. J'ai du mal à comprendre que les autres se montrent si prudents ou se sentent obligés de préciser tous les détails à l'avance.

Je trouve important d'avoir une image de battant et je fais généralement confiance à mon aptitude à réussir dans tous les cas de figure. Je trouve que la compétition est une bonne chose. Je considère que tout le monde doit avoir sa chance, mais j'attends de chacun qu'il travaille dur et qu'il obtienne des résultats.

J'ai les yeux fixés sur l'objectif à atteindre. J'ai l'esprit pratique et je suis prêt à modifier les règles et les procédures dans l'intérêt d'une plus grande efficacité. Ma tendance à travailler dur et à être toujours sur la brèche fait passer ma vie privée au second plan. J'ai du mal à ralentir et à prendre le temps de me détendre et de m'occuper de ma vie personnelle.

Paragraphe G

Je me vois comme un être loyal et dévoué à son entreprise et je tiens à ce que le travail soit bien fait. J'aime prendre le temps de réfléchir à la stratégie et de comprendre réellement les choses avant de passer à l'action. Je suis particulièrement doué pour anticiper les problèmes et élaborer des solutions.

J'ai tendance à donner le meilleur de moi-même dans un cadre conceptuel bien défini et j'ai du mal à travailler avec les gens qui refusent de réfléchir avant d'agir. Ce besoin d'analyser la situation peut parfois me faire perdre du temps.

Je tiens à savoir où j'en suis avec les autres, tout particulièrement avec mon patron. Je n'aime pas l'incertitude ni l'ambiguïté dans les rapports de travail et j'insiste pour clarifier les choses. Je préfère, soit une hiérarchie claire, soit un travail par équipe. Dans un cas comme dans l'autre, je veux connaître les règles du jeu. En cas de conflit, j'aime que les choses soient dites clairement, faute de quoi je risque de passer beaucoup de temps à m'interroger avec inquiétude sur les motivations des autres.

En général, je ne me trompe pas sur les gens, même si j'ai parfois du mal à me fier à mes impressions. Il peut m'arriver d'être très angoissé à l'idée de prendre la parole en public, même si je suis un bon orateur. Quand quelqu'un fait des prévisions optimistes ou m'adresse des louanges, je préfère nettement qu'il nuance son avis d'une évaluation réaliste de la situation.

Paragraphe H

Je trouve très important de garder ma personnalité. Même si je sais endosser l'image qui convient à ma profession, je ne me coupe jamais de ma vie intérieure, quitte à dévoiler ma personnalité profonde à mes collègues.

J'aime que mon travail ait un sens. Les tâches banales peuvent me paraître pénibles. En général, j'essaie de comprendre les choses en profondeur, sur un plan affectif. Il m'arrive d'avoir une piètre opinion de mes collègues, surtout lorsqu'ils paraissent superficiels.

Je trouve crucial d'être en phase avec ses sentiments et je m'efforce d'exprimer ma créativité, tant au travail que dans ma vie privée. J'ai un grand sens esthétique et j'essaie souvent d'améliorer l'aspect des produits et de mon cadre de travail.

On me considère souvent comme une personne pleine d'empathie et de sollicitude. Cependant, je suis facilement déçu par les autres quand ils ne sont prêts à aucune introspection. Comme je ressens les choses très intensément, il peut m'arriver d'être de mauvaise humeur, ce qui peut poser problème aux gens qui ont peur de leurs émotions.

Paragraphe I

Je pense être un excellent stratège et théoricien et on me considère généralement comme un expert de mon domaine. Je trouve important d'avoir des connaissances et de comprendre parfaitement les choses. J'aime me renseigner et accumuler des informations. En général, je comprends très bien les idées et les concepts, mais je ne suis pas forcément à l'aise dans mes rapports avec les autres.

Je tiens énormément à mon intimité et j'ai besoin de temps pour recharger mes batteries. Le temps que je passe avec les autres est fatigant, même si, lorsque j'ai eu le temps de me préparer, je peux être un excellent professeur ou orateur.

Je sais observer et je préfère rester en marge du groupe pour mieux voir ce qui s'y passe. Je suis généralement prudent avant de me lancer dans une activité ou dans un projet avec les autres car je tiens à préserver mon temps et mes ressources.

Je m'accommode très bien de travailler seul longtemps et je n'aime pas qu'on me dérange. Je n'ai pas besoin d'autant de contacts que les autres et il arrive qu'on me trouve renfermé ou peu solidaire.

J'ai tendance à ne compter que sur moi-même et à n'avoir besoin de personne pour rester motivé. Je trouve mon monde intérieur riche et intéressant et je ne m'ennuie presque jamais quand je suis seul.

Résultats

Voici à quel type de personnalité correspondait chacun des paragraphes :

- Paragraphe A : Base 9
- Paragraphe B : Base 7
- Paragraphe C : Base 8
- Paragraphe D : Base 2
- Paragraphe E : Base 1
- Paragraphe F : Base 3
- Paragraphe G : Base 6
- Paragraphe H : Base 4
- Paragraphe I : Base 5

CHECK-LIST DE CONFIRMATION

Un autre système d'auto-évaluation consiste à consulter les descriptifs qui suivent. Il s'agit de termes et d'expressions caractéristiques des neuf ennéatypes.

Examinez ces descriptifs et voyez s'ils confirment votre choix.

Base 1 : le Perfectionniste

- Attentif aux erreurs, à ce qu'il faut corriger
- Esprit de jugement : c'est bien ou mal
- Très critique vis-à-vis de ses pensées, de ses paroles et de ses actes
- Colère contenue ou indignation ; tension constante
- Soucieux de bien faire les choses ; généralement sensible aux critiques
- Recherche de la perfection
- Sens des responsabilités
- Le plaisir peut attendre
- Réprime ses impulsions et ses désirs
- S'efforce de bien se comporter
- Rigidité, manque de spontanéité
- Goût de l'indépendance
- La vertu est sa propre récompense

Base 2 : l'Altruiste

- Attentif aux besoins des autres
- Aime donner et aider. « Les gens ont besoin de mon aide. »
- Cherche à être approuvé et accepté
- Se sent parfois exploité
- A du mal à exprimer ses propres besoins
- Adapte son image pour plaire aux autres
- Manipulateur. Cherche indirectement à satisfaire ses propres besoins
- Aime tirer les ficelles

Base 3 : le Battant

- La priorité va aux tâches à accomplir. Même les activités de loisir doivent produire des résultats
- L'objectif compte plus que les moyens
- Principale préoccupation : la réussite
- Veut être apprécié pour ses résultats
- L'image est importante. Il faut montrer qu'on est imbattable
- Peu attentif aux sentiments. Les émotions perturbent le travail

- Adopte l'image convenant à son métier. Prototype de la profession qu'il exerce
- Colère face aux obstacles s'opposant à l'accomplissement de sa tâche
- Impatient. Se sent toujours obligé d'obtenir des résultats rapidement

Base 4 : le Romantique

- Constamment conscient de ce qui lui manque
- Néglige ce qu'il a, convoite ce qui est inaccessible
- A le sentiment d'être unique, de faire partie d'une élite. L'acceptation de la souffrance le distingue des autres
- Thématique de l'abandon. « Je ne peux pas être aimé »
- Empathie, surtout vis-à-vis de la souffrance des autres
- Romantique et artiste
- N'aime pas être évalué. « Je suis différent »

Base 5 : l'Observateur

- Fort besoin d'intimité
- Préfère observer que participer
- Intellectualise
- Détachement affectif
- Résiste aux intrusions d'un monde qui en demande trop
- Minimalisme. Besoins et désirs limités
- Se suffit à lui-même
- Fait des provisions de temps, d'espace, d'énergie, de savoir
- Sépare nettement les différentes composantes de sa vie
- A l'air supérieur (lointain) mais se sent inférieur

Base 6 : le Loyal-sceptique

- Très sensible aux difficultés potentielles, au danger, aux obstacles
- Beaucoup d'imagination ; se crée des scénarios catastrophes
- Préoccupé par les questions de sécurité
- Remet en cause les arguments
- Pas dupe face aux autres

- Voit les implications et le sens caché de ce qu'on lui dit
- Remet en cause l'autorité
- Ambivalent vis-à-vis de la réussite; n'en tient pas compte ou n'achève pas le projet
- Perd du temps parce qu'il redoute l'issue du projet

Base 7: l'Épicurien

- Très sensible aux signes positifs et aux possibilités futures
- Optimiste; voit de multiples options
- A du mal à s'engager
- Refuse les limites
- Recherche le plaisir; la vie est une aventure
- Soif de nouvelles expériences et de plaisir
- Beaucoup de centres d'intérêt
- Actif – beaucoup de projets, très occupé
- Il est plus important de multiplier les expériences que de réussir
- Conscient de sa propre valeur, narcissique
- Charmant et désarmant

Base 8: le Protecteur

- Très sensible au pouvoir, à la domination et au territoire
- Soucieux de protéger les plus faibles
- Refus de sa propre vulnérabilité ou faiblesse
- Tout ou rien; tout est noir ou blanc
- Croit en la vérité absolue, en la justice
- Agressif, impulsif
- Recherche la stimulation et l'excitation
- Direct, recherche la confrontation
- Exprime sa colère

Base 9: le Médiateur

- Se laisse distraire de ses priorités
- Peut traiter les questions mineures sur le même pied que les questions majeures
- Voit tous les aspects de chaque question

- Conciliateur, facteur d'harmonie ; excessivement souple
- Agréable et plein de sollicitude ; a du mal à dire non
- Participe, se joint aux autres
- Recherche la solution la plus confortable, évite les conflits
- Ambivalence
- Colère indirecte ; passif-agressif
- Ne donne pas libre cours à son énergie ni à sa colère

L'Ennéagramme, un système non figé.
Les flèches indiquent les dynamiques de changement des ennéatypes, ici en gras, l'ennéatype Un.

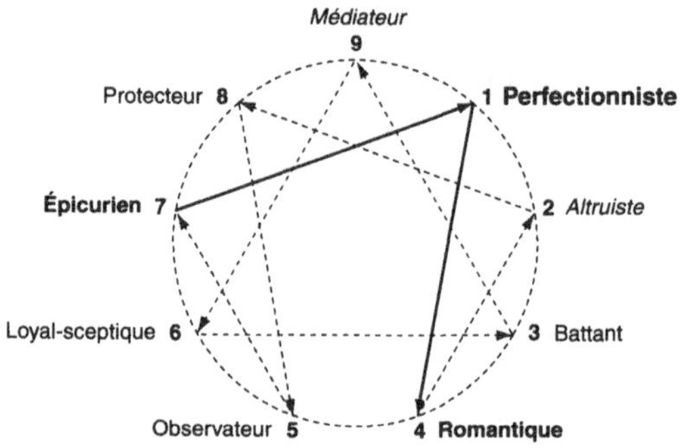

Il faut des années et beaucoup d'énergie et d'expériences pour se forger une personnalité et, une fois que celle-ci est construite, elle n'évolue guère. Dès lors, comment peut-on avoir l'impression de se retrouver dans plusieurs des descriptifs qui précèdent – voire dans tous ? Tout simplement parce que chacun des profils évoqués correspond à une expérience que nous avons tous vécue à un moment ou un autre. Nous avons tous connu des plaisirs d'Épicurien et des mélancolies de Romantique. Néanmoins, nous gardons toujours le même ennéatype. Ainsi, les Battants restent toujours des ambitieux dans l'âme, indépendamment des expériences qu'ils vivent.

Chacun d'entre nous a un schéma affectif de base qui définit, sa vie durant, sa perception du monde. Toutefois, aucune des neuf stratégies évoquées ici ne suffit à embrasser la complexité de l'existence. Nous avons donc, outre notre schéma affectif de base, deux schémas affectifs secondaires : l'un pour les périodes de stress, l'autre pour les périodes de sécurité affective.

Cette faculté à glisser d'un ennéatype à l'autre est illustrée par les flèches représentées sur le diagramme. Ces flèches montrent que chaque type de personnalité peut avoir trois modes de fonctionnement distincts.

Premièrement, ce que nous pensons et ressentons au quotidien. C'est notre ennéatype, notre « moi ».

Deuxièmement, la stratégie de survie que nous adoptons pendant les périodes de risque ou de stress. Cette stratégie est empruntée à un autre ennéatype. Ainsi, lorsqu'une entreprise réduit ses effectifs, ses employés ont besoin de se préparer à réagir et de mobiliser leurs ressources. Même si le terme « stress » a une connotation négative, c'est souvent dans les périodes difficiles qu'on donne le meilleur de soi-même. Quand les temps sont durs, nous adoptons les caractéristiques positives – ou négatives – de l'ennéatype désigné par la flèche qui, sur le schéma, part de notre propre ennéatype.

Troisièmement, le mode de fonctionnement que nous adoptons pendant les phases de sécurité affective. Rassurés, nous nous détendons et nous adoptons les caractéristiques – là encore, positives ou négatives – de l'ennéatype dont part la flèche aboutissant à notre propre ennéatype sur le schéma.

Ce phénomène intervient quand nous nous sentons en sécurité, par exemple quand nous venons de décrocher un bon poste. Un poste ouvrant des perspectives d'avancement a de fortes chances de conduire à un relâchement de nos mécanismes de défense. La figure suivante illustre ce mécanisme avec l'exemple d'un Battant.

Un Battant sera toujours soucieux de son image. Toutefois, s'il prend conscience de ses tendances naturelles, il peut modérer son obsession pour le statut et l'apparence. De même, il peut maîtriser son envie impérieuse d'accomplir sa tâche sans souci des conséquences et reconnaître à leur juste valeur les suggestions et les préoccupations de ses collègues.

Quand des personnes appartenant à des ennéatypes différents travaillent sur le même projet, elles voient les choses à travers des filtres de perception distincts.

En être conscient permet de mieux maîtriser des domaines tels que :

- la communication
- la motivation
- la gestion du temps
- la négociation
- la formation

L'Ennéagramme aide à se connaître comme à faire face aux problèmes du quotidien. Il permet de mieux comprendre ses collègues, les membres de sa famille et ses amis en montrant qu'ils perçoivent les choses très différemment de soi.

Sans l'Ennéagramme, nous sommes touts tentés de juger les autres mal informés ou obstinés. Grâce à lui, nous pouvons réduire considérablement les malentendus et les maladresses en connaissant notre propre profil tout en étant conscient de la validité des autres filtres de perception.

Les trois points clés de la dynamique de changement:
la réaction au stress, la réaction au sentiment de sécurité, le comportement habituel, ici l'ennéatype 3 dit le Battant

Réaction au stress:
Consacre son énergie à des points de détail pour rester occupé.
S'en tient à des procédures connues ayant fait leurs preuves.
Cherche à se retirer du projet et à trouver la réussite ailleurs.

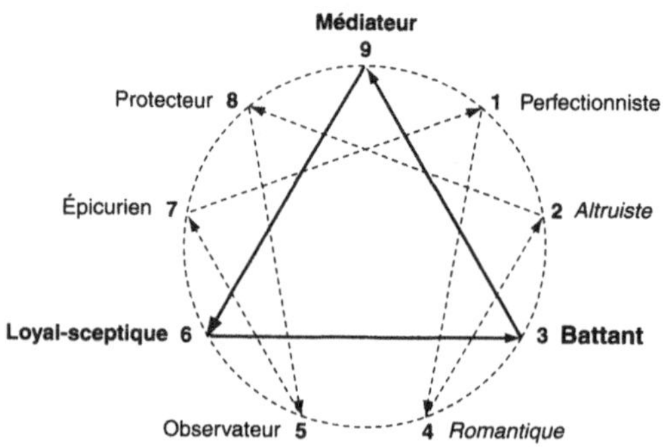

Réaction au sentiment de sécurité:
Se sent gagné par l'affectif. Devient conscient des priorités personnelles qu'il a négligées pour cause de surmenage. Peut perdre confiance en ses propres capacités sous l'effet de ces émotions inattendues. Prend le temps de laisser s'exprimer sa créativité.

Comportement habituel:
Devient un modèle de professionnalisme en réprimant ses sentiments personnels. Très soucieux des résultats, au détriment de l'affectif.

3

LES AVANTAGES APPORTÉS PAR L'ENNÉAGRAMME DANS VOS ACTIVITÉS ET AU TRAVAIL

RÉCEMMENT, LORS D'UNE SÉANCE DE FORMATION à l'Ennéagramme à l'université de Stanford, les étudiants semblaient tous, de prime abord, être des Trois. Ils projetaient avec beaucoup de crédibilité l'image de la réussite à l'américaine. Pourtant, dès qu'ils se sont mis à interagir, leurs différences ont commencé à apparaître. Finalement, tous les ennéatypes étaient représentés dans des proportions presque égales, comme dans le monde du travail.

Du haut en bas de l'échelle sociale, dans toutes les professions, on trouve des gens qui font le même travail d'une façon apparemment similaire. En réalité, chacun d'entre eux a une vision de son travail étroitement liée à son ennéatype et très différente de celle des autres types de personnalité.

Dans les neuf chapitres qui suivent, nous allons étudier le mode de fonctionnement de chaque ennéatype au travail et les interactions entre les divers ennéatypes. Dans la première partie de chaque chapitre, nous montrerons comment les personnes relevant de l'ennéatype étudié perçoivent la réalité. Dans la deuxième, nous expliquerons comment ces personnes sont perçues par leurs collègues dans cinq dimensions du travail: la communication, la motivation, la gestion du temps, la négociation et la formation.

VOTRE STYLE DE COMMUNICATION

Notre style de communication est lié à notre filtre de perception. Nous sommes très sensibles aux informations qui confirment notre point de vue et souvent, sans en être conscients, nous réagissons en conséquence. Par exemple, les Romantiques de la base 4, qui accordent une grande importance aux liens personnels, remarquent les signaux de rapprochement. Une fois que ces signaux semblent confirmés, ils communiquent en se fondant sur une présomption de compréhension mutuelle. Par exemple, il suffit de poser à un Quatre une question du type : « Je sais ce que vous avez fait, comment avez-vous vécu cette situation ? » ou de lui dire : « Je vois ce que vous voulez dire mais, personnellement, voilà comment je ressentirais les choses » pour attirer son attention. Il n'est pas nécessaire que la conversation soit particulièrement personnelle ou intime, mais des remarques teintées d'affectivité donnent aux Quatre le sentiment d'être compris. À l'inverse, les Observateurs de la base 5 accordent une grande valeur au respect de l'intimité et au détachement. Ils accueillent donc moins favorablement les remarques personnelles. De même, les Épicuriens de la base 7, qui accordent plus de valeur à l'aventure qu'aux rapports humains, évitent les conversations à connotations trop affectives.

Quel que soit notre ennéatype, nous communiquons par les mots, mais aussi par nos mimiques, notre posture, nos gestes, notre ton, notre proximité avec les autres, notre façon de les regarder et une multitude d'autres signaux non verbaux. Les Altruistes de la base 2, par exemple, vont physiquement vers les autres, en quête de leur approbation, alors que les Observateurs de la base 5 se cachent derrière un visage impassible.

VOTRE MOTIVATION ; CE QUI VOUS POUSSE À AGIR

Plusieurs stratégies de motivation cohabitent généralement au sein d'une entreprise, en fonction de la personnalité des divers managers. En fait, chaque manager a tendance à appliquer à son équipe la démarche qui lui est naturelle, en choisissant la stratégie de motivation la plus proche de sa vision personnelle des choses.

Or, tous les subordonnés d'un manager ne sont pas sensibles aux mêmes mécanismes de motivation. Pour motiver un Perfectionniste de la base 1, il faut lui montrer qu'on apprécie la qualité de son travail. En revanche, un Altruiste de la base 2 souhaite qu'on l'apprécie à titre personnel.

La situation est d'autant plus compliquée que les cabinets de conseil ont tendance à prôner des dispositifs de motivation univoques. Certains prônent les primes au résultat, d'autres l'esprit d'équipe.

Les managers qui comprennent qu'il faut personnaliser l'effort de motivation ont une longueur d'avance sur les autres. Ils savent, par exemple, qu'une mise en concurrence interne convient aux Battants de la base 3 et aux Protecteurs de la base 8, mais pas aux ennéatypes pour lesquels l'aspect humain prime sur le résultat.

Aucun ennéatype ne réagit de la même façon aux outils de motivation. Même les incitations classiques telles que la reconnaissance sociale peuvent paradoxalement démotiver les Loyaux-sceptiques de la base 6 et les Observateurs de la base 5, qui n'apprécient pas les honneurs. En revanche, il est facile de motiver un Observateur en lui offrant un bureau individuel et en lui laissant toute latitude pour organiser son emploi du temps. Le temps a en effet une grande valeur intrinsèque pour les Cinq, qui adorent réfléchir tranquillement et donnent le meilleur d'eux-mêmes lorsqu'ils se tiennent à l'écart des échanges entre collègues. Alors que ces échanges entre collègues sont précisément ce qui motivera le plus un Altruiste de la base 2…

Ces sources de motivation intrinsèques sont à l'œuvre indépendamment de la politique de motivation appliquée par l'entreprise. Les Protecteurs de la base 8 seront toujours motivés par la lutte contre l'injustice, les Perfectionnistes de la base 1 travailleront toujours d'arrache-pied par amour du travail bien fait. Or, ces mécanismes psychologiques peuvent échapper aux managers alors que, de toute évidence, ils sont très précieux pour que leurs subordonnés s'intéressent à leur travail et le fassent bien.

VOTRE GESTION DU TEMPS

Le temps est une constante. Quelle que soit la montre, les aiguilles avancent au même rythme. Nous disposons tous de soixante secondes par minute, de soixante minutes par heure et de vingt-quatre heures par jour. Pourtant, le passage du temps n'est pas perçu de la même façon d'un ennéatype à l'autre. Même si nous parlons tous de « passer du temps », « perdre du temps » ou « gagner du temps », nous ne voulons pas tous dire la même chose. Aucun des ennéatypes ne fait un meilleur usage du temps que les autres, mais chacun évalue le temps à sa façon.

D'ailleurs, le temps est une donnée éminemment subjective: le temps file quand on est occupé: « Ça fait déjà un an qu'on ne s'est pas vus? Le temps passe vite! ». Il en va différemment dans les moments difficiles: « Je ne supporterai pas cette situation une minute de plus. »

Dans une entreprise, le temps est un actif qu'il convient de bien gérer. Au travail, la devise « Le temps, c'est de l'argent » est une donnée de base dont il faut tenir compte pour chaque décision.

Parallèlement, on imagine à tort que les indications du type « important », « urgent », « prioritaire » ou « sans urgence » ont le même sens pour tout le monde. Il n'en est rien. Chacun réagit en fonction de son ennéatype lorsque son chef lui envoie un mémo estampillé « urgent ». Un Loyal-sceptique de la base 6 considérera qu'il est utile de réfléchir aux conséquences négatives potentielles des instructions figurant dans ce mémo. En revanche, un Épicurien de la base 7 préférera consacrer du temps à élaborer un plan d'action. Quant aux Altruistes et aux Romantiques des bases 2 et 4, ils seront persuadés d'utiliser leur temps à bon escient en étudiant l'impact affectif du mémo sur leurs collègues, alors que les Observateurs de la base 5 y verraient une perte de temps.

COMMENT VOUS NÉGOCIEZ

Dans le monde des affaires, la plupart des communications impliquent une part de négociation. Il s'agit parfois de grandes négociations visant par exemple à mettre fin à une grève mais, le plus souvent, l'objet de la négociation est plus modeste: la répartition des tâches ou le partage des responsabilités, par exemple.

Chacun d'entre nous structure la négociation en fonction de son ennéatype. Ainsi, un Médiateur de la base 9 sera sensible aux mérites de l'argumentation des diverses parties en présence et à leurs points de recoupement, ce qui le conduira naturellement à aboutir à une solution de consensus. En revanche, un Romantique de la base 4 prendra sans doute les choses au tragique, sera très sensible à ce qu'il risque de perdre en faisant des concessions et s'impliquera beaucoup d'un point de vue affectif. De son côté, un Protecteur de la base 8 sera tellement persuadé des mérites de son argumentation qu'il sera sourd aux arguments de la partie adverse. Et ainsi de suite pour les neuf ennéatypes.

En mettant en lumière ces facteurs, l'étude des ennéatypes permet de conduire des négociations plus fructueuses. Certes, on ne sait pas toujours avec qui on va négocier, mais connaître son propre ennéatype et ses tendances naturelles permet de prendre du recul et d'observer les différences entre sa propre démarche et celle des autres personnes présentes.

VOTRE FAÇON DE VOUS FORMER; VOTRE APTITUDE À APPRENDRE ET VOTRE FAÇON DE TRAITER L'INFORMATION

La formation n'est pas une question d'intelligence. Tout se joue en fonction de la manière dont chacun reçoit les informations qu'on lui fournit. Les formateurs et les personnes qui prennent régulièrement la parole en public ont tendance à considérer qu'ils ont fourni les mêmes informations à toutes les personnes présentes. Le problème est qu'aucun ennéatype ne traite les informations de la même façon. Ainsi, un Battant verra un chemin vers l'objectif à atteindre qui court-circuitera bon nombre des étapes et des procédures indispensables aux yeux d'un Perfectionniste. De même, un Observateur considérera chaque module de formation comme une unité d'information distincte, alors qu'un Médiateur cherchera à prendre du recul et à mettre les divers modules en perspective.

Tout formateur a tendance à structurer son intervention en fonction de sa propre manière d'intégrer les informations et à communiquer avec les étudiants en fonction de son propre ennéatype. Mais comment communiquer efficacement avec des personnes qui ne voient pas le monde du même regard? Une sensibilité aux divers ennéatypes aide les formateurs à mieux organiser leur cours.

Lors de la préparation du cours, il faut se poser les questions suivantes: Quel tri les étudiants effectuent-ils dans les informations qu'ils reçoivent en fonction de leur ennéatype? Selon l'ennéatype, quels sont les obstacles à l'apprentissage, et comment les surmonter? Il faut voir dans chaque élève un individu avec des besoins, des motivations et des atouts spécifiques, car nous procédons tous différemment pour assimiler une nouvelle compétence.

Quand il connaît l'Ennéagramme, un formateur comprend mieux sa manière de communiquer avec les élèves et la façon dont ces derniers perçoivent cette communication en fonction de leur propre ennéatype. Par exemple, un Battant prendra très mal la moindre critique, même s'il le dissimulera derrière une façade d'impassibilité toute professionnelle. De même, si le formateur est un Battant, il lui sera utile de savoir que les Perfectionnistes présents au sein de son groupe ne le respecteront que s'il corrige et commente les erreurs qui sont faites.

Dans les neuf chapitres qui suivent, nous allons aborder cinq opérations clés: la communication, la motivation, la gestion du temps, la négociation et la formation, et montrer l'influence qu'exerce l'Ennéagramme sur ces opérations clés et, par extension, sur le monde de l'entreprise.

UNE NÉCESSAIRE MISE EN GARDE

L'un des inconvénients de l'Ennéagramme tient à ce qu'il constitue un outil de classification des êtres redoutablement efficace. C'est l'une des rares grilles d'analyse systématique du comportement des personnes « normales » et il réunit beaucoup de connaissances psychologiques au sein d'un système compact relativement facile à comprendre.

L'avantage de cette démarche est évident: en se connaissant soi-même et en apprenant à connaître les autres, on accède à de précieuses informations sur les conflits susceptibles de survenir. L'inconvénient est qu'on peut être tenté de coller une étiquette à tous ceux qu'on fréquente et de s'imaginer capable de lire dans leurs pensées et de prévoir leurs réactions.

Quand on croit avoir cerné la personnalité d'un collègue grâce à son ennéatype, on est tenté de se hasarder à tirer des conclusions hâtives : « Les Sept font toujours ça » ou « Vu que c'est une Neuf, je suis sûr de ce qu'elle va répondre ». Cette envie de prédire le comportement des autres tient à notre tendance naturelle à raisonner en termes de grandes catégories. Nous avons besoin de ces catégories pour fonctionner et communiquer. Nous ne pouvons pas nous en passer.

Les systèmes tels que l'Ennéagramme sont systématiquement vus comme des tentatives d'apposer sur nos congénères des étiquettes simplistes. Pourtant, notre perception de nous-même, de notre travail et des autres dépend étroitement de notre ennéatype, c'est indéniable. Dès lors, nous méritons tous notre étiquette – à nous d'essayer de nous en libérer.

Néanmoins, nous nous reconnaissons tous plus ou moins dans les neuf ennéatypes, car chacun d'entre eux constitue une réaction naturelle à notre condition d'être humain. Ainsi, nous sommes tous obnubilés par l'objectif à atteindre (à l'image des Trois) à l'approche d'une échéance. De même, nous sommes souvent mélancoliques (à l'image d'un Quatre) pendant la dernière scène d'un film triste. En revanche, en temps normal, seul un Trois verra son environnement et les gens qui l'entourent à travers un filtre de perception axé sur les tâches, les objectifs et les résultats. De même, personne d'autre qu'un Quatre ne considérera qu'il vit dans un monde « doux et triste », sauf à certains moments.

Si nous nous reconnaissons dans les neuf ennéatypes, c'est qu'à chaque ennéatype correspond un système de filtrage des informations parfaitement adapté à un certain type d'informations. Ainsi, l'esprit critique d'un Perfectionniste correspond à l'état d'esprit dans lequel il faut être pour relire et corriger un rapport. De même, nous puisons tous dans la détermination d'un Protecteur face à l'adversité.

De plus, notre ennéatype n'est pas absolu : nous changeons de mode de fonctionnement pour nous adapter aux situations particulièrement sécurisantes ou, au contraire, stressantes. En d'autres termes, chaque ennéatype est un mélange de trois composantes distinctes : un type dominant, qui détermine notre filtre de perception, et deux types secondaires qui apparaissent lorsque nous nous sentons menacés ou, à l'inverse, en sécurité.

Notre degré d'identification à notre ennéatype varie également. Il arrive qu'on soit si focalisé sur son filtre de perception qu'on soit incapable de prendre du recul. Néanmoins, on a souvent la souplesse nécessaire pour voir les choses sous une lumière différente, ce qui permet d'être réceptif aux arguments des autres.

Même si l'Ennéagramme fournit des indications intéressantes sur notre style de management, de communication et de collaboration avec les autres, il présente un risque : celui de réduire ceux qui nous entourent à une caricature de leur ennéatype. Il faut donc connaître l'Ennéagramme tout en se gardant de réduire les autres à leur ennéatype. Il est en effet facile de se laisser aller aux préjugés du type « Les Huit veulent tout contrôler » ou « les Sept ne s'impliquent pas assez » sans tenir compte du comportement réel des autres.

Il est très facile de faire un mauvais usage des informations qu'on détient, même lorsqu'on a de bonnes intentions. Par exemple, aucun employeur ne doit se servir de l'Ennéagramme pour favoriser ou, au contraire, écarter certains candidats à un poste. En effet, il ne rime à rien d'engager de préférence un Médiateur pour un travail de résolution des conflits si le Neuf en question est incapable de trancher entre les divers points de vue en présence. Il est également illogique d'écarter un Altruiste d'un poste où les conflits sont fréquents s'il est doué pour favoriser les échanges et l'apaisement.

De même, il est illusoire de chercher à mettre sur pied une équipe « idéale » en se contentant d'observer que les Cinq font de bons stratèges, les Trois d'excellents vendeurs et les Huit des chefs tout trouvés. Plutôt que de se précipiter pour engager un Protecteur de la base 8 dans une période d'adversité ou de se persuader que seul un Observateur de la base 5 saura mener des recherches, il faut former ses équipes et embaucher ses collaborateurs en fonction de leurs compétences et de leurs résultats passés. Les systèmes d'analyse tels que l'Ennéagramme ne tiennent pas compte des nuances en termes de compétence, de talent, d'intelligence et de gentillesse qui nous permettent de faire preuve de sagesse dans nos rapports avec les autres.

Dans ce cas, pourquoi s'intéresser à l'Ennéagramme ? Si cette grille de lecture ne supprime pas les risques liés à toute embauche et ne garantit pas le succès d'une équipe, pourquoi prendre la peine de s'interroger sur son propre ennéatype ou sur celui des autres ?

Dans l'entreprise, l'intérêt de l'Ennéagramme tient à ce qu'il permet de savoir de quelle manière nos collègues raisonnent, ce qu'ils ressentent et comment ils filtrent les informations qu'ils reçoivent. En effet, chacun d'entre nous voit son travail à travers le filtre de perception lié à son ennéatype.

En outre, le meilleur moyen de favoriser la cohésion d'une équipe consiste à permettre à chacun de ses membres d'anticiper les décisions de ses collègues et de comprendre leurs motivations.

« C'est toujours moi que vous critiquez », « Vous doutez de mes intentions », « Vous vous précipitez vers la tâche suivante sans tenir compte de mes observations » : la liste des reproches possibles est infinie mais, dans la plupart des cas, ils sont liés à l'ennéatype de la personne à laquelle ils sont adressés. Or, une critique formulée par un Perfectionniste est souvent une marque de respect : elle prouve que le Perfectionniste considère que l'autre est « presque parfait » et qu'il le pousse à exceller parce qu'il l'en croit capable. De même, bien que cela paraisse difficile à imaginer, les doutes qu'un Loyal-sceptique 6 exprime sur lui-même et sur les autres sont une manifestation de son indéfectible loyauté.

Tout manager a intérêt à savoir comment son style d'encadrement est perçu par les autres et à apprendre à mieux influencer, former et accompagner des collaborateurs d'ennéatypes divers. L'objectif consiste à connaître les atouts et les limites de son propre point de vue pour mieux s'ouvrir aux façons de voir des autres.

Deuxième partie

2

EXAMEN APPROFONDI DE CHAQUE TYPE DANS L'ACTION ET SES RAPPORTS AUX AUTRES

Credo	Identifier les règles et les maîtriser
Modèle mental	Les gens sérieux cherchent à s'améliorer
Filtre de perception	Remarque les erreurs
Méthode de tri des informations	Comparaison inconsciente avec des normes de perfection intériorisées
Ce qu'il évite à tout prix	Les nuances de gris (tout est noir ou blanc)
Progrès à accomplir	Savoir qu'il existe plusieurs façons de faire les choses
Cheminement spirituel	La clémence – l'erreur fait partie du processus d'apprentissage
Passion	La colère
Vertu	La sérénité – accepter que le noir et le blanc font partie d'un même tout
Moteur	La perfection
Style de management	Montre l'exemple. Les Un sont un modèle d'idéalisme éthique et incitent les autres à adhérer aux mêmes préceptes. Leurs actes paraissent irréprochables.
Perception par les autres	Formaliste, soigné, bonnes manières
Conflits typiques	« J'ai raison et vous avez tort »; se bute face aux critiques, se réfugie derrière les règles et la lettre de la loi
Bonne résolution	Se souvenir qu'on a le droit d'être en colère
Signaux positifs envoyés	La vertu est sa propre récompense. Il faut assumer ses responsabilités. Les Un donnent l'exemple par leur sérieux et leur amour du travail bien fait, sans attendre de compliments.
Signaux négatifs envoyés	Les Un croient toujours que les autres peuvent mieux faire et leur donnent l'impression qu'ils ne sont jamais à la hauteur; leurs collègues se sentent jugés sans savoir ce que les Un leur reprochent.
Signaux mixtes	Quand les Un ont l'impression d'exprimer clairement et précisément leur avis, leurs collègues n'entendent qu'une litanie de critiques.
Sentiment de sécurité: passage au point 7	Les Un relâchent leur esprit critique et se projettent positivement dans l'avenir.
Stress/Risque: passage au point 4	La colère laisse place à la tristesse et la mélancolie. À quoi bon lutter, dans un monde où règne l'erreur? Sous l'effet du stress, les Un s'interrogent sur la différence entre ce qu'il « faut » faire et ce qui leur semble important.
Secteurs d'activité conseillés	Les entreprises où les directives sont claires et les postes nécessitant un souci du détail (comptabilité, finance, science/technologie)
Secteurs d'activité à éviter	Les secteurs où les règles du jeu changent constamment (marketing de produits technologiques, par exemple), les jeunes entreprises où les décisions se prennent à partir d'informations incomplètes
Activités idéales	Bloc opératoire, inspection de réacteurs nucléaires, arbitrage de rencontres sportives

4

BASE 1 : LE PERFECTIONNISTE

Le juge, le réformateur,
le parangon de vertu, le puriste, la personne organisée…

QUESTION : ÊTES-VOUS UN UN ?

En tant que Perfectionniste, vous cherchez constamment à vous améliorer. La moindre erreur souffre de la comparaison avec ce qu'il aurait fallu faire et les petites défaillances que personne ne remarque peuvent vous préoccuper pendant des jours. Vous n'aimez pas que vos collègues disent : « Ça suffit pour l'instant » ou « On s'en occupera plus tard ». Ne se soucient-ils donc pas de la qualité ? Ne redoutent-ils pas les réclamations des clients ? N'ont-ils aucun sens des responsabilités ?

En revanche, vous êtes extrêmement patient avec les collègues qui cherchent à s'améliorer. Vous respectez l'effort que cela implique, parce que leur envie de bien faire montre qu'ils ont un sens moral.

Si vous êtes si sensible aux erreurs, c'est à cause de l'esprit critique qui vous habite depuis l'enfance. Cet esprit critique est un peu la voix de votre conscience et surveille tout ce que vous dites ou faites. Il peut sanctionner vos faits et gestes d'un « Bravo », d'un « Médiocre – peut mieux faire » ou, le plus souvent, d'un « Nul – à refaire ». Vous partez du principe que vos collègues entendent la même voix intérieure. Par conséquent, lorsqu'ils ne respectent pas tout à fait les règles, cette transgression vous paraît consciente.

Or, ces mêmes collègues peuvent voir les choses sous un angle différent: ils peuvent trouver qu'un souci excessif du détail vous conduit à censurer un travail tout à fait satisfaisant.

Prenons l'exemple de Linda, qui vient d'être nommée directrice marketing. La veille de son entrée en fonctions, elle décide de faire un tour à son ancien bureau, bien qu'on soit dimanche. Elle a trop hâte de se lancer pour patienter jusqu'au lendemain. Bien que portant ses habits du week-end, Linda a une apparence soignée et professionnelle. Elle décide de ranger ses dossiers dans des cartons dans l'ordre alphabétique inversé. Ainsi, quand elle déballera ses affaires dans son nouveau bureau, elle pourra sortir les dossiers dans l'ordre alphabétique et les ranger plus facilement.

Sa récente promotion la conforte dans sa conviction que l'honnêteté, l'effort et le souci du détail paient. À ses yeux, ses points forts tiennent à des valeurs traditionnelles telles que le travail et l'intégrité. Elle se fixe des règles précises et veille à les respecter. Et elle apprécie beaucoup que les autres fassent de même.

En réalité, cette promotion éveille en elle des sentiments mitigés. En apprenant la nouvelle, elle a été ravie, parce que cette marque de confiance prouvait qu'elle était quelqu'un de bien. Toutefois, au lieu de se réjouir de sa promotion et de la fêter avec ses amis, elle a très vite commencé à s'inquiéter. Cette inquiétude la tenaille encore tandis qu'elle fait ses cartons.

« Et si j'étais moins douée que mon prédécesseur? ». Linda se promet de prendre contact avec celui-ci pour qu'il la mette au courant de tout. Par ailleurs, il lui semble urgent de combler ses lacunes en matière de marketing. « Et si ma campagne était moins bonne que leur campagne actuelle? ». La perspective d'être critiquée est si douloureuse que Linda enfouit son visage dans ses mains.

La situation est remplie d'incertitudes et d'inconnues insupportables et le risque de faire une grosse erreur est accru, maintenant que Linda occupe un poste important. Les aspects négatifs de la situation commencent à apparaître. Elle se met à anticiper les critiques des autres sans se rendre compte que c'est elle qui s'impose des exigences impossibles à satisfaire.

Linda prend une pause et se sert une tasse de thé – elle a pensé à apporter un Thermos. Elle se sent enfin envahie par un sentiment de soulagement. Pendant un long et précieux moment, elle oublie ses responsabilités et son esprit cesse de juger. Elle retrouve la sérénité qu'elle ressent les rares fois où elle fait une longue balade dans la campagne. Pendant ces promenades, la nature a un effet apaisant et son esprit critique cède du terrain. Le ciel est à la bonne place, il n'y a rien à redire aux arbres et les choses sont telles qu'elles doivent être.

Comment les Un trient les informations

Dans les traditions spirituelles qui utilisent les ennéatypes comme moteurs du développement personnel, les Un sont appelés les « moines à l'esprit de jugement » parce qu'ils se focalisent sur l'élimination des erreurs et la correction des défauts. La moindre erreur suffit à obnubiler Linda. Par exemple, une marge d'erreur de cinq pour cent dans un rapport accaparera toute son attention.

Linda traite les informations avec la conviction qu'il existe une seule et unique solution à chaque problème. Une fois la bonne solution trouvée, les autres options n'ont pas lieu d'être. Linda travaille donc à éliminer toute marge d'erreur. Contrairement aux Épicuriens de la base 7, qui jonglent en permanence avec une multitude d'options, et aux Battants de la base 3, qui perçoivent uniquement les réactions positives, Linda cherche en permanence l'erreur qui l'empêche de trouver la seule et unique solution au problème.

Si ce n'est pas vrai à 100 %, c'est faux.

Linda se complique d'autant plus la tâche qu'elle mesure ses actes à l'aune de normes extrêmement exigeantes. Dans un premier temps, elle est ravie de sa promotion et savoure le sentiment d'avoir été choisie pour de bonnes raisons, mais la petite voix de son esprit critique ne tarde pas à se faire entendre. Cette petite voix monte un véritable dossier d'accusation contre Linda, qui se retrouve à jouer alternativement le rôle de procureur et celui d'avocat de la défense.

- D'accord, tu as décroché le poste, mais tu vas devoir prouver que c'était mérité !
- Mais j'ai déjà fait mes preuves !

Linda passe constamment de l'autocritique aux louanges, et inversement.

- Tu es peut-être douée, mais ton prédécesseur était meilleur.

On dirait un match de tennis dont Linda ne serait qu'une simple spectatrice.

– Tu n'arriveras à rien si tu passes ton temps à te juger.

– J'essaie de ne pas me juger.

– Non, tu n'essaies pas.

– Si, j'essaie.

– Alors, tu t'y prends mal !

D'un côté elle se croit obligée d'être aussi compétente qu'un professionnel chevronné, de l'autre elle s'en veut d'être aussi critique envers elle-même. À noter qu'autour d'elle, personne n'est au courant de ce débat intérieur.

Les Un au travail et dans l'action

Les Un n'ont pas leur pareil pour perfectionner un système, et cela a toujours été le point fort de Linda. Sa quête de perfection remonte à l'enfance. Elle se souvient qu'elle était obéissante, raisonnable et très blessée par les critiques. Pour se protéger, elle a appris à se corriger d'elle-même pour éviter de se faire remarquer par ses erreurs. Cette habitude lui a appris à raisonner d'une manière précise et détaillée.

Tous ses efforts ont également appris à Linda qu'un travail bien fait est une source de satisfaction personnelle. Elle aime avoir des journées bien remplies, se laisser entraîner par la dynamique propre de ses projets et rentrer chez elle avec le sentiment du devoir accompli.

Si vous êtes aussi un Perfectionniste, vous vous identifiez à l'exigence morale de Linda et à son goût du travail bien fait. En outre, vous vous sentez à l'aise dans un environnement de travail où les règles sont claires et les responsabilités bien définies. En revanche, votre soif de perfection s'accommode mal d'un travail dépendant d'informations toujours changeantes. Vous ne supportez pas de prendre des décisions sans disposer des données nécessaires.

John, chercheur au sein d'un grand laboratoire pharmaceutique, trouve difficile d'essayer de bien faire dans un univers où les règles évoluent en permanence.

J'aime la rigueur intellectuelle de la science et la précision du travail de laboratoire mais, chaque fois que je commence à obtenir des résultats, les priorités de ma société changent et je dois repartir à zéro sur un autre projet.

Le fait est qu'il est rageant de devoir abandonner une excellente idée. Mais de quel droit est-ce que je me mettrais en colère alors que le problème ne relève pas de ma responsabilité ?

En bon Perfectionniste, John considère qu'il ne peut exprimer légitimement sa colère que s'il a totalement raison. C'est un cercle vicieux : la colère (la passion attribuée aux Un) est une émotion « mauvaise » qui était punie pendant l'enfance de John. Celui-ci a même du mal à s'avouer qu'il est en colère, à moins que la situation soit si scandaleuse qu'elle constitue une entorse à l'éthique.

Il y a quelques années, j'aurais affirmé que je ne me mettais jamais en colère. J'admettais que je pouvais être irrité, agacé, en rogne ou tatillon, mais jamais en colère, parce que personne n'aime les gens en colère et parce que j'essaie d'être quelqu'un de bien.

Intérieurement, je n'avais jamais l'impression d'être en colère, même quand les autres me disaient que j'étais tendu et critique. En effet, je ne percevais pas ma nervosité et mon ton tendu comme des signes de colère : je me sentais seulement plein d'énergie, sur la bonne voie, en train de mieux organiser les choses. Je n'aurais jamais considéré que c'était de la colère.

Et puis, un jour, j'ai littéralement explosé : j'ai dû crier pendant une bonne heure. Nous étions en plein milieu d'une expérience prometteuse et, une fois de plus, on nous a dit de changer de cap. Pour une raison que j'ignore, ça a été la goutte qui a fait déborder le vase. J'ai senti la colère monter en moi. Tout était extrêmement clair. Toutes les autres occasions où j'avais encaissé ce genre d'ordre sans réagir sont remontées à la surface. À vrai dire, ça a été une sensation extraordinaire !

En fait, les collègues de John ont été ravis qu'il explose – non seulement parce qu'ils étaient totalement d'accord avec lui, mais aussi parce que cette explosion leur évitait d'avoir à lire dans ses pensées pour connaître son opinion. D'habitude, ils voyaient que John était en colère (même si lui-même ne se l'avouait pas), mais celui-ci n'exprimait jamais le fond de sa pensée, préférant dire ce qu'il « fallait » dire.

Gardez bien ceci à l'esprit à propos des Un

Les Un fonctionnent très bien en équipe quand chacun assume sa part de travail. Ils sont prêts à prendre beaucoup de responsabilités et sont attachés au fair-play. Par ailleurs, ils ont un fort besoin de reconnaissance, sans pour autant l'exprimer. Il leur est très difficile de continuer héroïquement à faire ce qu'il faut alors que les autres ne se rendent compte de rien: pourquoi l'honnêteté et l'effort sont-ils si mal récompensés ? C'est injuste.

C'est d'autant plus grave que le Perfectionniste remarque les erreurs que ses collègues commettent et se sent obligé de les corriger lui-même, ce qui alimente son mécontentement.

Dans leur cheminement spirituel, les Un doivent apprendre à utiliser leur colère au lieu de l'éviter. Ils doivent détecter les moments où leur esprit critique se manifeste et mettre un nom sur ce qu'ils ressentent. Ils doivent prendre du recul par rapport à ce qui les met en colère et se dire: « Je suis en train de juger ». Leur colère peut être parfaitement justifiée, mais là n'est pas la question. L'important est de se rendre compte du moment où on commence à juger avant d'avoir le temps d'enterrer sa colère. On peut ensuite mieux faire face à la situation.

Contenir leur colère place les Un dans une situation difficile: ils s'interdisent d'exprimer leur mécontentement tout en étant conscients de l'injustice de la situation. Ce conflit interne les conduit à faire moins d'efforts. L'équipe se rend compte qu'après s'être montré compétent et ouvert, le Un cesse de participer, sans explication apparente.

En d'autres termes

Les Un doivent découvrir l'hédonisme. Ils ont déjà une discipline de travail et savent qu'il faut travailler dur pour réussir. Il ne leur reste qu'à apprendre à prêter autant d'attention à ce qui se passe bien qu'à ce qui se passe mal.

Ainsi, Linda doit se rappeler qu'elle n'a pas été promue par hasard. Elle doit s'efforcer d'être aussi consciencieuse et productive que son prédécesseur sans pour autant poursuivre un idéal de perfection hors d'atteinte pour la débutante qu'elle est.

Dynamiques de changement du Un

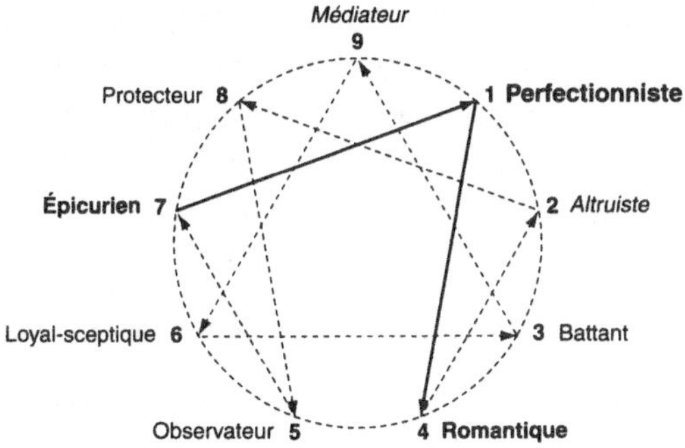

Stress, risque et sécurité

En période de sécurité, le transfert vers la base 7

Les Un sont des travailleurs diligents qui prennent plaisir à bien faire leur travail quand ils ne poursuivent pas des objectifs impossibles à atteindre. Dans les périodes où ils se sentent en sécurité, ils sont moins enclins à se juger. La petite voix de leur esprit critique ne se fait plus entendre. Les projets avancent avec rapidité et facilité, presque d'eux-mêmes, quand les Un ne se laissent pas distraire par de petites erreurs et quand ils ne se laissent pas obnubiler par un objectif de perfection. Ils savent que le résultat sera satisfaisant et qu'il est bien plus facile de bien faire que d'être parfait.

Être un Perfectionniste a ses avantages. Ainsi, les Un ressentent une très grande satisfaction quand tout se passe bien. Ils connaissent de la sorte de nombreux petits moments de plaisir : le simple fait d'avoir rangé leur bureau ou d'avoir élaboré un bon calendrier de travail leur donne un sentiment de réussite. Ils apprécient également les phases durant lesquelles les projets atteignent leur vitesse de croisière. En se laissant porter par ce rythme naturel, ils arrivent à faire face sans problème à des contretemps ou des interruptions qui les angoisseraient en temps normal.

Pendant ces phases de sécurité, les Un s'inquiètent moins et leur discipline de travail leur permet d'avancer régulièrement. Ils s'autorisent à prendre des congés pour recharger leurs batteries sans se dire que leur entreprise va sombrer dans le chaos pendant leur absence ou qu'ils n'auront plus envie de retourner travailler.

Sans que grand-chose soit dit, leur travail leur paraît plus gratifiant et plus prometteur. Les Un parviennent à se projeter positivement dans l'avenir, comme les Épicuriens. Non qu'ils ne voient plus leurs erreurs: simplement, dans les phases de sécurité, ils sont également sensibles à leurs réussites.

Réponse au stress et au risque : le transfert vers la base 4

Il arrive que, malgré un travail acharné, les Un soient en passe d'échouer. Dans ce cas, ils redoublent d'efforts. Dès les premiers signes de stress, la petite voix de leur esprit critique se fait plus forte et les Un se mettent à voir des erreurs partout. Au bout du compte, leur irritation finit par déborder, souvent aux dépens de collègues qui ne semblent pas travailler suffisamment. Curieusement, les Perfectionnistes ne perçoivent pas cette irritation comme de la colère, parce que la colère est une émotion « mauvaise ». Ils trouvent acceptable d'être irrité, déçu ou agacé, mais ne considèrent jamais qu'ils sont en colère. Cependant, leurs collègues ne s'y trompent pas.

Dans ces moments-là, les Un se demandent pourquoi c'est toujours à eux de réparer les dégâts, de détecter les erreurs, d'assumer les responsabilités et de supporter la pression. Pourquoi leurs collègues ne remarquent-ils pas que le chaos menace et n'interviennent-ils pas? Comment peuvent-ils ne pas s'en soucier? Sous l'effet d'une spirale négative, la colère des Un laisse place à une résignation typique des Quatre. Si travailler dur ne suffit pas, quelle autre solution pourrait-il y avoir?

En se rapprochant de la base 4, les Un se disent: « J'ai respecté les règles. Ce qui m'arrive n'est pas juste ». Ils y trouvent une certaine consolation: une fois que la colère est reconnue et exprimée, la charge de travail paraît plus facile à assumer.

Les Un stressés peuvent en apprendre beaucoup en se posant leur question taboue: « Qu'est-ce que je veux? ». Les Perfectionnistes sont extrêmement conscients de ce qu'il « faut » faire, mais pas de ce qu'ils « veulent » faire. Quand ce système de pensée montre ses limites, ils doivent en profiter pour apprendre à se faire plaisir au travail.

Comment les Un sont perçus par les autres

Leur style de communication

Quand ils prennent la parole, les Un énoncent des faits plutôt que d'évoquer des généralités. Ils s'efforcent de mettre de l'ordre dans des notions complexes et se sentent mal à l'aise lorsqu'une discussion s'égare. Ils produisent des informations bien documentées, suivent un ordre précis et avancent pas à pas vers une conclusion sans ambiguïté. Cette démarche est tout à fait conforme à leur ennéatype. En effet, une position clairement énoncée réduit le risque d'erreur.

Dans leurs efforts pour atteindre la perfection, les Un aiment passer des heures à se préparer, à réfléchir et à étudier les mérites comparés de diverses opinions pour construire une analyse inattaquable. C'est compréhensible. Toutefois, les communications très structurées sont parfaites pour un travail d'enseignement, mais paraissent pompeuses dans le cadre d'une discussion informelle. Les Un raisonnant en termes de Bien et de Mal, ils ont du mal à intégrer les nuances de gris, les possibilités, les intuitions et les associations d'idées plus fréquentes dans d'autres styles de communication. Une dynamique intéressante se met alors en plaçe : les Un peuvent être d'excellents orateurs lorsqu'ils sont pleinement impliqués dans leur sujet, et l'assistance peut être sensible à leur force de conviction, mais ces orateurs passionnés peuvent également être perçus comme des intégristes de leur école de pensée ne laissant aucune place aux opinions divergentes.

Les Un peuvent se replier sur eux-mêmes pendant les séances de questions-réponses, surtout quand une question a une portée plus large que le sujet qu'ils viennent d'évoquer. La vraie communication intervient lorsque les Un se sentent suffisamment en sécurité pour formuler les ébauches de réflexion, les intuitions et les remarques impromptues qui sous-tendent tout exposé intéressant.

Le non-verbal : leurs attitudes et leurs gestes

Les Un restent généralement silencieux en attendant de savoir exactement quel message ils veulent faire passer, mais ce débat intérieur leur donne l'air pensif et inquiet. Soumis à une forte pression interne, car il faut « bien faire les choses », ils paraissent de plus en plus tendus et préoccupés, un peu comme un chien de chasse s'efforçant de flairer la bonne piste.

Pendant que la tension interne des Un s'intensifie avec les minutes qui passent, les autres ont l'impression d'être jugés en silence. Les Un semblent envoyer le message suivant: « On n'y est pas encore. On ne se donne pas assez de mal. Il faut mieux faire ». Cette admonestation silencieuse à poursuivre les efforts est mal vécue par les Neuf, qui s'efforcent d'éviter les conflits, et par les Sept, qui aiment se laisser porter par le courant des nouvelles idées plutôt que de se limiter à un seul projet.

Si les Un se mettent à bouillir intérieurement, leur colère silencieuse peut devenir perceptible au point de mettre mal à l'aise les autres personnes présentes, qui ressentent une tension inexprimée.

Tout peut devenir plus facile avec une touche d'humour, à condition que les Un comprennent qu'on ne se moque ni de la question évoquée, ni d'eux-mêmes, mais de la fougue avec laquelle ils abordent la question bille en tête, comme s'il n'y avait qu'une seule façon de bien faire le travail.

Communiquer avec les Un

Les Un sont très critiques, ce qui peut être fort utile ou, au contraire, les conduire à être trop négatifs. Efforcez-vous d'accueillir favorablement leurs critiques en les replaçant dans un contexte positif.

Exprimez-vous avec autorité en vous fondant sur vos propres convictions. Veillez à reconnaître vos erreurs, mais ne vous laissez pas détourner de votre objectif.

Favorisez une discussion sur le pour et le contre de chaque question pour éviter que les Un s'enferment dans un débat intérieur. Intégrez cette réflexion à un processus collectif pour éviter qu'ils ne se referment sur eux-mêmes.

Faites parler les Un. Incitez-les à exprimer leur ressentiment, même lorsque vous ne partagez pas leur avis. Demandez-leur de se concentrer sur la question du jour, sans ressortir une longue liste de rancunes passées. Réagissez d'une manière rationnelle et aidez-les à transformer leur frustration en moteur d'action positif.

Soyez aussi précis que possible. Les Un n'aiment pas les généralités. Veillez à être bien préparé et à savoir ce que vous allez dire avant de prendre la parole.

Tout en reconnaissant leurs bonnes intentions à leur juste valeur, aidez-les à comprendre qu'il y a plusieurs façons d'atteindre un objectif.

Ce qui pousse un Un à agir

Les Un veulent bien faire. Ils sont extrêmement exigeants envers eux-mêmes et vivent difficilement de petites erreurs que la plupart des gens ne remarqueraient même pas. Du fait de ce souci de perfection, les occasions où tout se passe « comme il faut » leur procurent de petits moments de joie qui illuminent leur journée.

Aucune erreur ne leur échappe. Les Un ont ce qu'on peut appeler « l'esprit de comparaison ». Intérieurement, ils comparent constamment ce qui se passe à ce qui devrait se passer dans l'idéal. Ils ont donc toujours l'impression que les choses pourraient être améliorées.

Imaginons que le directeur commercial d'une société se rende compte que son supérieur ne gère pas les demandes internes de fournitures aussi efficacement qu'il le devrait. N'importe quel autre employé pourrait remarquer cette erreur sans s'y arrêter, mais lui se sent écartelé entre l'envie d'y remédier et la volonté de ne pas paraître trop critique. Il se met à noter mentalement tout ce que fait son supérieur : « Et voilà, ça recommence ! Il traite nos demandes de fournitures une par une. S'il les passait toutes en revue, il verrait qu'on est nombreux à avoir besoin des mêmes choses et il les achèterait en gros, ce qui coûterait moins cher à la société. Il faut que ça cesse ! »

Le directeur commercial souffre même quand la machine a café fuit et tache la moquette. Quelque part, c'est de sa faute, et il s'inflige un blâme : « Je savais qu'on n'aurait pas dû l'installer à cet endroit-là. Pourquoi est-ce que je n'ai rien dit quand on nous l'a livrée ? »

Inversement, les Perfectionnistes savent combien un travail bien fait est gratifiant, alors que les autres ennéatypes ne sont pas forcément sensibles à cette source de satisfaction. Motivés par le désir secret de ne pas démériter à leurs propres yeux, les Un aiment travailler pour une cause qui en vaut la peine et enrichir leurs compétences.

Dans leur recherche de perfection, ils sont attirés par les fonctions qui symbolisent l'intégrité et qui donnent une forte dimension éthique à leur carrière. Par exemple, un enseignant adoptera une éthique scrupuleuse et considérera ses responsabilités comme une mission plutôt que comme un gagne-pain.

Il essayera également de convertir les autres à son propre idéal de perfection. Obsédé par les détails, il remarquera très vite les négligences des autres et se sentira tenu de les corriger. Quand les autres se laissent aller, les Un sont partagés entre un ressentiment croissant et la volonté de redoubler d'efforts pour rattraper la négligence des autres, ce qui alimente encore leur ressentiment.

> **Cette détermination à bien faire les choses peut conduire les Un à l'usure quand le travail n'avance pas ou quand les problèmes s'accumulent. Dans ces moments-là, les Un se sentent aussi inutiles qu'une éponge dans un océan d'indifférence.**

Quand le travail devient une source de frustration, les Un perdent vite pied. Pour reprendre notre exemple, le professeur sera obnubilé par les défauts et l'indifférence des autres et sentira monter sa colère à l'idée d'être associé à ce travail mal fait, mais gardera cette colère pour lui. Soucieux de bien faire mais se sentant impuissant, il gardera le silence pour ne pas perdre son travail, mais ce compromis renforcera son ressentiment et son obsession pour les détails sur lesquels il pourra influer.

Quand ils arrivent à ce niveau d'usure, les Perfectionnistes ne sont plus motivés que par des victoires morales secrètes liées au sentiment de bien faire et d'avoir une éthique supérieure à celle des autres.

Pour progresser, ils doivent apprendre à détecter le moment où ils se laissent entraîner par leur esprit critique au point de voir des erreurs partout. Ils comprendront qu'ils sont sur la bonne voie le jour où ils feront la différence entre le fait de détecter les problèmes qui peuvent être réglés et le fait de se focaliser sur les erreurs par habitude.

Motiver les Un

Combinez des valeurs et des idéaux forts à un sens pratique aigu. Aidez les Un à avoir une vision positive et à viser l'excellence.

Soyez franc et équitable. Les Un sont prêts à travailler dur pour une juste cause ou pour un bon chef s'ils ont un sentiment de justice. En revanche, ils peuvent se sentir autorisés à moins en faire si les dés semblent pipés en faveur d'un autre ou si leur chef paraît manquer d'intégrité.

Veillez à ce que les Un soient en contact avec des gens qu'ils respectent. Ne les laissez pas s'enliser dans des rapports inamicaux avec ceux qui ne sont pas à la hauteur de leurs exigences. Ils n'ont pas besoin d'avoir des rapports harmonieux avec tout le monde, mais ils doivent pouvoir compter sur une ou plusieurs personnes de confiance.

Prenez le temps de créer et de conserver une hiérarchie bien définie, sans ambiguïtés au niveau du partage des responsabilités. Les Un veulent des responsabilités claires, des directives et un cadre de travail bien défini.

Les Un redoutent de commettre des erreurs. Faites-leur comprendre qu'il est normal de se tromper. Aidez-les à prendre du recul par rapport à leur souci de perfection. Encouragez-les à prendre des risques et à tester de nouvelles méthodes.

Faites-leur part de vos compliments. Les Un ont besoin qu'on apprécie leur travail mais formulent rarement une demande directe en ce sens. Or, faute de se sentir appréciés à leur juste valeur, ils risquent de transférer leur ressentiment sur des points de détail.

Aidez les Un à fixer des limites à leurs responsabilités. Expliquez clairement qui est responsable de quoi. Faites-leur savoir que vous ne leur reprocherez pas les erreurs ou les défauts des autres.

Les Un et la gestion de leur temps

Les Un se sentent toujours pressés par le temps. Ils ont l'impression qu'il n'y a jamais assez de temps pour bien faire et sont persuadés que les gens « bien » ne perdent jamais une minute. Cette conviction les conduit à surcharger leur agenda d'une succession haletante de tâches les privant de tout moment de détente. À leurs yeux, le plaisir doit attendre : il faut d'abord achever le travail entrepris.

Leur esprit critique commente constamment leurs actions et celles des autres avec une sévérité particulière. Cette « voix de la conscience » est une présence si familière pour les Un qu'ils s'imaginent qu'il en va de même pour tout le monde. Ainsi, quand ils voient quelqu'un effectuer un travail médiocre, ils ont l'impression que c'est du sabotage délibéré.

Paradoxalement, cette petite voix est une source importante d'atermoiements dans le travail, car les Un perdent un temps considérable à évaluer chaque tâche à l'aune d'un idéal de perfection inaccessible. Si le travail des Un n'avance pas, c'est parce qu'ils ont peur de commettre une erreur. Ne pouvant s'empêcher de remarquer les imperfections, ils ont du mal à formuler des estimations approximatives ou à rédiger un simple brouillon de texte, même si c'est ce qu'on leur demande de faire.

Ce souci permanent d'éviter toute erreur ralentit leur travail. Ainsi, lorsqu'il rédige un rapport, un Perfectionniste remarque immédiatement un terme mal choisi ou une phrase mal tournée et s'interrompt pour les corriger, ce qui nuit à sa concentration. Il lui est difficile de rédiger d'une traite, même quand on lui demande un simple brouillon.

Dans un rapport rédigé par un Perfectionniste – par exemple, une étude de faisabilité sur l'ouverture d'un nouveau site – chaque argument a été longuement étudié et soupesé. « Cette phrase occupe-t-elle une place centrale dans l'argumentation ? », « Vaudrait-il mieux ne pas mentionner ce point ? ». Les Un ont du mal à ne pas citer toutes les considérations dignes d'intérêt. Chaque paragraphe représente donc une tâche conséquente. Il leur faut du temps pour rédiger plusieurs paragraphes cohérents et bien documentés, et encore plus de temps pour leur donner précisément le poids qui convient au sein de leur argumentation. Les Un peuvent perdre de vue le sujet dans sa globalité à force d'entrer dans les détails.

Aider les Un à gérer leur temps

Les Perfectionnistes peuvent s'enliser dans les détails. Faites-leur savoir quand leur travail est « suffisamment bon » et incitez-les à passer à autre chose.

Insistez sur les objectifs et les résultats. Aidez les Un à détourner leur attention des procédures et des problèmes d'encadrement lorsque c'est nécessaire.

Aidez les Un à déléguer. S'ils ont trop de travail, celui-ci risque d'être fait avec retard ou de n'être jamais achevé. Faites-leur comprendre que les autres sont dignes d'assumer des responsabilités. Ne les laissez pas entreprendre de sauver le monde (en l'occurrence, le projet) tout seuls.

Les Un peuvent aboutir à un blocage quand leur esprit de jugement est trop actif. Ils seront plus productifs à long terme s'ils prennent le temps de se détendre et d'évacuer la pression. Prendre des congés leur permet de travailler plus efficacement.

Aidez-les à gérer leurs critiques envers les autres. La communication et l'esprit d'équipe pâtissent d'une situation où les autres collaborateurs se sentent jugés en permanence. Incitez-les à formuler également des jugements favorables et à adopter un discours optimiste.

Les Un en négociation

Les Un peuvent être mal à l'aise à l'idée de négocier : à leurs yeux, un être parfait ne devrait jamais en arriver là. Les notions de « donnant-donnant » et de « compromis » n'ont pas leur place dans un monde voué à l'excellence et l'idée même d'accommodement a des connotations négatives d'atteinte aux exigences éthiques.

Avant le début de la négociation, toutes les parties en présence doivent être d'accord sur la réalité objective de la situation. En effet, le risque est grand d'aboutir à une impasse parce que l'argumentation du Perfectionniste se fonde sur une perception biaisée de la réalité : il ne s'intéresse pas à ce qui est, mais à ce qui « devrait être ». Il est donc utile de prévoir une phase préparatoire au cours de laquelle les parties se mettront d'accord pour définir la situation. Ces réunions préparatoires permettent d'éviter les blocages du processus de décision qui peuvent intervenir quand des informations nouvelles apparaissent brusquement.

Les arguments des Perfectionnistes sont structurés selon une progression logique, étape par étape. Dès lors, il leur paraît inimaginable de modifier l'étape n°5 sans étudier l'impact de cette modification sur toutes les étapes suivantes du processus. Quand les événements prennent une tournure inattendue, les Un ont tendance à se réfugier derrière le règlement ou à accuser leurs interlocuteurs de manquer de fair-play.

> **Les Un sont longs à la détente lorsqu'il s'agit de changer d'avis. La moindre erreur fait s'écrouler tout l'édifice et ils cherchent la solution en reprenant tout depuis le début.**

Une stratégie de négociation efficace consiste à jouer le jeu des Un. Vous serez respecté à condition d'avoir bien étayé votre argumentation et d'avoir tout planifié. Vous serez apprécié si vous êtes poli, bien préparé et équitable. En revanche, vous serez mal noté si vos recherches sont insuffisantes, si vous perdez votre calme ou si vous espérez bénéficier d'un traitement de faveur. En d'autres termes, ayez un comportement correct et n'improvisez pas.

En cas d'impasse, essayez la tactique du donnant-donnant. Les Un raisonnent point par point et peuvent être prêts à céder sur un point pour obtenir une concession en échange. Le donnant-donnant peut permettre de surmonter un blocage en réduisant le nombre de questions en suspens, ce qui simplifie la décision.

Les Un et la formation et l'apprentissage

Les Un ont besoin d'un cadre clairement défini. Le formateur doit, lors de la première journée de formation, énoncer les thèmes qui seront abordés, le niveau à atteindre, le calendrier de formation et les critères de notation.

> **Les Perfectionnistes ont besoin d'être absolument sûrs de ce qu'on attend d'eux. Si les règles ne sont pas explicitées, ils ont l'impression que tout est fait pour les conduire à l'échec.**

Le formateur doit rappeler aux Uns que chacun apprend à son rythme et qu'on apprend au moins autant de ses échecs que de ses réussites.

En effet, les Un considèrent qu'ils sont censés devenir immédiatement des experts du sujet, ce qui a pour effet de les paralyser. Ils exigent qu'on leur explique l'objectif de leur formation mais, une fois qu'on accède à leur demande, ils se sentent obligés d'atteindre cet objectif prématurément. Or, les Perfectionnistes ne savent pas apprendre vite et n'aiment pas improviser. En outre, quand l'issue est incertaine, ils se mettent à imaginer tout ce qui pourrait mal tourner.

Organisez l'apprentissage sous la forme d'une série de règles à respecter. Si les règles disent qu'il faut se détendre, les Un se détendront. Si elles disent que l'apprentissage implique une attitude réceptive et ouverte, les Un auront cette attitude. Subdivisez l'enseignement en sous-parties de dimensions modestes associées à des compétences clairement identifiées. Les Un aiment procéder étape par étape et rentrer chez eux en possession d'une technique précise sur laquelle ils pourront s'exercer.

Quand un élève commet une erreur, le formateur doit immédiatement rappeler qu'un bon processus d'apprentissage peut se résumer par l'expression « deux pas en avant, un pas en arrière ». Encouragez les Un à poser les questions qu'ils s'interdisent généralement de formuler en disant aux élèves : « C'est le moment de faire le point sur cette formation. Posez-moi des questions. Ces questions nous permettent de faire évoluer nos manuels de formation. En outre, vous aidez les autres en mettant le doigt sur les passages manquant de clarté ». L'objectif consiste à inviter les Un à exprimer leur esprit critique dans le cadre de la formation pour éviter qu'ils se sentent paralysés à l'idée de commettre une erreur.

Les Un sont soucieux du niveau d'expertise du formateur. Ils remarquent les instructions insuffisamment précises, les informations contradictoires, les écarts par rapport au calendrier de formation et l'incapacité à répondre à une question. En outre, ils sont particulièrement sensibles à la tenue vestimentaire et aux bonnes manières, notamment sous l'angle du respect pour les élèves. Inversement, ils apprécient énormément qu'un formateur sache rebondir sur les questions posées par les élèves pour enrichir son enseignement.

Étude de cas : un directeur financier découvre de quoi il a envie

La situation est classique : à l'issue d'une carrière de vingt ans au sein d'une très grande société, un Perfectionniste décide de suivre sa supérieure lorsque celle-ci (une Neuf) devient présidente d'une jeune entreprise financée par une société de capital-risque. Il devient le directeur financier de la start-up.

De petits problèmes se posent dès le début. Habitué à disposer d'un personnel important, le directeur financier met du temps à répondre aux demandes d'informations financières formulées par le conseil d'administration. Or, elles sont nombreuses. Le conseil d'administration, dominé par les représentants de la société de capital-risque, a constamment besoin de chiffres pour informer ses partenaires et pour pouvoir introduire la société en bourse dès que l'occasion se présentera. Six mois après l'embauche du directeur financier, le conseil d'administration notifie par écrit la présidente que les informations transmises par le Perfectionniste sont insuffisantes et tardent trop à arriver. La présidente transmet immédiatement une copie de la lettre au directeur financier.

Abasourdi par ce courrier, qui représente la première appréciation négative de sa carrière, le Perfectionniste engage un deuxième assistant et met un point d'honneur à arriver une heure plus tôt tous les matins. Sa charge de travail est beaucoup plus lourde que prévu et il en souffre, mais cet effort supplémentaire semble satisfaire le conseil d'administration, qui cesse de se plaindre.

Dans l'intervalle, le marché boursier entre dans une phase d'euphorie. La société de capital-risque décide qu'il est temps de chercher de nouveaux financements et, par la même occasion, de réaliser un profit confortable en vendant ses actions à l'occasion de l'introduction en bourse.

Pour accélérer le processus, le conseil d'administration demande à la présidente de licencier le directeur financier et de le remplacer par un commissaire aux comptes du cabinet d'audit qui contrôle les comptes de la société de capital-risque.

Comme le conseil d'administration l'explique à la directrice, le directeur financier a fait des progrès et a tenu compte des reproches qui lui avaient été adressés mais, pour l'introduction en bourse, il faut un spécialiste des opérations de ce type et un nom qui inspirera confiance aux futurs actionnaires.

Interactions typiques

En bonne Médiatrice, la présidente est déchirée entre sa loyauté envers le conseil d'administration et sa loyauté envers le directeur financier. Elle comprend la position de chacun. La quasi-totalité des administrateurs viennent de la société de capital-risque qui l'a engagée et qui souhaite rentabiliser son investissement dans les meilleurs délais. La présidente comprend cette position. La société de capital-risque a risqué de l'argent sur elle et s'attend légitimement à en tirer un bénéfice.

La présidente connaît aussi les avantages d'une introduction en bourse : la société sera plus crédible et il sera plus facile de lever des fonds à l'avenir. Toutefois, la Médiatrice est liée de longue date au directeur financier et déteste le conflit.

« Il a fait du bon travail pendant vingt ans dans notre ancienne société. Il aurait été en sécurité s'il ne m'avait pas suivie. Suis-je responsable de son départ ? A-t-il vraiment fait un choix, ou s'est-il senti forcé de partir à cause de notre amitié ? Et sa famille, comment va-t-elle s'en sortir ? Va-t-elle m'en vouloir ? »

La Médiatrice demande à son assistante de ne lui passer aucun appel : elle a besoin de réfléchir. Y a-t-il moyen de garder le directeur financier en l'affectant à un autre poste ? De quelle influence dispose-t-elle auprès du conseil d'administration ? S'il n'y a rien à faire, comment peut-elle au moins amortir le choc ? Il lui est très facile de se mettre à la place du directeur financier.

À l'idée de devoir annoncer une mauvaise nouvelle, la présidente cherche à gagner du temps. « Peut-être que la bourse va s'effondrer et qu'on annulera l'introduction. Peut-être qu'il cherchera de lui-même à quitter l'entreprise ». Elle sent qu'elle perd toute capacité de concentration à la perspective d'une confrontation.

De son côté, le directeur financier sent venir la crise. Lorsque le conseil d'administration s'est plaint, c'est à contrecœur qu'il a modifié les procédures qu'il employait depuis des années. À la perspective du travail qu'exigera une introduction en bourse, il voit rouge : « Pourquoi ne m'a-t-on pas prévenu plus tôt ? Si j'avais été plus perspicace, j'aurais senti venir le coup. Et si j'étais plus compétent, l'opération ne me poserait pas de problème. »

Il ne veut pas assumer davantage de responsabilités. En cas d'introduction en bourse, il sera contraint de consacrer du temps à des actionnaires extérieurs, ce qui l'agace prodigieusement. Parallèlement, l'autocritique se met en place : il devrait faire plus d'efforts. Il devrait se sacrifier. Il ne doit pas démissionner.

Son esprit critique tourne à plein régime : « C'est injuste ! Je ne devrais pas être obligé de recommencer à zéro à mon âge. Ce n'est pas de ma faute. »

Sa colère monte, mais il ne sait pas qui rendre responsable de la situation. « J'ai fait une erreur en venant ici. Elle m'y a entraîné, c'est de sa faute, mais je n'aurais pas dû l'écouter. »

Faute d'une cible légitime, il est incapable d'exprimer sa colère. Il a besoin de l'aide de la présidente, mais il serait trop humiliant de la lui demander. Il a besoin de l'aide des administrateurs, mais il ne les a jamais rencontrés. Il s'en veut, il en veut à la présidente de son manque de prévoyance, il en veut à la société de capital-risque et il en veut au destin. C'est à ce moment précis que son téléphone sonne. C'est la présidente, qui lui demande de la rejoindre dans son bureau.

Quand il entre, la présidente le regarde en pensant à leurs vingt années d'amitié. Elle connaît la famille du directeur financier. Elle était invitée au mariage de sa fille. Quand ils ont quitté la grande société à laquelle ils appartenaient, ils ont organisé un pot d'adieu commun, et la photo prise à cette occasion est affichée sur le mur de son bureau. Elle veut qu'ils restent en bons termes, mais ni l'un ni l'autre n'est capable de parler. Elle n'arrive pas à se distancier de ce qu'il est en train de penser. Peut-être que c'est elle qui devrait démissionner. Il semble tellement en colère qu'elle en a l'estomac retourné.

Sans qu'un seul mot n'ait été échangé, chacun des deux amis a déclenché les mécanismes de défense de l'autre. Incapable de se contenir, le Perfectionniste doit exprimer sa rage. Quant à la Médiatrice, à force de chercher à tout prix à éviter les conflits, elle s'enlise dans l'indécision.

Le vent tourne

Rétrospectivement, la présidente se rend compte qu'elle a eu de nombreuses occasions d'éviter au directeur financier de se faire licencier et qu'elle ne les a pas saisies.

Elle aurait pu lui parler la première fois que le conseil d'administration a envisagé la possibilité d'une introduction en bourse. Elle aurait pu le prévenir quand l'un des administrateurs lui a demandé si le directeur financier avait l'expérience des opérations boursières.

Maintenant, elle voit clairement les moments clés où elle aurait pu changer le cours des choses. Elle se jure que, désormais, elle sera plus vigilante.

En bonne Médiatrice, elle tente de calmer le jeu en faisant preuve de bonne volonté : « Je ne peux pas empêcher ton licenciement, mais je t'obtiendrai d'excellentes indemnités de départ. En outre, j'utiliserai mon carnet d'adresses pour te mettre en contact avec des employeurs potentiels. Et, bien sûr, je te tiendrai au courant des postes que nous créerons au fur et à mesure de l'expansion de la société. »

Le Perfectionniste explose. Vingt ans de carrière tombent à l'eau, et pourquoi ? Parce que le conseil d'administration ne le connaît pas et parce que la directrice s'en fiche. Il prend un ton pincé et accusatoire. « Pourquoi ne m'as-tu pas défendu ? Pourquoi n'as-tu pas insisté ? ».

Maintenant qu'il est lancé, rien ne peut l'arrêter. Il s'entend crier. Il voit la présidente encaisser sans broncher.

Elle n'arrive pas à le regarder en face et tripote les papiers qui traînent sur son bureau. Cette attitude attire l'attention du directeur financier et l'interrompt en pleine diatribe. La présidente se fait toute petite derrière son bureau et semble prise au piège. Manifestement, elle est aussi malheureuse que lui.

Cette observation lui fait l'effet d'une révélation : si c'est une simple question de circonstances, ce n'est la faute de personne. Sans qu'il en ait conscience, son esprit critique lâche prise et il se sent gagné par un sentiment de soulagement inhabituel. Il peut se pardonner de ne pas être parfait.

Dénouement

En réalité, le directeur financier ne souhaite pas se former aux techniques de l'introduction en bourse, qu'il ne connaît pas du tout. Trop occupé à se faire des reproches sur ce qu'il « aurait dû » faire, il ne s'est jamais demandé ce qu'il « voulait » faire. Il découvre avec soulagement qu'il ne veut pas d'un surcroît de travail et de soucis. Il préfère s'en tenir aux compétences qu'il a déjà.

Les Perfectionnistes prennent les critiques pour des attaques personnelles. Le pire est que lorsqu'un problème survient, ils considèrent que c'est forcément de leur faute.

Il ne reste qu'une question, celle des modalités de son départ. Ils se donnent rendez-vous le lendemain pour discuter de ses indemnités. Le directeur financier sait que la présidente va l'aider et qu'il trouvera un autre poste.

Comme le directeur financier, rappelez-vous que :

Chacun d'entre nous a intérêt à faire la différence entre ce qui lui convient réellement et ce qui « devrait » lui convenir. C'est d'autant plus vrai pour les Perfectionnistes, qui sont dans un processus permanent d'autocritique.

Notre directeur financier a dû apprendre à détecter les moments où son esprit critique se déclenche et se poser la question suivante :

« Au-delà de mon sens du devoir, quels sont mes vrais besoins ? »

Credo	Ceux qui réussissent s'appuient sur quelqu'un de dévoué
Modèle mental	Les autres ont besoin de mon aide
Filtre de perception	Les besoins des autres
Méthode de tri des informations	Tient un registre constamment réactualisé des goûts, dégoûts, espoirs et rêves des autres
Ce qu'il évite à tout prix	S'interroger sur ses propres besoins
Progrès à accomplir	S'apprécier soi-même indépendamment de l'avis des autres
Cheminement spirituel	Distinguer le véritable altruisme du don intéressé
Passion	L'orgueil de se sentir indispensable
Vertu	L'humilité: connaître sa valeur objective aux yeux des autres
Moteur	Servir les autres
Style de management	Toute interaction est une relation personnelle. Les Deux jugent important de contribuer au développement personnel de leurs collaborateurs, de répondre aux besoins de leurs clients, de nouer des alliances utiles. Ils se disent: « Quel employé irait contredire un manager qui ne lui veut que du bien? »
Perception par les autres	Très chaleureux, les Deux vont vers les autres avec une attitude serviable. Ils parlent des besoins des autres, jamais des leurs.
Conflits typiques	Un collègue peut se croire le favori d'un Deux puis être brutalement lâché s'il n'a pas réagi comme le Deux l'espérait.
Bonne résolution	Détecter ce que les Deux veulent et le leur fournir sans mentionner qu'ils ont besoin de vous.
Signaux positifs envoyés	Les autres se sentent appréciés et valorisés.
Signaux négatifs envoyés	Le message peut être perçu comme étant : « Va dans le même sens que moi ou débrouille-toi tout seul ».
Signaux mixtes	Le Deux retire son soutien et fait l'impasse sur certaines informations.
Sentiment de sécurité : passage au point 4	Leurs vrais besoins remontent à la surface et les Deux poursuivent leurs propres priorités au lieu d'assister les autres.
Stress/Risque : passage au point 8	Les Deux se battent de toutes leurs forces. Ils en ont assez d'aider les autres et leurs tentatives de manipulation sont un échec : désormais, tous les coups sont permis.
Secteurs d'activité à conseiller	Les postes comportant une importante dimension interpersonnelle : ressources humaines, professions médicales, secteur tertiaire, fonctions commerciales
Secteurs d'activité à éviter	Les postes sans contacts positifs avec les autres : gardien de phare, garde forestier, programmeur informatique, inspecteur des impôts.
Activités idéales	Lever des fonds pour une œuvre caritative, représenter l'entreprise aux déjeuners de la chambre de commerce locale, gérer les relations presse.

5

BASE 2 : L'ALTRUISTE

L'allié, le supporter,
l'éminence grise…

ÊTES-VOUS UN DEUX ?

Les Altruistes perçoivent le potentiel des autres et voient comment le développer. Vous apportez à votre soutien une touche personnelle, au lieu de vous contenter de donner des conseils. Quelquefois, la manière douce suffit : « Puis-je vous proposer mon aide ? ». À d'autres occasions, vous êtes plus direct : « Écoutez-moi bien : vous avez besoin de mon aide ! ». Dans un cas comme dans l'autre, vous insistez tant sur les besoins de l'autre qu'il est difficile de savoir ce que vous attendez en échange.

Vous vous sentez parfois tiraillé entre diverses personnalités. Vous savez être dynamique et enjoué devant un Battant, mais aussi faire attention aux détails pour plaire à un Perfectionniste. En vous coulant dans le moule correspondant aux attentes des autres, vous devenez un allié indispensable, ce qui vous assure une place dans leurs pensées et dans leurs projets.

Aucune de ces diverses attitudes n'est factice, mais chacun de vos collègues peut avoir l'impression de bien vous connaître alors qu'il ne connaît en réalité qu'une seule facette de votre personnalité. De même, vos collègues ne saisissent pas forcément que vous vous rendez utile pour éviter d'être rejeté.

L'existence d'un Altruiste peut s'avérer épuisante, et le risque est grand qu'il se demande un jour laquelle de ses diverses personnalités est vraiment la sienne. Prenons l'exemple de Bill, le sous-directeur d'un magasin.

C'est le matin, juste avant l'ouverture du magasin. Bill vérifie une dernière fois que tout est en place pour la plus grosse journée de vente de l'année. Il est satisfait de ce qu'il a fait.

Tout en procédant à son inspection, Bill jette un œil sur l'actif le plus précieux de son entreprise: ses employés. Il se fait les réflexions suivantes: « John n'a pas l'air très gai, aujourd'hui. Je vais prendre ma pause-déjeuner à la même heure que lui pour savoir ce qui lui arrive. Et Amy a un air distant. Ce n'est pas bon pour le moral des troupes et les clients risquent de s'en apercevoir. »

Il continue de passer les autres employés en revue jusqu'à en arriver à Jane. Celle-ci s'est beaucoup investie et son anniversaire tombe la semaine suivante. Une petite fête pourrait lui faire plaisir et serait bonne pour le moral des troupes.

Comme on le voit, le sous-directeur du magasin sait y faire avec ses subordonnés. C'est encore plus vrai avec ses supérieurs: le directeur du magasin, le responsable régional et même le directeur général.

D'une manière apparemment inconsciente, il s'est arrangé pour devenir indispensable à tous ces gens. Chacun d'entre eux cherche à se simplifier la vie et, à chaque fois, Bill trouve la solution adéquate. Dans son esprit, il joue un rôle utile. Il se perçoit comme un rouage indispensable, un confident dont on respecte l'avis.

Comment les Deux trient les informations

Dans les traditions spirituelles qui utilisent les ennéatypes comme moteurs du développement personnel, les Deux sont appelés les « moines à l'esprit orgueilleux », parce qu'ils se perçoivent comme utiles aux autres. Ainsi, Bill est sensible aux besoins de ses subordonnés parce qu'il s'enorgueillit de répondre à ces besoins. Toutefois, contrairement aux Neuf, qui s'identifient aux besoins des autres au point d'avoir l'impression que ce sont les leurs, Bill sélectionne ceux qu'il aide et se croit indispensable à son équipe.

Si vous êtes un Deux, vous comprendrez aisément que Bill veuille aider les autres à exprimer leur potentiel. Chacun d'entre nous a ses côtés positifs. Dès lors, pourquoi insister sur les côtés négatifs ? Le style de management de Bill consiste à connaître les conditions dans lesquelles ses subordonnés donnent le meilleur d'eux-mêmes. Il écoute attentivement ce qu'ils disent, note ce qu'ils aiment et prête attention à leurs doléances. Aux yeux de Bill, tout cela représente un comportement généreux et altruiste et une méthode de management efficace. Il ne se rend pas compte qu'il aide aussi les autres par orgueil.

En bon Deux, il se crée de petites fiches mentales sur chaque employé et se souvient des moindres détails : John préfère travailler la porte fermée, Jane aime qu'on la salue chaleureusement. Surtout, il endosse tout naturellement la personnalité adéquate pour apporter aux autres l'aide dont ils ont besoin. Même si les notes qu'il prend mentalement sur ses subordonnés sont d'ordre professionnel, Bill est convaincu que les gens travaillent mieux quand ils sentent qu'on prend soin d'eux et il adopte à chaque fois la personnalité qui convient pour faire passer le message.

Bill suit de près les problèmes familiaux, les soucis de santé et les aspirations susceptibles d'affecter les performances des employés. Si un employé travaille mal, Bill interviendra en l'invitant à se confier. Il se souviendra également de ce qu'il faut éviter de faire : déranger Phil pendant qu'il rédige un document important ou demander des nouvelles de sa vie sentimentale à Lisa.

Ce souci des subordonnés est une stratégie de management efficace, mais les petites fiches de Bill peuvent aussi devenir un outil de manipulation. Ainsi, ses manières, sans être mielleuses, donnent aux rapports de travail une dimension personnelle. En outre, Bill en sait long sur tous les autres mais n'exprime jamais ses propres besoins. À vrai dire, lui-même n'est pas conscient de ce qu'il espère en contrepartie. Son style de management ménage une large place au relationnel mais, à force d'être à l'écoute de tout le monde, il se confie rarement.

Les Deux au travail et dans l'action

Les Deux veulent être indispensables, et Bill a toujours eu ce trait de caractère. Enfant, il s'efforçait d'adopter l'apparence et l'attitude qui plairaient à ses parents, à ses professeurs et aux autres adultes. Cette tendance ne résulte pas d'un calcul conscient et l'objectif ne consiste pas à conquérir le pouvoir. Bill préfère largement être l'éminence grise du roi que le roi lui-même.

Par exemple, il a été ravi que son patron dise devant l'ensemble du personnel, à l'issue d'une opération de grande envergure: « Nous n'aurions jamais pu y arriver si Bill n'avait pas aplani toutes les difficultés ». Cette phrase lui a donné un fort sentiment de puissance car elle lui a prouvé que le patron comptait sur lui.

De même, Bill n'a pas nécessairement le sentiment de se conduire en courtisan lorsqu'il se lie avec son grand patron. À ses yeux, il est simplement doué pour se faire des amis et faciliter le travail des autres. Toutefois, il ne cultive pas toutes les relations avec la même assiduité: en bon Deux, Bill choisit ceux qu'il fréquente et se sent porté vers les personnes à fort potentiel promises à un avenir brillant.

Les Altruistes s'épanouissent tout particulièrement dans les entreprises qui valorisent le capital humain. À leurs yeux, les documents à rédiger et les procédures à mettre en œuvre ont bien moins d'importance que les rapports humains. Les Deux qui exercent un travail solitaire cherchent à le quitter rapidement, à l'image de cette étudiante en MBA condamnée à saisir des chiffres en vue de l'élaboration de rapports statistiques au sein d'un cabinet de recherche en marketing.

> Je me suis retrouvée à faire de la recherche en marketing parce que je suis tombée amoureuse de mon professeur de statistiques. J'ai donc trouvé des moyens ingénieux d'être proche de lui. J'ai fait une étude exhaustive de ses goûts et, surtout, des endroits où il passait du temps. Je passais à son bureau pour lui poser des questions même quand je connaissais déjà les réponses. J'ai fini par faire des statistiques ma matière principale.
>
> J'ai obtenu mon diplôme avec mention mais, en réalité, je détestais les statistiques. Je n'en faisais que parce que je savais qu'ainsi, mon professeur s'intéresserait à ce que je faisais. En y repensant, je suis

effarée par cette contradiction fondamentale : d'un côté, je faisais un travail que je haïssais, de l'autre j'adorais ce poste parce que je travaillais dans son laboratoire.

Cette étudiante est restée totalement inconsciente de ses besoins jusqu'au jour où elle s'est retrouvée dans un poste qui la privait de tout contact humain. Attirée par son professeur, elle s'est renseignée sur ce qui l'intéressait et s'est immergée dans son domaine de spécialité. À l'époque, ce choix lui paraissait cohérent, parce qu'elle confondait ses propres besoins avec les goûts de son mentor.

Gardez bien ceci à l'esprit à propos des Deux

Les Deux ont besoin d'une dimension affective. Est-ce qu'une personne importante s'intéresse à leur travail ? Y a-t-il des contacts avec un représentant réputé de la profession ? Les autres membres de l'équipe se confient-ils à eux ? Le travail doit non seulement avoir une dimension intellectuelle, mais aussi une dimension affective, et cette dimension provient de l'intérêt que les autres manifestent au projet.

Si vous êtes un Deux, travailler avec des collègues du même niveau que vous n'est pas forcément la meilleure solution : vous avez besoin d'être inspiré par quelqu'un qui vous conduise à donner le meilleur de vous-même. Or, ce n'est pas facile quand tout le monde est plus ou moins du même niveau. Vous pouvez entrer en concurrence avec vos pairs si vous n'avez pas l'impression de faire l'objet d'une attention particulière. Attention à ne pas vous sentir blessé dans votre amour-propre si on vous néglige.

Votre cheminement spirituel est placé sous le signe de l'humilité : vous devez apprendre à connaître votre véritable valeur aux yeux des autres, au lieu de rechercher à tout prix leur approbation. Au départ, il est humiliant de se dire qu'on a besoin d'aide quand sa stratégie de survie consiste précisément à aider les autres. Il peut vous sembler embarrassant de coopérer d'égal à égal, mais vous saurez récompenser les collègues qui vous apporteront l'aide nécessaire. Essayez de vous affirmer plutôt que d'exercer une influence détournée par le biais de tiers. Défendez votre position comme vous défendez habituellement celle de vos protégés.

En d'autres termes

Bien que vous teniez sincèrement à rendre service, votre aide peut affaiblir ceux que vous soutenez. Toutes les conditions sont réunies pour qu'ils vous en veuillent s'ils finissent par dépendre de votre bonne volonté.

Reprenons l'exemple de Bill, le sous-directeur de magasin si attentif à son personnel: Bill est soucieux du bien-être de ses subordonnés mais peut se froisser si ces derniers ne suivent pas ses conseils. Son raisonnement comporte la faille suivante: il part du principe que tous ses subordonnés ont besoin d'aide et qu'il a la solution. Ce paternalisme finit par devenir usant.

De même, les clients de Bill ne sont pas des enfants sans défense. Il doit apprendre à distinguer ce qui est bon pour lui de ce qui est bon pour les autres. Il doit aussi apprendre à faire la différence entre un véritable altruisme et une posture avantageuse d'ange gardien.

Stress, risque et sécurité

Dynamiques de changement des Deux

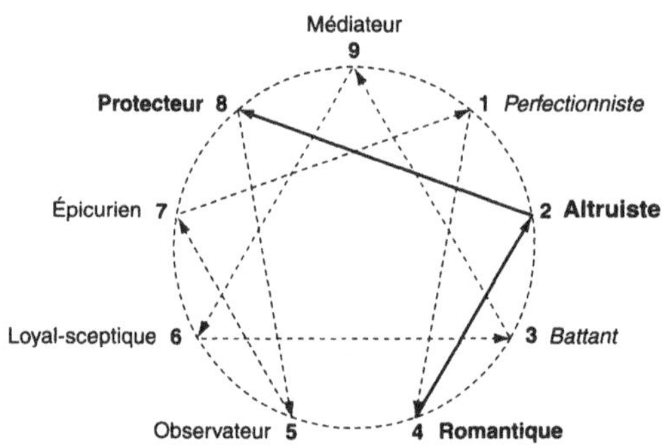

En période de sécurité, le transfert vers la base 4

Les Deux préfèrent généralement exprimer leur créativité et leur dynamisme par le biais d'un intermédiaire, mais ce rôle d'éternel second ne leur permet pas véritablement de s'exprimer. Heureusement, dans leurs bons moments, ils ne ressentent plus le besoin de se couler dans le moule des attentes de leurs interlocuteurs. C'est l'occasion de découvrir qui ils sont vraiment, même si le résultat peut les surprendre.

Quand les compétences et la créativité sont dûment récompensées, les Deux ont une tendance naturelle à glisser vers la base des Romantiques, la base 4. Il leur faut alors aborder des questions fondamentales : quelle est la véritable valeur du travail ? Mon travail est-il gratifiant ? C'est l'occasion d'une prise de conscience brutale : ils se rendent compte qu'ils sont prêts à se contenter d'un travail sans intérêt, pourvu que leurs collègues les apprécient, et qu'ils sacrifient leur potentiel en se souciant trop des autres.

Quand ils se sentent en sécurité, les Deux ont moins peur du rejet et peuvent effectuer un travail très personnel. Ils expriment alors leur potentiel créatif, à l'image des Quatre. Ils aiment travailler seuls et ressentent moins le besoin d'une approbation extérieure. Ils s'apportent à eux-mêmes le soutien qu'ils dispensaient auparavant aux autres.

Un rapprochement de la base 4 permet aux Altruistes d'être plus autonomes. L'inconvénient est que cette autonomie se traduit par un dilemme pour les Deux : « Dois-je me mettre en avant ou servir les autres ? ». À leurs yeux, ces deux choix peuvent sembler inconciliables. Néanmoins, si le contexte est favorable, les Deux ne se poseront pas la question en ces termes.

Réponse au stress et au risque : le transfert vers la base 8

Les premiers signes de stress stimulent les mécanismes de défense fondamentaux des Deux. Ils ont fait de leur mieux, ils ont travaillé sans relâche pour les autres et ça n'a pas marché. Terrifiés à l'idée d'être exclus du jeu, ils se positionnent de manière à accroître leur importance. Ils se mettent brusquement à chercher tous les indices susceptibles d'indiquer qui bénéficie des faveurs de la direction et se montrent absolument charmants avec tout le monde.

Si ces tentatives ne mènent à rien, leur orgueil se dégonfle comme un ballon percé. En effet, l'orgueil des Altruistes gonfle sous l'effet de l'approbation (« Ils n'y arriveraient pas sans moi ») et se dégonfle en cas de rejet (« Pauvre de moi ! »). Or, les moments difficiles sont interprétés comme un rejet. Les Deux ont du mal à y croire: ils ont fait passer leurs propres besoins après ceux des autres, mais personne ne s'en soucie.

Une spirale négative s'enclenche et la stratégie de l'altruisme se transforme en manipulation avérée. Le Deux sait de quoi les autres ont besoin et les prend en otages jusqu'à ce qu'ils paient leurs dettes. Étant devenu une figure centrale des projets et s'étant rendu indispensable, il dispose de tous les moyens pour frapper. Comme par hasard, des dossiers se perdent, les plannings posent problème et des questions importantes ne sont pas réglées. Le travail n'avance plus, ce qui prouve combien le Deux est indispensable. En outre, par souci de revanche, celui-ci peut s'allier à d'anciens adversaires.

La transition vers la base 8 s'accompagne souvent d'une explosion de colère: « Comment avez-vous pu me faire ça, après tout ce que j'ai fait pour vous? Quelle ingratitude! ». Au fond d'eux-mêmes, les Deux souhaitent encore la réconciliation et espèrent des excuses qui donneraient un nouvel élan à la relation, mais ils ont tendance à devenir extrêmement peu coopératifs.

Cette évolution a un aspect positif: elle peut les conduire à s'affirmer en cessant de passer par un intermédiaire. Leur style de management très protecteur des autres peut alors s'exprimer pleinement lorsqu'ils quittent l'ombre des coulisses pour la lumière des projecteurs.

Comment les Deux sont perçus

Leur style de communication

Lorsqu'ils communiquent, les Deux recherchent en permanence des signes d'approbation. Ils sont encouragés par un hochement de tête, un sourire ou un « oui ». Ils interprètent ces manifestations comme des signes d'appréciation.

Ce sont des orateurs séduisants qui projettent une image positive et attirante et donnent à leurs interlocuteurs l'impression d'être reconnus et soutenus. Ils semblent accorder beaucoup d'intérêt aux remarques des autres, qui leur en sont reconnaissants.

Cet intérêt palpable pour les activités de leurs collègues leur permet de faire passer le message suivant: « Nous sommes dans le même bateau. Vous pouvez compter sur moi ». Ces signaux sont renforcés par des gestes d'encouragement et d'admiration très flatteurs.

Grâce au radar qui leur permet de détecter les réactions positives, les Deux modèlent leurs exposés en fonction de leur auditoire, l'objectif étant de séduire par leur personnalité. Leur discours dynamique séduit et convainc et les Deux se nourrissent des réactions favorables de l'auditoire. Inversement, tout est gâché si un membre important de l'auditoire paraît s'ennuyer. Même pendant les exposés de nature technique, les Deux ont tendance à communiquer d'une manière plus affective que rationnelle. À leurs yeux, il est tout aussi important d'être bien perçu et apprécié que d'être compris.

L'approbation des autres est l'oxygène des Altruistes. Derrière toutes les phrases d'une conversation se dissimule une question implicite: « Est-ce que vous m'appréciez? »

De peur d'essuyer un rejet, les Deux n'abordent pas de front les questions qui fâchent. Dans les moments délicats, ils affichent un joli sourire et adoptent un discours lénifiant. Ainsi, ils diront à leur personnel: « J'ai une bonne et une mauvaise nouvelle: on a perdu certains budgets et on va devoir réduire la voilure, mais la porte de mon bureau sera toujours ouverte ». De même, un consultant s'entendra dire: « Le contrat ne se fait pas, mais je suis sûr qu'on vous reverra ». Avec un tel habillage verbal, l'interlocuteur se rend à peine compte de ce qui lui arrive.

La communication avec les Deux présente un autre écueil: elle se fonde sur un chantage affectif et une demande de reconnaissance qui deviennent explicites en cas de difficulté. Les collègues découvrent alors avec stupéfaction que le discours n'est plus « Je vous aide, on est dans le même bateau », mais: « Regardez ce que j'ai fait pour vous. Vous n'y seriez jamais arrivé sans moi! ».

Comment en arrive-t-on là? Comment un Altruiste peut-il soutenir un collègue puis, tout à coup, chercher à le faire trébucher? La réponse est simple: le collègue manipulé n'a pas su donner au Deux ce que celui-ci attendait.

Les Deux pensent constamment aux autres et orientent la lumière des projecteurs vers leurs collègues. Eux-mêmes restent dans l'ombre. Ils taisent leurs besoins, que personne ne remarque ni ne satisfait. À la longue, cela devient pour eux une source de frustrations. Pour éviter que la situation ne se dégrade, il faut inciter les Deux à exprimer leurs besoins et savoir dès le début ce qu'ils attendent en échange de leurs attentions. Il est également utile de passer régulièrement en revue non seulement les aspects pratiques de la relation de travail, tels que le salaire et les responsabilités, mais aussi ses aspects relationnels.

Le non-verbal : leurs attitudes et leurs gestes

Très sensibles aux fluctuations affectives, les Altruistes communiquent en se coulant dans des personnalités diverses. Ils ont tendance à se présenter sous l'angle qu'ils jugent le plus adéquat, en se disant que c'est ainsi qu'ils seront le plus utiles à leur interlocuteur. Ils adoptent alors inconsciemment les tics de langage, le débit et le ton qui permettront de mettre leur interlocuteur à l'aise, d'apaiser la tension et de faire passer les pires nouvelles sans accroc.

Un Deux peut garder ses distances avec un collègue tant qu'il ne sait pas quelle personnalité endosser avec celui-ci. Il observe ses goûts et ses dégoûts et s'y adapte, puis attend le moment et l'atmosphère propices pour entrer en contact. Le collègue en question est reconnaissant de l'attention qu'on lui prodigue. De son côté, le Deux en tire un avantage qui lui sera utile lorsqu'il cherchera à influencer les décisions de ce collègue par la flatterie.

Communiquer avec les Deux

Efforcez-vous d'être toujours chaleureux et d'adopter un ton amical. Montrez à votre interlocuteur que vous vous intéressez à lui et que vous l'appréciez.

Incitez le Deux à exprimer ses attentes pour éviter les malentendus et les déceptions. Les Deux cherchent toujours à répondre aux besoins des autres et peuvent s'imaginer que les autres vont agir de même avec eux.

Incitez le Deux à s'exprimer en son nom propre plutôt que de relayer ce que les autres attendent de lui.

Mettez des limites à ce qu'il fait pour vous. Un Deux peut tenter de se rendre indispensable en en faisant trop ou en assumant des tâches qui dépassent ses attributions.

Les critiques peuvent être interprétées comme un rejet. Mettez l'accent sur le problème ou l'erreur en cause tout en expliquant au Deux qu'il est apprécié comme employé ou comme collègue.

Un Deux communique par sa gestuelle et par son ton. Sa façon de dire les choses est souvent plus importante que ce qu'il dit. Aidez-le à comprendre l'impact qu'il produit sur les autres. Rappelez-lui que tout le monde n'apprécie pas autant les contacts personnels que lui.

Ce qui pousse un Deux à agir

Quand on donne aux autres, c'est parfois par pur altruisme, parfois par sens du devoir et parfois par égoïsme. C'est vrai de tous les êtres humains, y compris les Deux. Quand elles découvrent la description des neuf ennéatypes, certaines personnes s'imaginent appartenir à la catégorie des Altruistes du seul fait qu'elles sont plutôt gentilles, généreuses et serviables. Pourtant, un Perfectionniste peut aider un collègue pour que le travail soit bien fait, un Battant peut l'aider pour que le projet avance, un Loyal-sceptique pour éviter que les choses tournent mal, un Épicurien pour vivre une nouvelle expérience, etc.

En revanche, les Deux aident pour nouer un lien affectif qui les rendra précieux aux yeux de l'autre. Ce qu'ils donnent est moins important que le « pourquoi » de leur don et ils ont tendance à tomber dans leur propre piège : en exprimant de l'empathie, ils deviennent dépendants de l'approbation des autres et, une fois privés de cette approbation, perdent toute confiance en eux.

Pour les Deux, un bon rapport à l'autorité est le meilleur moteur de motivation. Ils se motivent d'eux-mêmes lorsqu'ils admirent leurs supérieurs et qu'ils se sentent acceptés. Les Deux sont des êtres dynamiques et talentueux qui savent prendre des initiatives quand on permet à leurs talents de s'exprimer. Toutefois, même lorsqu'ils accèdent à des responsabilités importantes, ils continuent souvent de considérer qu'ils répondent aux besoins d'un autre, ce qui fait qu'un bon projet peut couler si on cesse de les féliciter ou si on reporte son attention vers quelqu'un d'autre.

Les Deux se sentent puissants dans le rôle de l'altruiste mais se sentent affaiblis et embarrassés quand c'est à leur tour de recevoir. Lorsqu'un Deux donne, il se sent protégé car tous les regards sont braqués sur le chef « officiel », même si le Deux tire les ficelles en coulisses. Les Altruistes préfèrent influencer plutôt qu'exercer un contrôle direct. Ils œuvrent à travers les autres.

Même s'ils sont compétents et créatifs, il peut être difficile de les faire accéder à un statut de chef. Aimant s'occuper des autres, ils sont plus à l'aise dans un rôle d'assistant ou de bras droit. Exerçant leur pouvoir indirectement, les Deux peuvent œuvrer pour eux-mêmes tout en aidant les autres. Ainsi, si leur propre avenir professionnel dépend de la réussite de leur patron, c'est eux-mêmes qu'ils servent en favorisant la carrière du patron en question. Celui-ci sera mis en contact avec des interlocuteurs utiles, sera informé de l'existence de concurrents potentiels et sera bien représenté. Le Deux encouragera son patron et saluera ses succès tout en se félicitant secrètement d'être l'instrument de cette réussite.

Les Deux se décrivent comme des caméléons adoptant l'aspect qui leur permettra de plaire à ceux qui méritent leur aide. Ainsi, une Altruiste exerçant la profession d'infirmière donnera de son temps pour aider un chirurgien surmené à venir à bout de ses tâches administratives. Elle se souviendra des enfants hospitalisés dans le service de cancérologie et, en concertation avec l'infirmière en chef, fera en sorte qu'ils trouvent une petite surprise sur leur plateau-repas à Noël. Elle tiendra énormément à créer le cadre de travail chaleureux qui permettra à ses collègues d'exprimer les talents qu'elle a immédiatement détectés en eux et qu'elle a contribué à développer. Parallèlement, elle sera peut-être consciente d'apporter une aide stratégique susceptible de favoriser ses propres ambitions.

Aider les autres à atteindre leurs objectifs est une source de satisfaction et d'épanouissement dont tout le monde n'a pas forcément conscience.

Si elle a l'impression que personne n'apprécie le temps et l'énergie qu'elle consacre à son travail et qu'elle donne sans jamais recevoir, notre infirmière peut redoubler d'efforts au point d'aller au-delà de ses forces. Si ses efforts ne sont pas reconnus ou si, à l'inverse, la direction de l'hôpital se repose trop sur elle, l'usure menace.

Quand un Deux se sent rejeté, il a tendance à priver les autres de son aide. Quand son moral est au plus bas, notre infirmière n'est plus motivée que par ses propres besoins, par le sentiment de victoire qu'elle ressent lorsqu'elle aide l'un de ses protégés et par la satisfaction qu'elle ressent à voir les autres patauger. Heureusement, ces périodes de doute peuvent faire ressurgir le levier traditionnel de motivation des Deux: le goût d'aider les autres. Il n'en faut pas beaucoup pour qu'un Deux retrouve son enthousiasme. Il suffit parfois qu'on lui dise: « Le patron a beaucoup aimé mon rapport, merci de l'avoir lu et de m'avoir fait part de vos commentaires. »

Résistez à la tentation de compatir avec le Deux ou de lui proposer explicitement votre aide. En même temps, dites-vous que c'est l'occasion ou jamais de montrer que vous appréciez le Deux indépendamment de ce qu'il vous donne. Soyez prudent, car il a été blessé dans son orgueil. Mieux vaut ramasser sa tasse de café vide sur son bureau et la lui rapporter pleine que lui demander: «Vous avez besoin de quelque chose? » ou «Vous voulez une tasse de café? ».

Très sensibles aux besoins des autres, les Deux doivent apprendre à satisfaire les leurs. Lorsqu'une occasion de rendre service se présente, ils doivent résister à l'envie de s'écrier: «Je peux organiser la réunion » ou: «Vous pouvez compter sur moi » et se demander: « Est-ce que mes propres besoins m'en laissent le temps? ».

Motiver les Deux

Autant que possible, donnez aux Deux l'attention et la chaleur qui les incitent à s'impliquer et à faire du bon travail. Leur productivité est étroitement liée à la qualité de leurs rapports personnels au bureau. Quelques minutes de discussion informelle peuvent se révéler très efficaces.

Ménagez de nombreuses occasions d'échanges. Les Deux travaillent généralement mieux en binôme ou en équipe.

Les Deux ont tendance, soit à surestimer leur importance, soit à douter de leur valeur. Aidez-les à clarifier leur rôle et leurs responsabilités et à ne plus se sentir obligés de prouver ce qu'ils valent.

Les Deux vivent mal les conflits et les désaccords. Rappelez-leur que cela n'empêche pas les autres de les apprécier. Faites en sorte qu'ils se sentent suffisamment en sécurité pour être sincères. Dites-leur qu'ils ne sont pas obligés d'être toujours gentils.

Les Deux craignent énormément de se ridiculiser. Ne comptez pas sur eux pour prendre des risques. Donnez-leur du temps s'ils doivent acquérir de nouvelles connaissances. Ils apprennent facilement quand ils suivent l'exemple de quelqu'un qu'ils admirent.

Les Deux et la gestion de leur temps

Pour les Deux, le temps est étroitement lié à l'affectif. Ils ressentent le besoin de satisfaire immédiatement les besoins d'une personne importante à leurs yeux. Les remarques du type : « Ce n'est pas une priorité, finissez d'abord ce que vous êtes en train de faire » ou : « Ça peut attendre jusqu'à lundi » sont vides de sens à leurs yeux. Ce qui compte, c'est de consacrer du temps aux gens qui comptent pour eux.

La moindre requête émanant d'une personne importante détourne l'attention du Deux de ses propres échéances et priorités. Il lui est plus facile de laisser tomber ce qu'il est en train de faire et de satisfaire immédiatement la requête que d'y penser tout le week-end.

Le temps passe vite pour les tâches comportant une dimension affective, alors que les travaux impersonnels traînent en longueur. Les Deux peuvent s'ennuyer poliment lors d'une réunion, non pas parce qu'ils sont incapables de se concentrer, mais parce que le contenu sans le contact leur semble être une perte de temps.

La même réunion devient subitement intéressante quand un supérieur ou un collègue apprécié prend la parole. Et si des critiques sont formulées à l'encontre d'un allié, le Deux intervient dans le débat avec fougue et s'étonne ensuite de ne pas avoir vu le temps passer.

Pour un Deux, le temps se mesure à l'aune des rapports qui se nouent entre les participants à un projet, et non à l'aune du projet lui-même. En effet, les rapports qui s'établissent entre les participants survivront à l'achèvement du projet.

Un Deux garde toujours un œil sur l'itinéraire de ses protégés. Il ne lui semble d'ailleurs pas incongru de penser au travail de ses protégés pendant qu'il est lui-même en réunion.

Très doués pour avoir de bons rapports avec les autres, les Deux aiment aider leur prochain et éviter de s'aliéner les faveurs des personnes importantes. Par conséquent, alors qu'ils paraissent très autonomes, ils passent un temps considérable à essayer d'anticiper les besoins des autres.

Ainsi, un commercial trouvera facile d'atteindre son quota de ventes s'il se perçoit comme travaillant en liaison avec son patron, son service ou sa société. Il lui sera même facile de diriger une réunion s'il se perçoit comme un simple membre de l'équipe. En revanche, il aura du mal à avancer s'il se retrouve seul, coupé de tout contact.

Les Altruistes redoutent énormément de se ridiculiser en public. Ainsi, un spécialiste de la prospective n'hésitera pas à rédiger un programme ambitieux sur cinq ans et à prendre la parole en public pour en vanter les mérites si ce plan porte la signature de son supérieur. En revanche, si ce plan porte sa propre signature, il ressentira un profond malaise à l'idée d'être sur le devant de la scène et tardera à rédiger le programme de peur d'essuyer un rejet.

Aider les Deux à gérer leur temps

Les Deux font souvent des suppositions sur les besoins des autres et essayent de répondre à ces besoins en se fondant sur ces suppositions. Aidez-les à faire la différence entre les besoins réels des autres et leur propre soif de contacts.

Les Deux ont tendance à être envahissants. Incitez-les à rester plus en retrait et à laisser les autres venir à eux, même si cela peut ralentir légèrement les choses.

Incitez les Deux à se concentrer sur leur propre travail. Ils ont tendance à trop se préoccuper des sentiments et des besoins de ceux qui les entourent. Il leur est plus facile de faire attention aux autres qu'à eux-mêmes. Apprenez-leur à tracer des frontières entre eux et les autres et à laisser aux autres le soin de s'occuper de leurs problèmes.

Dans les situations stressantes ou chaotiques, les Deux risquent de tomber malades ou d'être gagnés par l'usure. En effet, ils ont tendance à absorber les sentiments et les préoccupations des autres. Leurs supérieurs et leurs collègues doivent aider les Deux à apprendre à prendre soin d'eux-mêmes pour pouvoir poursuivre le travail.

Les Deux en négociation

En excellent stratège, le Deux se procurera sans doute des informations personnelles à votre sujet. Il voudra savoir qui vous fréquentez et quelle réputation vous avez. À noter qu'il s'intéresse moins à vos qualifications et à vos succès passés qu'à la façon dont vous traitez vos supérieurs, vos employés, vos fournisseurs et vos proches. Le Deux contactera donc probablement une ancienne assistante, un employé mal disposé à votre égard ou, inversement, quelqu'un qui vous apprécie.

La stratégie du Deux consiste à vous jauger avant de négocier. Il veut connaître votre profil pour adopter la démarche qui lui donnera le plus de chances de vous persuader. Si vous avez une réputation de dur à cuire, il jouera lui aussi les coriaces. De même, si vous êtes connu pour témoigner de la considération à vos employés, le Deux s'alignera sur cette attitude.

Vous avez tout intérêt à éviter au Deux de perdre la face. Soucieux de son image et de l'avis des autres, il vous respectera si vous lui témoignez du respect en public. Même si vous représentez des intérêts opposés, le Deux souhaite que vous l'appréciiez et espère secrètement vous faire tourner la tête.

Les Deux ont l'orgueil de croire qu'ils peuvent séduire n'importe qui. Par conséquent, la négociation ne se fait jamais sur un ton agressif. Le Deux vous traitera adroitement en espérant que le courant passera et que la poignée de main finale suscitera des commentaires positifs de la part de toutes les parties en présence. En revanche, si l'issue de la négociation s'annonce décevante, le Deux sera blessé dans son orgueil. Il changera alors radicalement d'attitude et se battra farouchement contre vos arguments. N'en soyez pas surpris : sous l'effet du stress, l'Altruiste devient Protecteur et attaque.

À l'image des Six, le Deux a tendance à défendre la veuve et l'orphelin. Poussé par le désir de servir une cause ou une personne en laquelle il croit, il se sent capable de se faire l'avocat de n'importe qui – à part lui-même. Jan, consultant réputé, se décrit comme « très doué pour négocier la rémunération de quelqu'un en qui je crois, mais incapable de négocier mon propre salaire ». Les Deux sont très doués pour jauger la valeur des autres mais n'arrivent pas à évaluer la leur. Malheureusement, ils ne s'affirment que lorsqu'ils se sentent victimes d'une injustice. Ils se sentent alors autorisés à adopter une attitude plus revendicatrice. Si les esprits commencent à s'échauffer, faites une pause dans la négociation. En effet, plus que quiconque, les Deux cherchent la réconciliation une fois que leur colère est retombée.

Les Deux et la formation et l'apprentissage

La stratégie principale d'un Deux consiste à s'adapter pour plaire. Son comportement varie donc en fonction du groupe d'élèves. S'il tombe dans un groupe d'élèves dissipés, il aura tendance à faire le pitre. En revanche, si le groupe est studieux, il se comportera en élève modèle. Le Deux se fond dans la masse, pose les mêmes questions que les autres, s'adapte aux goûts et aux dégoûts des autres et signale les mêmes difficultés d'apprentissage. N'allez surtout pas croire que le stagiaire que vous avez en face de vous est la même personne au bureau. Ce comportement d'imitation permet au Deux de s'intégrer sans risquer d'être rejeté.

En outre, le Deux tient à sauver les apparences et a besoin d'être beaucoup rassuré. Si vous comptez l'envoyer en première ligne, vous devez lui éviter tout risque de perdre la face. Le formateur étant le représentant de l'autorité, le Deux cherchera à être reconnu et apprécié de lui. Il s'efforcera de connaître ses attentes et lui demandera conseil. Un formateur avisé aura alors intérêt à établir un contact chaleureux avec le Deux. C'est le seul moyen que pour celui-ci apprenne.

Pour qu'il profite au mieux de la formation, donnez au Deux un modèle réel ou imaginaire à suivre. Le Deux se désintéresse du détail des règles et des procédures. Contrairement au Perfectionniste, il n'est pas obsédé par le règlement. En revanche, il se coulera aisément dans le rôle que le formateur attend de lui. Le Deux a besoin de connaître l'apparence et le comportement qu'il doit adopter pour accomplir la tâche demandée. Il n'apprend réellement une nouvelle tâche qu'une fois qu'il a commencé à jouer le rôle correspondant.

Il est très utile de lui projeter de petits reportages vidéo sur des gens effectuant le travail souhaité, car le Deux a besoin de connaître les exigences explicites, mais aussi implicites qui pèsent sur lui. Pour cela, il se demande : « À quoi une personne compétente ressemble-t-elle lorsqu'elle accomplit cette tâche ? ». Ainsi, si vous formez un Deux à devenir assistant de direction, il fera l'effort nécessaire pour acquérir les compétences requises mais cherchera surtout à connaître certains détails du type : « Dois-je protéger mon patron de toute intrusion ou doit-il rester accessible ? ».

Le Deux ne demande jamais explicitement qu'on reconnaisse sa valeur, mais il a un besoin énorme de contacts personnels. Le Deux ayant du mal à exprimer ce besoin, le formateur peut ne pas s'en rendre compte et ne pas assez exprimer son approbation. Or, sans aller jusqu'à s'extasier, le formateur doit exprimer un jugement positif, car le Deux passe facilement de la chaleur au ressentiment, ce qui peut laisser croire qu'il est incohérent ou peu fiable. Heureusement, il suffit d'un contact amical pour le remettre sur les rails. Contrairement aux Huit et aux Un, il ne se braque pas durablement. Plus que tout autre, il est prompt à oublier les moments de colère.

Étude de cas : un directeur découvre les vertus de son ennéatype

Certains salariés d'une société américaine sont en grève. Ce conflit social nuit à la fois au patronat et au personnel et les négociations se passent mal. Jusqu'à présent, la société continue de fonctionner grâce à des intérimaires, mais elle gagne beaucoup moins d'argent et prend de plus en plus de retard sur les commandes.

Le syndicat a obtenu certaines concessions en termes de hausse des salaires et de sécurité de l'emploi, mais elles sont moins importantes que prévu.

En outre, le syndicat est fragilisé, car une partie importante des employés non grévistes est syndiquée. Désormais, pour les deux parties, l'objectif consiste surtout à ne pas perdre la face. La personnalité des négociateurs va avoir une influence déterminante sur l'accord qui mettra fin à la grève.

Deux nouveaux intervenants font leur apparition vers la fin du long et âpre processus de négociation entre représentants de la direction et du personnel : le directeur des ressources humaines et un négociateur syndical réputé.

Le directeur des ressources humaines est un Altruiste. Il avait espéré tirer un avantage psychologique de son arrivée tardive à la table des négociations, mais le syndicat a eu la même idée en faisant appel au négociateur syndical réputé, un Quatre.

Les deux hommes doivent discuter du sort de ceux qui ont poursuivi le travail pendant la grève : les intérimaires et ceux des employés permanents qui ont franchi le piquet de grève. La question a d'ores et déjà attiré l'attention des médias au niveau national. À l'occasion d'une autre grève, dans une autre société, le négociateur syndical avait obtenu le licenciement des « briseurs de grève » et le syndicat attend de lui qu'il aboutisse au même résultat.

Interactions typiques

Le directeur des ressources humaines reconnaît son adversaire : il l'a vu au journal télévisé. À cette occasion, il avait été impressionné par sa rhétorique passionnée. Il espère que la négociation ne va pas tourner au duel verbal.

Le directeur des ressources humaines est lui-même un assez bon orateur mais, dans cette négociation, l'objectif n'est pas d'impressionner son monde devant les caméras. Pour lui, des liens personnels sont en jeu. Il a des amis à la fois dans le camp des salariés non grévistes et dans celui des grévistes et il se sent déchiré entre ces deux factions.

Jusqu'à présent, en bon Altruiste, il a exercé une influence indirecte sur les négociations au lieu de monter lui-même au créneau. Il fait partie de ces gens qui s'enorgueillissent de s'entendre avec tout le monde. Il navigue aisément d'un groupe à l'autre et fait le lien entre des univers qui préfèrent d'habitude s'ignorer.

Il voit son adversaire comme un démagogue s'entêtant à tenir un discours belliqueux. Le directeur des ressources humaines est atteint dans sa fierté lorsqu'il se dit que le négociateur syndical le voit sans doute comme un être dénué de principes. Oui, il pense que les briseurs de grève doivent garder leur travail et souhaite, parallèlement, ne pas perdre l'estime des grévistes. Quel mal y a-t-il à cela?

De l'autre côté de la table, le négociateur syndical (un Romantique) vient d'achever une série d'apparitions publiques au cours desquelles il a peaufiné sa rhétorique. Mais son engagement syndical est sincère. En bon Quatre, il replace les conflits dans le contexte des grands combats de l'histoire du syndicalisme. Il ne s'agit pas d'un petit affrontement entre une société et un syndicat, mais d'une grande bataille symbolique entre la solidarité ouvrière et les forces obscures du capitalisme. L'affaiblissement progressif des syndicats sous l'effet du management participatif ne le perturbe pas. Même si les autres adhérents du syndicat ne l'ont pas encore compris, lui sait que ce management soi-disant participatif n'est qu'un instrument visant à priver les salariés du faible pouvoir dont ils disposent encore.

Le directeur des ressources humaines assis en face de lui est un symbole du travail de sape effectué par le patronat. C'est un vendu, un flagorneur qui n'a jamais souffert. Un privilégié compromis par son statut social.

Quant au directeur des ressources humaines, il ne voit en face de lui qu'un cabotin drapé dans une bannière syndicale.

À ses yeux, le syndicalisme est un vestige du passé. Il suffit, pour s'en persuader, de regarder le fanatique qu'on lui oppose. Par ailleurs, la société a continué de fonctionner, dégageant même un petit bénéfice, pendant toute la durée de la grève.

Il demande à son interlocuteur pourquoi il devrait licencier les non-grévistes alors que c'est grâce à eux que l'entreprise a continué à tourner.

La réponse du syndicaliste est immédiate et sans équivoque: les briseurs de grève doivent être punis pour apaiser les grévistes, faute de quoi aucun accord ne sera possible. Se levant d'un bond pour défendre sa cause, le Romantique évoque la situation d'un ton passionné: si les briseurs de grève ne sont pas licenciés, les grévistes se seront sacrifiés pour rien. La puissance des syndicats dépendant du nombre de grévistes, les briseurs de grève ne doivent pas retirer un bénéfice de leur trahison.

Le Romantique commence à se sentir de taille à ressusciter le syndicalisme dans tout le pays: il est la bonne personne, au bon endroit, au bon moment. Il a rendez-vous avec l'Histoire. Il s'exprime avec tant de conviction qu'il réduit le reste de l'assistance au silence.

Encore sous le coup de son envolée lyrique, il se rassied et aperçoit un bout de papier posé devant lui: le directeur des ressources humaines lui demande un entretien en tête-à-tête.

Le vent tourne

Le directeur sait que son homologue et lui doivent sortir de l'impasse, faute de quoi les négociations vont échouer. Au risque de s'attirer le dédain du Romantique, il prend l'initiative et lui dit: « Vous savez que vous avez perdu. La société tourne correctement et peut continuer comme ça indéfiniment. Nous ne gagnons pas autant d'argent qu'avant la grève, mais nous dégageons un bénéfice. De votre côté, vous assurez un soutien financier aux grévistes chaque mois. Combien de temps pourrez-vous continuer comme ça? »

Le Deux déteste être impopulaire, mais poursuit: « Je m'enorgueillis de connaître des gens des deux côtés de la barrière. Vous avez raison de dire que nous n'aurions pas embauché certains intérimaires s'il n'y avait pas eu la grève, mais certains employés préexistants ont franchi le piquet de grève pour permettre à leur entreprise de survivre. D'ailleurs, j'ai poussé certains d'entre eux à le faire, et je ne vais pas les lâcher maintenant. »

Les deux hommes se sentent vaincus. Dans cette situation, il n'y a que des perdants.

Le Romantique demande: « Que proposez-vous? ».

Le Deux saisit la balle au bond: il est habitué à sentir ce dont les autres ont besoin et il sait que le syndicaliste souhaite une sortie honorable du conflit.

« Annonçons que nous avons abouti à un accord », propose-t-il. « La société s'engage à reprendre tous les grévistes conformément à la grille des salaires dont nous avons convenu. Ensuite, une fois que les esprits se seront calmés, nous déciderons au cas par cas à quels intérimaires nous demanderons de partir. »

Le Quatre a un sentiment de triomphe. Au moins, le syndicat ne sera pas écarté du processus. Il ne perdra pas d'adhérents. Il obtient du directeur des ressources humaines que le représentant syndical soit associé aux décisions et précise: « Il faut mettre à la porte certains briseurs de grève ». C'est une manière de réaffirmer sa place dans l'Histoire. Le Deux ne relève pas.

Les deux hommes se serrent la main et se mettent d'accord sur un communiqué de presse faisant l'impasse sur la question épineuse des briseurs de grève.

Curieusement, le Quatre est satisfait. Ce n'est pas une victoire historique, mais les adhérents comprendront qu'il a fait de son mieux.

Le directeur des ressources humaines, en revanche, comprend soudain qu'il s'apprête à vivre un enfer. Il va devoir siéger à une commission spéciale aux côtés de membres de la direction et du représentant syndical, décider au cas par cas des titularisations et des licenciements et être la cible des critiques pour chaque décision impopulaire. Il ne pourra tirer aucune ficelle ni exercer la moindre influence occulte.

Dénouement

Le directeur des ressources humaines passe la semaine suivante à ruminer son mécontentement. C'est la première fois qu'il mesure l'ampleur du pouvoir occulte qu'il exerce habituellement et auquel il vient de renoncer. Il n'a envie de voir personne.

Le problème n'est pas l'issue de la grève : chacune des deux parties a obtenu quelque chose et la presse elle-même a salué la sagesse de la décision. Le vrai problème, pour être honnête, c'est lui. Il va devoir se montrer aux autres sans son dispositif protecteur habituel. Mais qu'aurait-il pu faire d'autre ? Il a usé de sa connaissance intime des rouages de l'entreprise pour conduire les diverses factions en présence au meilleur compromis possible. Il ne le regrette d'ailleurs pas. Simplement, il s'en veut de s'être laissé entraîner dans une situation qui le forcera à s'exposer.

Il a trois possibilités : il peut d'abord quitter la commission et se retirer discrètement jusqu'à ce qu'on ait à nouveau besoin de lui. Il peut ensuite dissimuler stoïquement son humiliation et faire comme si cela ne le dérangeait pas que son vote soit publiquement jugé. Il peut enfin faire ce que la plupart des gens ne font pas : se poser les questions qu'il refuse habituellement de se poser et faire ainsi un pas vers le bien-être spirituel.

Comme notre Deux, rappelez-vous que:

Comme les autres, les Deux doivent comprendre qu'ils peuvent transformer leur stratégie de survie lorsqu'elle ne leur convient plus. Le directeur souffre à cause de son orgueil. C'est pourquoi, même quand ses actes lui semblent honorables, il se sent rejeté quand les autres ne partagent pas son avis.

S'il prenait du recul dans les moments où il se sent gagné par l'humiliation, il saurait faire la différence entre les employés qui l'apprécient parce qu'il satisfait leurs besoins, ceux qui sont indifférents à son égard et ceux qui l'apprécient alors même qu'il ne leur a jamais rien donné. Apprendre à faire cette distinction, c'est découvrir l'humilité, qui consiste à connaître sa véritable valeur aux yeux des autres. Une attitude radicalement différente de celle qui consiste à donner pour recevoir.

Credo	Je suis ce que je fais
Modèle mental	Gloire aux vainqueurs; pas de cadeau pour les perdants
Filtre de perception	Tâches, objectifs et résultats
Méthode de tri des informations	Réflexion convergente: toute idée ayant fait ses preuves dans un autre contexte est testée pour l'objectif en cours
Ce qu'il évite à tout prix	L'échec
Progrès à accomplir	Prendre conscience de ses sentiments
Cheminement spirituel	Avoir foi dans le processus de travail plutôt que dans son propre rôle dans le processus
Passion	Le mensonge – surestimer ses capacités
Vertu	La sincérité – avoir conscience de ses limites
Moteur	L'espoir
Style de management	« Si vous ne voulez pas vous faire piétiner, ne restez pas sur mon chemin »! C'est la culture américaine de l'hyper-productivité, de la recherche constante du succès et de la prime à la quantité plutôt qu'à la qualité. Les subordonnés n'ont qu'à se débrouiller pour suivre.
Perception par les autres	Énergique, optimiste et assuré, très représentatif de sa profession
Conflits typiques	Les autres se sentent exploités. Les Trois ordonnent, délèguent et dirigent sans consulter: soit on est d'accord, soit on s'en va.
Bonne résolution	Quand on veut parler à un Trois, il faut l'aborder pendant une pause entre deux tâches. Pour attirer son attention, il y a une phrase magique: « Il y a un problème », qu'il faut faire suivre d'une suggestion constructive. Si on est soi-même un Trois, il faut penser à se demander: « Qu'est-ce que je ressens? »
Positifs	L'image positive et prestigieuse et le souci du résultat des Trois donnent du cœur à l'ouvrage. Les Trois donnent espoir aux autres.
Négatifs	Les Trois peuvent avoir une image de démagogues changeant de discours en fonction de leur auditoire. Ils semblent parfois ne pas se soucier des autres et de leurs sentiments. Les choses et les objectifs semblent leur importer davantage que les êtres.
Mixtes	Les Trois jouent en permanence le rôle exigé par les circonstances, ce qui peut dérouter leurs collègues. Ils se comportent en alliés quand l'heure est à l'alliance, en accompagnateurs quand ils doivent apporter une aide et en concurrents en cas d'intérêts divergents.
Sentiment de sécurité: passage au point 6	Les sentiments ont droit au chapitre. Le Trois a le temps de réfléchir, ce qui, paradoxalement, fait ressurgir les questions et les angoisses. En base 6, on réfléchit au travail qu'on veut faire plutôt qu'à celui qui fera avancer les choses.
Stress/Risque: passage au point 9	Les Trois ont besoin de faire toujours plusieurs choses à la fois. Quand ils ont moins de travail, le stress s'installe. Les Trois reportent alors leur attention sur des détails, pour s'occuper.
Secteurs d'activité à conseiller	Les environnements de travail très compétitifs avec une hiérarchie à gravir et un système clair récompensant l'effort. Le salaire, les titres et les responsabilités sont des sources de motivation.
Secteurs d'activité à éviter	Les postes impliquant des périodes d'inactivité apparente sans règles du jeu claires. Les Trois n'aiment pas discuter de nouvelles idées, revenir sur une décision ni être ralentis par des questions.
Activités idéales	Le marketing, la vente et la publicité; un poste dans une entreprise en forte expansion; le redressement musclé d'une entreprise

6

BASE 3 : LE BATTANT

Le champion, l'expert instantané…

ÊTES-VOUS UN TROIS ?

En bon Battant, vous êtes le prototype du travailleur infatigable. Focalisé sur la tâche à accomplir, vous excellez dans les situations de compétition. Vous considérez que le monde appartient aux vainqueurs et vous vous lancez dans la course au sommet de la manière la plus rapide et la plus efficace possible. Vous avez toujours plusieurs projets en cours et, bien avant d'avoir fini une tâche, vous pensez déjà à la suivante. Vous aimez les journées bien remplies et vous prenez tous les raccourcis possibles. Par peur de l'échec, vous restez toujours en mouvement.

Ralentir pour vous détendre est dangereux, surtout si on attend de vous que vous exprimiez vos sentiments. Les émotions sont compliquées, improductives et incompatibles avec un planning chargé. Dès qu'elles montrent le bout de leur nez, vous accélérez le rythme et vous vous jetez à corps perdu dans la tâche suivante. Vous avez le sentiment de pouvoir tout accomplir, à condition d'y consacrer une énergie suffisante.

Vous êtes conscient que vos collègues peuvent vous trouver insensible. Mais vous, au moins, vous ne vous tournez pas les pouces pendant que la concurrence fourbit ses armes ! L'idée de ne pas être le meilleur vous est insupportable. Vous réfléchissez donc aux paroles que vos collègues ont besoin d'entendre, vous projetez l'image adéquate et vous les convainquez de vous suivre. Ensuite, vous vous concentrez sur l'objectif à atteindre – vite, bien et avec panache.

Très doués pour projeter une image qui charme et persuade, les Trois retombent généralement sur leurs pieds. C'est notamment le cas de Peter, un promoteur immobilier.

Peter et son équipe sont sur le point de signer avec un syndicat de banques en vue de l'achat d'un terrain à bâtir très bien situé. Malheureusement, un vendredi soir, la banque chef de file envoie à Peter une télécopie annonçant qu'elle se retire du projet.

Peter est consterné: privé du soutien de la banque chef de file, le projet est condamné. Toutefois, il n'est pas question de montrer sa déception. Projeter une image de vainqueur, c'est sa spécialité. Il fait taire ses sentiments et passe à l'action. Il réunit son équipe et, sans avoir la moindre idée de ce qu'il va faire, prononce un discours rassurant: « Ne vous inquiétez pas, j'ai un plan. Attendez-vous à travailler dur quand le projet sera lancé. Profitez bien de votre week-end et rendez-vous lundi à la première heure! ».

Il doit bien y avoir une solution, et il n'aura de cesse de la trouver. La situation semble inextricable, mais il passe la soirée à y réfléchir et, dès le samedi matin, appelle le directeur de la plus petite banque du syndicat pour lui exposer la situation.

Cet appel est d'une importance cruciale. Avant de composer le numéro, Peter s'imagine face au banquier et se convainc de sa propre valeur et de celle du projet. Il écarte toute trace de doute de son esprit et se concentre sur la série d'arguments positifs qu'il doit faire passer. Chaque argument doit porter et Peter sait qu'il doit les enchaîner avec une conviction absolue. Il est persuadé qu'il a trouvé la solution et qu'il va réussir à convaincre le banquier.

« Vous savez, nous pouvons toujours faire appel à d'autres banques ou demander à toutes les banques du syndicat de mettre un peu plus d'argent sur la table. Mais j'ai une autre idée: si vous profitiez de l'occasion pour faire un coup d'éclat? Au lieu de vous contenter d'un petit rôle, pourquoi ne pas occuper le devant de la scène? Devenez la banque chef de file et donnez votre nom au projet! ».

À la fin de la journée, les grandes lignes du nouveau projet ont été convenues. Peter réfléchit déjà à la manière dont il va convaincre son équipe du bien-fondé de cette solution.

Comment les Trois trient les informations

Peter n'a dit aucun mensonge, mais il a fait l'impasse sur certaines informations. Selon les traditions spirituelles qui utilisent les ennéatypes comme moteurs du développement personnel, ce comportement est un signe de vanité qu'on rencontre chez les moines qui se trompent eux-mêmes et trompent les autres sur l'étendue réelle de leurs capacités. Comme tous les êtres humains, le Trois traite les autres comme il se traite lui-même. Il se persuade de ses capacités pour en persuader les autres et ne laisse pas aux questions et aux doutes le temps d'apparaître. Il avance si rapidement qu'il n'a de temps à consacrer qu'aux réactions positives qui lui permettent d'obtenir ce qu'il veut. Ce n'est pas consciemment qu'il écarte les critiques, c'est juste qu'il y est sourd.

Chaque Trois a sa définition propre de la réussite, mais tous s'accordent à penser que le succès consiste en une victoire dans un environnement compétitif. Pour un universitaire, cela consistera à être publié dans une revue prestigieuse. Pour un commercial, à être élu meilleur vendeur de l'année par son entreprise. L'important, à chaque fois, est de vaincre ses pairs.

Quand un projet viable apparaît à l'horizon, les Trois adoptent un système particulier de tri des informations : la « réflexion convergente ». Si on pouvait lire dans les pensées de Peter, on verrait qu'elles sont toutes tournées vers son nouveau projet de syndicat bancaire. On comprendrait également que ce projet mobilise tellement son attention qu'il voit ses atouts, ses collègues, ses contacts professionnels et toute son histoire personnelle sous cet angle unique.

Dès que son nouveau projet de syndicat bancaire commencera à prendre forme, Peter cessera de considérer les autres comme des êtres humains et ne verra plus que leurs compétences. Chaque fois qu'il assistera à une conversation, il n'en retiendra que les éléments pouvant être utilisés pour son projet. Il cherchera à obtenir la participation de tous ceux qu'il croisera. Ses autres projets passeront au second plan. Il fouillera sa mémoire à la recherche de situations même vaguement similaires et de solutions même partielles ayant fonctionné dans des situations analogues. Dans son esprit, toutes les informations pertinentes, quelle que soit la source dont elles proviendront, convergeront vers son projet. Les autres informations lui sortiront tout bonnement de l'esprit.

Les Trois au travail et dans l'action

Les Trois sont focalisés sur les résultats, et cette obsession a toujours été la grande force de Peter. Il se souvient que ses professeurs et les autres adultes le félicitaient pour ce qu'il savait faire. En revanche, ses émotions ne semblaient pas leur importer. Voyant que les bons résultats attiraient l'attention, Peter s'est fixé des objectifs, a muselé ses émotions, a travaillé dur et a réussi. Avec le temps, il a attribué une importance croissante au statut, au prestige et aux avantages matériels du succès et en a oublié ses sacrifices affectifs.

Si vous êtes un Battant, vous comprendrez l'expression « Je suis ce que je fais ». À l'image d'un acteur doué, vous changez de manières et d'attitude en fonction des divers événements de la journée. Vous ne projetez pas la même image au conseil d'administration que lorsque vous êtes sur le terrain, car vous adoptez à chaque fois l'image la plus susceptible de produire des résultats.

Votre image peut être trompeuse. Elle vise à produire un impact, et non à exprimer vos besoins. Dans votre modèle mental, les gens apprécient les vainqueurs. Il est donc naturel de projeter une image de battant produisant un effet favorable. Puisque votre succès est favorisé par les apparences, « vous devenez ce que vous faites ». Vous raisonnez en fonction de la tâche à accomplir et vous adoptez le vocabulaire, les manières et l'apparence qui conviennent.

Au-delà de ces apparences, vous adoptez également les émotions que votre travail exige de vous, au point de devenir un prototype de votre profession. Tout cela vous sert, car les autres vous font confiance grâce à cette image de professionnalisme. En revanche, vous en arrivez à redouter le dimanche, cette journée où vous n'avez rien à faire.

Même pendant vos loisirs, les questions de productivité vous préoccupent. Ainsi, vous ne vous contentez pas de jouer au golf pour vous détendre : vous bataillez pour améliorer vos performances.

Les Trois s'épanouissent dans les postes qui offrent des récompenses tangibles telles que des primes de résultat, des participations au bénéfice ou des promotions. C'est pourquoi ils souffrent dans les environnements bureaucratiques. Quand un Trois occupe un poste sans perspectives d'avenir, il s'arrange pour se réorienter, à l'image de Lisa, qui a créé un magazine sur les loisirs créatifs :

> Je déteste les moments que je passe loin de mon bureau. Quand je me décide à partir en congé, au lieu de regarder l'océan, je m'assieds sur la plage avec un ordinateur portable et une tonne de projets d'articles. Je consulte ma messagerie vocale plusieurs fois par jour et je m'arrange pour que tout le monde connaisse le numéro de télécopieur de mon hôtel « au cas où ».
>
> En fait, j'aime mon travail par-dessus tout. J'ai créé un petit magazine formidable où je m'occupe à la fois d'écriture, de relecture, de mise en page et de vente. Il faut dire que j'ai passé dix ans en entreprise à être payée une somme astronomique pour faire le même travail année après année. Maintenant, je travaille jour et nuit en gagnant beaucoup moins d'argent, mais j'adore ça.

Si vous êtes comme Lisa, être actif vous donne l'impression de maîtriser les choses. Quand il rentre de vacances, un Trois a davantage tendance à parler du nombre de pays qu'il a visités, du nombre de parties de golf qu'il a jouées et des revues professionnelles qu'il a lues que du plaisir qu'il a pris à se détendre.

En d'autres termes

Les Trois savent travailler efficacement, mais ne savent pas tenir compte de leurs sentiments. Leur stratégie de survie consiste à écarter les sentiments parce qu'ils les ralentissent et les perturbent dans leur travail. Ils peuvent même considérer que les autres sont trop prisonniers de leur affectivité. Pourquoi les Loyaux-sceptiques n'apprennent-ils pas à ne plus avoir peur ? Pourquoi les Romantiques n'apprennent-ils pas à se prendre moins au sérieux ? Dans leur hâte à accomplir leur tâche, les Trois considèrent les sentiments comme des problèmes, alors que les représentants des autres ennéatypes s'en nourrissent.

Gardez bien ceci à l'esprit à propos des Trois

Quand ils font partie d'une équipe, les Trois doivent apprendre à cesser de jouer perso et à se réjouir des victoires collectives. Convaincus que leurs collègues nourrissent la même ambition personnelle qu'eux-mêmes, ils ont en effet tendance à entrer en concurrence avec eux.

Nous avons déjà évoqué le cas de Peter, le promoteur immobilier. Peter a réglé son problème bancaire seul, et avec succès. Mais pourquoi ne lui est-il pas venu à l'idée de consulter les autres membres de son équipe?

Cette attitude individualiste et cet esprit de compétition sont très visibles actuellement dans la Silicon Valley: on lance les produits très vite, puis on essaie de les caser partout où c'est possible. Ces phases d'expansion conviennent bien aux Battants. Quand tout va bien, ils adorent élargir la gamme de produits et explorer de nouveaux territoires. Et quand tout va mal, ils s'arrangent pour convaincre leurs interlocuteurs que la situation n'est pas si grave...

Le problème est qu'ils sont si focalisés sur les débouchés potentiels qu'ils ont du mal à lever le pied et à revenir à la phase de conception pour améliorer le produit. Ce n'est pas un hasard si nombre d'entreprises de haute technologie ne transforment jamais l'essai.

Parallèlement, leurs collègues peuvent se sentir exploités, d'autant plus que les Trois ont tendance à ordonner, déléguer et diriger sans toujours consulter. Un Trois considère que sa valeur se mesure à l'aune de sa capacité à gérer ponctuellement les défis à relever. Pourtant, il serait infiniment plus efficace s'il apprenait à patienter, à écouter les questions et les critiques et à prendre le temps de la réflexion.

Le cheminement spirituel des Trois doit être placé sous le signe de la sincérité: ils doivent apprendre à être eux-mêmes au lieu de se contenter de projeter une image. De plus, au lieu de prendre tout le travail sur leurs épaules, ils doivent faire confiance à ceux qui les entourent. Si les Trois apprennent à ralentir et à écouter, leurs collaborateurs assumeront leur part de la charge de travail.

Aux yeux des Trois, il faut choisir entre ressentir des émotions et être efficace.

Le filtre de perception des Trois met en valeur les réactions positives. Les Battants voient ce qui fonctionne et où se trouve leur intérêt et écartent de leur champ de perception les signaux négatifs. Refusant de se laisser distraire de leur tâche, ils choisissent d'ignorer leurs propres doutes et les critiques des autres et de poursuivre sur leur lancée : « Je m'occuperai de ce que je ressens plus tard. Pour l'instant, je suis trop occupé ».

Ils repoussent les informations susceptibles de les ralentir. Ils ont les yeux fixés sur l'étape suivante puis, quand ils atteignent cette étape, commencent à réfléchir à celle qui suivra, et ainsi de suite sans jamais de répit. Le travail en lui-même peut être d'un ennui mortel, mais cela ne fait que renforcer leur tendance à avoir l'œil fixé sur l'étape suivante. Ils se disent qu'ils se reposeront une fois qu'ils auront décroché la promotion ou l'augmentation qu'ils espèrent.

Au fil du temps, ils progressent dans la hiérarchie. Une fois arrivés suffisamment près du sommet, ils comprennent parfois brutalement qu'ils ne savent pas ce qu'ils ressentent...

Il est vital de se souvenir qu'on est un être humain, pas une machine, et de se respecter en se rappelant que sa valeur en tant qu'être humain dépasse son poids en argent.

Stress, risque et sécurité

Dynamiques de changement des Trois

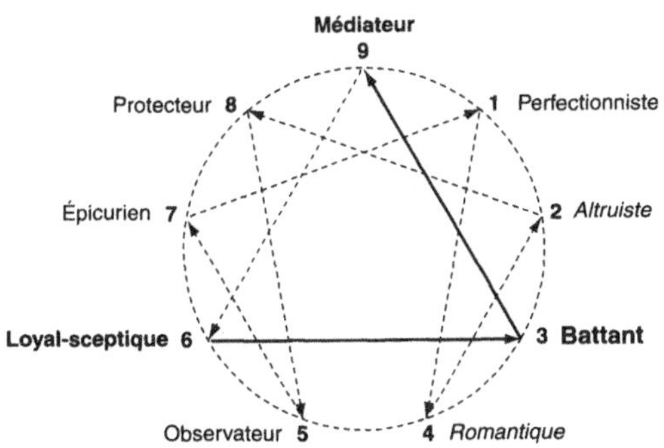

En période de sécurité, le transfert vers la base 6

Paradoxalement, les moments d'accalmie peuvent conduire à une crise d'identité. Qui est-on quand on n'est pas en train de travailler? De quoi parler? Les sentiments qui refont surface quand les Trois se détendent peuvent être déroutants: « Qu'est-ce que je suis censé ressentir? Est-ce que je ressens l'émotion qui convient? ». Leurs propres émotions leur semblent parfois sujettes à caution: « Peut-être que je fais semblant. Peut-être que c'est juste une image que je projette ». La force des Trois réside dans leur souci de la tâche à accomplir et ils valorisent davantage les actes que les sentiments. Il leur faut donc du temps pour analyser leurs émotions.

L'inconvénient de ce transfert en base 6, c'est que les Trois redoutent de perdre leur prestige. Les autres continueront-ils de les apprécier s'ils se montrent tels qu'ils sont? En réalité, cette aptitude nouvelle au doute et au questionnement ne peut que plaire à leurs collaborateurs. Les Trois cessent de manifester une confiance en eux démesurée et d'imposer aux autres des cadences infernales. Quand ils se sentent en sécurité, ils vont un peu moins vite et s'interrogent sur leurs actes au lieu de travailler comme des robots.

Être eux-mêmes leur fait très peur. Ils n'ont jamais cherché à tromper les autres, mais ils comprennent maintenant qu'il y a un fossé entre leur vraie personnalité et l'image qu'ils cherchent automatiquement à projeter lorsqu'ils veulent susciter des réactions positives. En apprenant à voir les autres comme des êtres humains, et non comme de simples facteurs de production, les Trois peuvent enfin se nourrir de leur réflexion et s'ouvrir à d'autres points de vue.

Réponse au stress et au risque : le transfert vers la base 9

Aux premiers signes de stress, tous les êtres se replient sur leurs mécanismes de défense primitifs. La réaction des Trois consiste donc à accélérer encore le rythme. Ralentir est synonyme d'anxiété et quand ils sont inactifs, ils ont l'impression d'être en territoire ennemi. Alors que n'importe qui d'autre apprécierait d'être soumis à une pression moins forte qu'à l'accoutumée, les

Trois s'arrangent pour multiplier les nouveaux projets afin d'être toujours en mouvement. Agir, c'est maîtriser la situation. Le temps qu'ils passent au téléphone ou à courir dans les couloirs est autant de gagné sur l'angoisse.

Extérieurement, ils paraissent énergiques et occupés, même s'ils ne parlent plus de projets immédiats, mais de projets futurs. Intérieurement, au fur et à mesure que le stress s'aggrave, ils recherchent désespérément de nouvelles perspectives auxquelles se raccrocher. Certaines idées de projet tombent immédiatement à l'eau, mais les autres occupent une part considérable de leur temps et de leur attention.

Le transfert vers la base 9, celle des Médiateurs, se fait sentir lorsque les Trois se mettent à faire soigneusement leur travail administratif et à lire attentivement les documents d'information qu'ils négligent habituellement. Ils ont l'impression de crouler sous les informations mais n'en négligent aucune, car l'une d'entre elles peut déboucher sur un travail important.

Ce transfert vers la base 9 leur apprend à éviter de s'éparpiller et à se définir des priorités. Auparavant, ils avaient l'impression de maîtriser la situation en étant hyperactifs. En réalité, ils étaient les pantins d'un rapport compulsif au travail. C'est donc le moment rêvé pour tout reprendre depuis le début et s'interroger sur ce qu'ils veulent réellement. Ils doivent garder leur aptitude à se mobiliser mais, au lieu de se dire : « Je suis ce que je fais », ils doivent apprendre à se dire : « Je suis ce que j'aime faire », à l'image de Lisa, qui est heureuse d'avoir lancé son magazine.

Comment les Trois sont perçus

Leur style de communication

Lorsqu'ils doivent défendre une idée, qu'il s'agisse d'un projet de plusieurs millions de dollars ou de l'achat d'une photocopieuse, les Perfectionnistes emportent l'adhésion de leur auditoire en mettant en avant des objectifs et des résultats. Parallèlement, ils minimisent les risques et les difficultés, qu'ils s'adressent à des clients ou à leurs collègues et partenaires.

En outre, les Trois sont de vrais caméléons et adaptent leur ton, leur vocabulaire et leur gestuelle à leur auditoire pour mieux le captiver. D'instinct, ils se coulent dans l'image qui leur assurera les réactions les plus favorables. Ils sentent ce qui plaît à l'auditoire et s'y adaptent.

En fait, ils jouent de leur auditoire comme un musicien de son instrument. Ils peuvent susciter l'émotion sans rien ressentir eux-mêmes: quand il faut faire appel aux sentiments de l'auditoire, un Battant doué saura instinctivement modifier sa voix et son débit en conséquence.

Dès lors, il n'est guère surprenant qu'un Trois puisse sembler extrêmement différent selon les occasions. Tout dépend de l'auditoire. Leurs collègues peuvent voir dans cette attitude une tromperie délibérée, mais les Trois se disent qu'il est possible de vendre la même voiture de diverses manières, en fonction des goûts de l'acheteur. Dès lors, pourquoi un orateur n'adapterait-il pas son discours à son public?

La forme du discours varie d'un auditoire à l'autre, mais le fond reste le même: « J'ai ce qu'il vous faut ». L'enthousiasme des Trois et la foi inébranlable qu'ils affichent séduit les clients qui ont besoin d'être rassurés et le discours « Rejoignez mon équipe et vous irez loin » attire son lot de candidats à la réussite.

Projeter une image de réussite conduit souvent à réussir pour de bon.

Les Battants sont capables d'éblouir leur auditoire par leur détermination et leur énergie. Il n'y a pratiquement aucun temps mort entre l'idée et l'action. Même pour les collègues les plus sceptiques, il est difficile de résister au charme énergique d'un Battant.

En revanche, une fois que le projet est sur les rails, les Trois peuvent se comporter en véritables robots et être perçus comme superficiels et distants. Seuls comptent les quotas de vente et l'applaudimètre. La communication porte essentiellement sur les résultats obtenus avec, en filigrane, le message suivant: « Il faut se battre et gagner. Rien d'autre n'a d'importance. »

Cette attitude ne passe pas inaperçue. Leurs collègues remarquent que dans leur hâte de faire avancer les choses, les Trois ont tendance à enjoliver la réalité et à noyer l'auditoire sous un flot d'idées. Les Battants insistent sur les points positifs et évitent d'évoquer les questions qui fâchent. Ils promettent beaucoup, sans jamais évoquer les risques éventuels.

Les Battants sont très préoccupés par le marché et projettent une image de réussite pour valoriser leur entreprise. L'auditoire voit une star, un être qui se donne à fond en permanence. L'aspect visuel est très important. Le graphisme de la brochure est-il séduisant ? Les commerciaux qui accueillent les clients ont-ils une apparence irréprochable ?

Cette hyperactivité peut déconcerter ceux qui apprécient un Trois à titre personnel mais qui ne sont pas d'accord avec l'une de ses décisions. Pour exprimer leur désaccord, ils ne doivent surtout pas porter atteinte à l'image du Trois. Mieux vaut faire une remarque du type : « J'ai beaucoup de respect pour vos capacités, mais il y a un point sur lequel nous ne sommes pas d'accord ».

Le non-verbal : leurs attitudes et leurs gestes

Leurs collègues remarquent également le sentiment de supériorité des Trois. Il leur suffit de passer quelques minutes en présence d'un Trois dont ils viennent de faire la connaissance pour tout savoir de ses succès passés, de son statut et de son niveau de rémunération probable. Ils ont l'impression que le Trois cherche à leur faire sentir qu'ils ne font pas le poids face à lui.

De même, les Trois semblent toujours tirer la couverture à eux. Quand un collègue mentionne qu'il est un passionné d'escalade, il a de fortes chances de s'entendre répondre : « J'en faisais l'an dernier, mais écoutez un peu ce que je fais maintenant ! ». Les Trois ne participent à la conversation que pour parler de leurs propres activités et s'en désintéressent totalement dès qu'on parle de celles des autres.

Le Trois cherche à croiser le regard de son interlocuteur pour évaluer l'effet qu'il produit. Sur le moment, la conversation est très agréable pour l'interlocuteur, mais ce dernier serait incapable de dire ensuite si le Trois l'apprécie ou non. En général, la conversation consiste en un compte rendu sur l'état d'avancement des travaux. Si la personne qu'on lui présente peut contribuer au projet du Trois, celui-ci lui manifestera beaucoup d'intérêt. Dans le cas contraire, il se contentera d'une poignée de main expéditive.

Le mode de communication d'un Trois change radicalement quand il travaille sur un projet avec d'autres personnes. Les centres d'intérêt des autres membres de l'équipe prennent brutalement de l'importance, car leur bien-être peut directement influer sur les performances du Trois.

Communiquer avec les Trois

Parlez en termes de résultats et de réussites. Mettez l'accent sur l'action plutôt que sur le contexte général ou la théorie. Restez concentré sur l'objectif.

Les Trois ont tendance à se précipiter. Vérifiez que leur travail d'analyse et de planification tient la route. N'hésitez pas à dire « Stop! » pour anticiper les problèmes et tenir compte d'informations complémentaires.

Rappelez aux Trois que les autres ont un rôle à jouer dans la réussite du projet. Défendez les autres points de vue avec fermeté et montrez-leur que d'autres façons de procéder peuvent fonctionner.

Le temps est précieux aux yeux des Trois, qui assimilent leur propre valeur à leur productivité. Tenez compte de leur souci de ne pas perdre de temps et efforcez-vous de communiquer vite et bien.

Organisez des réunions régulières pour faire le point et veiller à la qualité du travail.

Formulez vos questions et vos inquiétudes d'une façon constructive. Soulignez que les critiques sont un moyen d'améliorer les résultats ou la performance.

Ce qui pousse un Trois à agir

Les Trois sont motivés par les signes extérieurs de réussite. Ils sont sensibles aux outils de motivation classiques que sont le salaire et les avantages en nature dénotant leur statut social et ils se donnent à fond pour décrocher un titre prestigieux. Cette ambition trouve sa source dans leur soif de reconnaissance, et les Trois sont tellement motivés qu'ils n'ont pas l'impression de faire des efforts.

En fait, les Trois adorent les phases d'hyperactivité, car elles leur donnent un sentiment d'énergie et d'excitation euphorisant, même si le travail ne débouche pas sur une réussite tangible. Ce plaisir qu'ils prennent à se plonger dans des tâches utiles est au cœur de la motivation des Trois. À leurs yeux, il n'y a rien de plus agréable que de s'engouffrer dans un tunnel de travail débouchant sur un objectif utile.

Alors que les autres ennéatypes sont motivés par une soif de reconnaissance et par le besoin de gagner leur vie, les Trois se sentent obligés de travailler pour tenir à distance leur peur de l'échec.

De nombreux Trois travaillent en permanence et se consacrent corps et âme à leur activité. Imaginons qu'une assistante de direction appartenant à l'ennéatype 3 décide d'aller faire une pause café. Cela ne l'empêchera pas de penser aux tâches qu'il lui restera à accomplir, et elle sera tellement absorbée que si elle croise un collègue dans le couloir, elle le bousculera probablement sans s'en apercevoir et poursuivra son chemin. Focalisée sur son travail, cette assistante perd la notion d'elle-même et de ce qui l'entoure.

Cette même assistante se mettra en colère si un obstacle se dresse sur sa route, car tout contretemps peut la priver de la réussite dont elle a besoin. Alors que les autres ennéatypes peuvent apprécier de ne pas être surchargés de travail, tout allégement de sa charge de travail conduirait notre assistante à changer d'employeur, voire à travailler le soir dans une autre entreprise pour « s'occuper ».

Les Trois sont des individualistes. Ils n'attendent rien de personne et visent le sommet. Les perdants n'ont pas droit à une place au soleil.

Pour évoluer, notre assistante compte sur elle-même plutôt que sur les autres. Elle travaillera efficacement s'il y a des échelons hiérarchiques à gravir. Même si elle débute en tant que simple secrétaire, elle fera en sorte de devenir rapidement assistante de direction puis de monter aussi haut que possible.

Sa soif de réussite l'expose à des frustrations quand un travail acharné ne suffit pas ou quand les projets s'enlisent dans les difficultés. Si son travail se réduit à une succession de tâches répétitives récompensées par un salaire, en bonne Battante, elle sera obnubilée par la paresse des autres. Désirant réussir mais se sentant impuissante, elle s'en tiendra alors à un travail minimum pour conserver son poste et cessera de s'y investir affectivement.

Toutefois, cette absence de défis à relever peut produire les conditions propices à une réactivation du ressort fondamental de motivation des Trois: l'espoir qui naît lorsqu'ils découvrent une nouvelle voie. Totalement adaptables, les Trois n'ont jamais dit leur dernier mot. Ils n'ont pas besoin qu'on les encourage pour travailler, car ils ont profondément besoin de s'occuper. L'idéal est qu'ils apprennent à être motivés par des éléments intangibles tels que la créativité et les rapports humains plutôt que de mesurer leur valeur à l'aune des récompenses matérielles qu'on leur octroie. Les Trois n'ont pas besoin que quelqu'un d'autre les motive, mais ils doivent impérativement se demander ce qui les pousse à travailler autant.

Motiver les Trois

Suscitez l'enthousiasme du Trois en lui faisant entrevoir un chemin clair vers la réussite. Précisez ce que vous-même et votre entreprise entendez par « réussite » pour que le Trois puisse s'aligner sur vos buts.

Permettez-lui de passer rapidement à l'action. Intercalez les tâches de planification et d'évaluation entre deux autres tâches plutôt que de les placer toutes en début du projet: les Trois n'aiment pas attendre.

Mettez en place un système de récompenses régulières. Les Trois aiment qu'on rende hommage à leurs efforts d'une manière très visible.

Les Trois aiment se trouver un modèle. Devenez ce modèle en les dirigeant avec assurance, compétence et clarté.

Aidez-les à maîtriser leur esprit de compétition et à penser au bien commun. Une attitude de supériorité peut irriter leurs collègues.

Les Trois mesurent leur valeur à l'aune de leurs réussites. Veillez à leur apporter un soutien quand ils rencontrent des difficultés ou lorsqu'ils commettent des erreurs. Faites-leur comprendre qu'ils sont appréciés même quand les choses ne se passent pas comme prévu.

Les Trois et la gestion de leur temps

Les Trois vivent au rythme de leur travail. Ils définissent des priorités et passent immédiatement à l'action, sans étudier d'éventuelles autres options. Leurs objectifs personnels sont moins importants que les objectifs définis par l'entreprise. Les Trois considèrent qu'ils sont payés pour travailler et que plus ils travaillent, mieux c'est. Le temps est une ressource limitée qui doit être consacrée au travail. Les Battants subdivisent les objectifs en tâches distinctes et affectent un temps prédéfini à chaque tâche – par exemple, ils voient un grand projet comme une succession de tranches de temps où chaque tranche de trente minutes doit produire un résultat.

Ainsi, un journaliste Battant pourra se dire : « Pendant le déjeuner, je peux finir l'article tiré de mon interview d'hier. Cet après-midi, j'ai une autre interview qui devrait me prendre entre une heure et une heure et demie au maximum. L'exposition El Greco vient d'ouvrir et elle est sur le chemin. Je peux voir toutes les œuvres en trois quarts d'heure. Je vais appeler le responsable de la rubrique artistique pour lui demander s'il a besoin d'un article sur l'exposition pour l'édition du week-end. Je rédigerai les grandes lignes de l'article dans le taxi qui me ramènera au bureau. »

Intérieurement, le Trois définit le temps comme l'intervalle qui le sépare de la prochaine échéance. Toutefois, il se lance systématiquement dans d'autres tâches avant d'avoir achevé la première. Tout moment d'inaction lui fait peur, car son identité est étroitement liée à la reconnaissance sociale. Sa perception du temps est organisée autour de la priorité la plus pressante. Une fois qu'il connaît la tâche à accomplir, le Trois y travaille d'arrache-pied. Mieux vaut faire vite que bien faire et on impressionne souvent davantage par la quantité de son travail que par sa qualité, car la quantité est visible et sans équivoque. Elle n'exige pas les délais et l'introspection indispensables à un travail de qualité.

Les Trois aiment les échéances, car elles constituent une indication objective du degré d'avancement de leur travail. Ils se sentent capables de respecter n'importe quelle échéance, du moment que les priorités sont claires et qu'ils sont à la barre du projet. Toutefois, avec le temps, les Battants doivent apprendre à réfréner leur enthousiasme, qui perturbe les rythmes de travail établis et les conduit à bousculer ceux qui vont moins vite qu'eux.

Quand les Trois manquent de temps, ils mobilisent les heures qu'ils avaient prévu de consacrer à d'autres tâches. Cette manipulation du temps peut conduire à un travail bâclé.

Très soucieux de leur image, les Battants sont généralement sociables et aimables, sauf quand on les interrompt en plein travail. Ils organisent leur journée de manière à avoir juste assez de temps pour accomplir une série de tâches bien précise. Ils peuvent donc s'impatienter, voire exploser de colère, si on perturbe leur emploi du temps. Ils détestent attendre et ne supportent pas qu'un collaborateur ralentisse le processus. Leurs collègues plaisantent d'ailleurs sur le sujet en accusant les Trois de préférer faire un détour de trente kilomètres plutôt que de patienter dix minutes dans un embouteillage. Pour les Trois, l'action est un moyen de maîtriser les événements. Tout moment d'inaction est à la fois une perte de temps et une véritable torture.

Les Battants sont sincèrement stupéfaits quand un collègue dit qu'il a besoin de temps à lui ou permet à ses sentiments d'influer sur le calendrier de travail. De même, ils ne comprennent pas qu'on puisse attendre avec impatience un week-end où on ne fera « rien de spécial ». Comment peut-on s'enorgueillir de ne rien faire? À leurs yeux, ce n'est qu'une perte de temps.

Les Trois n'ont qu'une tolérance limitée envers ceux qui n'achèvent pas les projets dans les délais. Pourtant, en allant trop vite, eux-mêmes prennent le risque de devoir tout reprendre à zéro si leur manque de rigueur conduit le projet à l'échec. Le problème est que s'ils adoptent un rythme plus mesuré, leur peur de l'échec ressurgit. Les Trois préfèrent donc ne pas s'attarder, passer à d'autres chantiers et projeter l'image d'un collaborateur très occupé à qui tout réussit.

Aider les Trois à gérer leur temps

Incitez-les à ralentir quand c'est nécessaire. Apprenez-leur à détecter les moments où leur esprit s'emballe. En respirant profondément et en se détendant, ils adopteront un rythme plus lent qui leur permettra d'obtenir de meilleurs résultats.

Rappelez aux Trois que tout le monde ne passe pas à l'action aussi rapidement qu'eux. Lorsque d'autres personnes participent à un projet, ils doivent prendre le temps d'écouter ce qu'elles ont à dire pour atteindre les objectifs fixés.

Quand ils paniquent ou qu'ils se sentent dépassés, les Trois accélèrent le rythme et essaient d'en faire encore plus. Faites-leur comprendre que travailler davantage ou plus vite n'est pas toujours la solution. Apprenez-leur à prendre du recul, à identifier la source de leurs problèmes et à procéder aux ajustements nécessaires.

Soucieux de projeter une image de réussite, les Trois ont du mal à admettre leurs erreurs. Il leur paraît plus facile d'enchaîner sur la tâche ou le projet suivants. Incitez-les à prendre le temps de réfléchir à leurs erreurs et d'en tirer les leçons. Montrez-leur que vous les appréciez pour ce qu'ils sont, et non pas seulement pour ce qu'ils font.

Les Trois ont tendance à se disperser et à se surcharger de travail. Pour éviter qu'ils se surmènent, apprenez-leur à avoir une vision réaliste de ce qu'ils sont capables de faire.

Les Trois en négociation

Même si elle a perdu son plus gros client, une commerciale Battante s'arrangera pour présenter l'incident comme une victoire partielle: « Certes, nous avons perdu notre principal client, mais nous avons tiré beaucoup de leçons de cette expérience. De plus, nous avons fait un beau travail d'équipe pour tenter de le convaincre de rester. Maintenant, nous sommes très mobilisés et prêts à faire notre prochaine présentation ».

Comme on pouvait s'y attendre, les Trois savent faire semblant pendant les négociations. Ils respirent la suavité, le professionnalisme et la confiance en eux. Maîtres de leur image, ils font passer le message suivant: « Je peux vous conduire à la victoire. Faites-moi confiance ».

Contrairement aux Deux, qui veulent qu'on s'intéresse à eux à titre personnel, les Trois souhaitent être appréciés pour leurs résultats plutôt que pour leur personnalité. Il leur importe peu de plaire aux autres négociateurs; l'important est que ces derniers respectent leur travail. Un Trois qui négocie des contrats pour une grande société de télécommunications californienne a décrit la situation en ces termes: « C'est comme de plaider devant des jurés. Peu importe qu'ils m'apprécient, le principal est qu'ils soient sensibles à l'argumentation de mon client ».

Excellents stratèges, les Trois savent changer de position très rapidement. Contrairement aux Perfectionnistes, qui avancent dans une direction bien définie et aux Protecteurs, qui prennent le contrôle de la séance, les Trois peuvent changer d'orientation au beau milieu d'une phrase. « Permettez-moi de reformuler ce que j'ai dit, car vous avez mal compris mon offre: ce n'est pas ce que je disais ».

Tels des caméléons, les Trois peuvent se montrer passionnés, extrêmement distants ou tout bonnement charmants selon les intérêts de la position qu'ils défendent. Quand vous négociez avec eux, tenez-vous-en au fond du problème. Ne vous laissez pas impressionner par des communiqués de presse prometteurs ou par des noms prestigieux d'entreprises partenaires. D'ailleurs, quand les Trois en arrivent à employer des techniques de persuasion de ce calibre, c'est généralement pour dissimuler une faiblesse de leur argumentation.

Les Trois et la formation et l'apprentissage

Les Trois aiment apprendre vite. Ils n'ont qu'une tolérance limitée envers les apprentissages approfondis et les théories, car ils aiment passer directement de l'idée à l'action. D'ailleurs, leurs projets résultent souvent d'une intuition fulgurante. Ils ont du mal à consacrer des heures à se renseigner, à analyser la situation, à définir un planning et à organiser des comptes rendus périodiques.

Les Trois aiment qu'on leur donne des problèmes concrets à résoudre. Quand ils arrivent à une séance de formation, ils se disent: « Si le formateur est bon, je repartirai d'ici avec de nouvelles compétences qui me permettront de travailler plus vite et mieux ». Le formateur a intérêt à subdiviser l'apprentissage en portions digestes assorties d'un objectif final clair. En outre, les Trois ont besoin d'être félicités. Il faut donc, à chaque étape, leur accorder une récompense visible – par exemple, en citant leur nom dans la lettre d'information de la société.

Toutefois, le formateur doit se souvenir que les Trois ont un esprit de compétition très marqué. Il doit donc éviter d'établir un classement entre les élèves, faute de quoi les Trois se désintéresseront de l'acquisition de nouvelles compétences pour ne plus penser qu'à faire mieux que les autres.

En général, les Trois aiment apprendre de manière empirique. Ils apprécient qu'on leur fixe des objectifs concrets et qu'on leur donne des outils permettant d'obtenir des résultats pratiques. Le formateur a intérêt à s'en tenir à des formules prêtes à l'emploi du type « Dans la situation A, faites l'action B ». Il doit éviter l'analyse abstraite mais insister sur la manière dont la solution B peut également servir dans d'autres situations.

Le formateur doit également s'appuyer sur les dernières technologies pour faire son cours : les Trois ont besoin de sentir que leur formateur est lui aussi un « battant ».

Les Battants n'apprennent correctement que s'ils sont sûrs de réussir. Le formateur doit peser soigneusement ses mots lorsqu'il a une critique à formuler, car les Trois choisissent d'ignorer les critiques négatives et de ne pas en tenir compte. Mieux vaut présenter un échec comme un succès partiel ou comme une étape réussie vers une plus grande réussite.

Le formateur doit également insister sur l'aspect collectif du travail d'apprentissage. Ainsi, les Trois considéreront la collaboration avec les autres élèves comme l'une des tâches à accomplir et ne chercheront pas à se positionner comme leaders du groupe. Par ailleurs, les Trois donnent toujours l'impression d'être en avance sur les autres élèves. Le formateur sera bien avisé de vérifier qu'ils n'ont pas bâclé le travail pour aller plus vite.

Étude de cas : une Trois se disperse

La chef d'entreprise, une Trois, n'aurait jamais cru en arriver là. Quand elle a créé sa société, quatre ans auparavant, le démarrage a été si foudroyant qu'elle en a été surprise. Aujourd'hui, la société réalise 5 millions de dollars de chiffre d'affaires. Certes, son résultat n'est pas encore bénéficiaire, mais la Trois sait que ce n'est qu'une question de temps. Quelquefois, elle se surprend à rêver à ce qu'elle portera le jour où ses efforts seront récompensés par un trophée d'Entrepreneur de l'année…

Toutefois, le rêve a tourné au cauchemar avec la lettre qui est maintenant posée sur son bureau. Cette missive porte la signature du directeur de l'usine qui fabrique 90 % des produits qu'elle vend, un Observateur.

« Votre entreprise nous doit désormais 1,3 millions de dollars et vous avez plus de 120 jours de retard sur le paiement de la plupart de vos dettes.

Nous comptons nous doter d'une division commerciale. Nous proposons donc de racheter votre entreprise pour en faire notre nouvelle division commerciale. À titre de prix de rachat, nous renonçons aux 1,3 millions de dollars que vous nous devez. »

Interactions typiques

La Trois ressent une fureur flirtant avec la panique en relisant la lettre. Elle en fait une boulette de papier puis hésite à la jeter et la laisse sur son bureau. Son entreprise, c'est toute sa vie. Elle a appelé son premier client depuis la cuisine de son appartement, où elle a passé des heures entières à peaufiner son discours commercial.

Si ses dettes les dérangeaient tellement, pourquoi avoir continué à travailler avec elle ? Soudain, c'est l'illumination : « Ils ont continué de me faire crédit pour que je continue à vendre et pour pouvoir ensuite reprendre mon entreprise. En fait, je travaille pour eux depuis le début ! »

Même sous le choc de cette révélation, elle se remet à penser à son programme du jour. Elle doit absolument continuer à s'affairer. Cela dit, même si un client appelle, qu'est-ce que cela changera ? À quoi bon continuer à se démener si c'est pour quelqu'un d'autre ? Le corps de la Trois commence à réagir. Elle a les mains moites et son cœur bat à tout rompre. Pourtant, elle serait incapable de dire précisément ce qu'elle ressent. Elle n'a jamais connu de situation comparable. Serait-ce donc cela, le goût amer de l'échec ?

Le téléphone sonne. Elle retrouve ses repères et, en bonne commerciale, décroche son téléphone en souriant. Elle passe pleinement en mode « Battant » dès qu'elle reconnaît la voix d'un vieux client. Malgré la lettre posée sur son bureau, elle réussit une vente de 50 000 dollars. C'est alors qu'elle réagit : « Une minute ! Cette vente, c'est moi qui l'ai faite. Pas question qu'ils en profitent ! Je refuse de renoncer à ma société ! »

Mue par sa colère et par l'énergie qu'elle tire de cette vente réussie, la chef d'entreprise appelle la ligne directe du directeur de l'usine. Comme d'habitude, elle tombe sur sa secrétaire. Elle essaie de garder un ton calme. La secrétaire la met généralement en attente mais, cette fois, elle lui passe immédiatement le directeur, un Cinq.

Celui-ci adopte un ton dégagé tout en espérant intérieurement que la conversation ne va pas s'éterniser. C'est un excellent négociateur qui sait gérer les émotions avec une neutralité toute professionnelle. D'ailleurs, il se dit que la décision de réaliser cette acquisition est tout à fait logique.

Le rachat de l'entreprise de la Trois est dicté par le marché. L'avantage que sa propre société pourrait tirer d'une intégration verticale saute aux yeux depuis longtemps. Cela dit, à titre personnel, il n'apprécie guère la Trois. Leurs interactions ont toujours été à sens unique. Elle arrive à le manœuvrer même au téléphone et elle ne lui laisse jamais le temps de réfléchir. Il est soulagé de se dire qu'elle va cesser de faire pression sur lui pour obtenir des délais de paiement.

D'un ton détaché et égal, il en vient directement au fait après les salutations d'usage : « Vous appelez au sujet de ma lettre ? »

À l'autre bout de la ligne, la Trois raisonne en stratège : « Comment va-t-il jouer ses cartes ? Je viens de réaliser une vente de 50 000 dollars et il veut me jeter dehors. Il doit être ravi de se dire que je travaille gratuitement pour eux ! »

En réalité, le Cinq ne ressent aucun sentiment de triomphe. Pour lui, la question n'a aucune connotation affective. Le système actuel n'est plus envisageable et il faut en négocier un autre. Ce rachat assorti d'un abandon de créances représente une solution raisonnable. Après tout, l'entreprise de la Trois a plus d'un million de dollars de dettes et sa propre société veut assurer elle-même ses ventes au détail.

Le ton de la Trois n'est ni coopératif ni soumis. Elle a décidé d'être directe : « Pourquoi ne m'avez-vous pas prévenue ? Pour que je continue à espérer ? J'ai créé cette société. Je viens encore de réussir une vente de 50 000 dollars. Si c'est pour votre compte, vous me devez une commission ! »

Cette menace voilée met l'Observateur en alerte. Pour la première fois, il comprend que le rachat peut se révéler plus compliqué et plus coûteux que prévu. Ça sent le procès. Il connaît les comptes de la société et sait que le passif dépasse l'actif, mais la Trois lui envoie un message clair : elle a beaucoup travaillé pour se créer une clientèle. Peut-elle l'obliger à la lui racheter ?

Le Cinq reste silencieux. La Trois comprend que son argument a porté.

Elle cherche alors à enfoncer le clou : « Je vais consulter mon avocat au sujet de la lettre que vous m'avez envoyée. » Sentant qu'il vaut mieux laisser planer le suspense, elle conclut en disant : « Je vous rappellerai en temps voulu. »

L'Observateur demande immédiatement à sa secrétaire de ne plus lui passer d'appels. Il a besoin de temps pour digérer la nouvelle et pour se repositionner. Soudain, toute l'opération semble compromise. A-t-il négligé un élément ? À quel prix pourrait-il être contraint de racheter la clientèle apportée par la chef d'entreprise ? Il est en territoire inconnu. La Trois donne l'impression d'avoir été déçue dans ses espérances. Peut-on considérer que la société du directeur l'a induite en erreur ? Peut-elle faire valoir cet argument devant les tribunaux ? Il s'imagine face à la chef d'entreprise au tribunal, flanqués tous deux d'une armée d'avocats et s'affrontant sur des questions de pratiques déloyales.

Le vent tourne

Le directeur a l'impression d'être victime d'un chantage affectif. Il aimerait que la Trois mette de côté ses émotions et tourne la page. Après tout, l'opération n'a rien de personnel.

De son côté, galvanisée par la colère, la chef d'entreprise a hâte de passer à l'étape suivante. Il lui suffit de quelques minutes pour prendre rendez-vous avec un avocat. Elle veut une solution immédiate, alors que le Cinq cherche à éviter toute confrontation.

Quand il ne lui reste plus qu'à attendre, la Trois s'interroge sur son avenir: « Est-ce que je peux créer une autre société en m'associant à un concurrent de l'usine? » Cela poserait un sérieux problème au directeur de l'usine…

Elle adorait diriger sa propre société et elle est furieuse d'avoir été mise à l'écart, mais le jeu en vaut-il vraiment la chandelle? Gaspille-t-elle son énergie à essayer de se prouver des choses à elle-même? À tenter de se venger du directeur de l'usine?

Elle est fière de ce qu'elle a accompli, mais se rend compte qu'elle n'a pas de vie en dehors du travail. Elle s'est rarement préoccupée de ses propres besoins. Est-ce qu'elle veut vraiment continuer à se démener jour et nuit pour assurer la survie de la société? Il y a quelques années, la réponse aurait été positive. Désormais, elle n'en est plus si sûre. Ses dernières vacances remontent à si loin qu'elle ne s'en souvient pas.

Elle se prépare un café et s'assied. Pour être honnête, elle ne sait pas ce qu'elle veut. Mais elle sait ce qu'elle ne veut plus faire: se battre seule.

Le Cinq se met lui aussi à raisonner en termes de priorités. La chef d'entreprise a toujours bien travaillé, même si le directeur n'apprécie pas forcément son attitude fonceuse. Elle a eu raison de rappeler les efforts qu'elle a fournis pour trouver des clients. Il l'imagine les invitant au restaurant et faisant des heures de trajet en voiture tout en passant des coups de téléphone. Il la trouve envahissante, mais les clients n'ont pas l'air de se plaindre. Les commerciaux comme elle valent de l'or. Elle a l'énergie dont lui-même manque. Et c'est un atout pour l'entreprise.

Le terme « atout » marque son esprit. Elle a fait de sa personnalité un atout professionnel.

Il comprend maintenant pourquoi elle est tentée de le poursuivre en justice: elle ne supporte pas d'avoir consacré tant d'heures à l'entreprise en vain. Il se demande si elle perdrait sa motivation en travaillant pour quelqu'un d'autre. Réfléchir aux sentiments de la Trois a réduit le détachement affectif du Cinq. Il ne peut pas se permettre de traiter par le mépris les efforts de la chef d'entreprise et, curieusement, n'en a pas envie.

Conscient d'être sur la bonne voie, il prend son dictaphone et enregistre un mémo destiné aux autres dirigeants de son entreprise : il leur suggère, dans le cadre du projet de rachat, d'offrir un poste à la chef d'entreprise.

La phrase clé du mémo est la suivante : « Elle représente un atout commercial majeur, comme le prouvent la fidélité de ses clients et sa réputation sur le terrain, où elle est parvenue à réaliser cinq millions de dollars de chiffre d'affaires. Nous devons nous efforcer de la garder avec nous. »

Dénouement

Comme tous les Battants, la chef d'entreprise a pour habitude de se mentir à elle-même. Elle rompt avec cette tendance en évaluant sa position en toute honnêteté. Elle comprend qu'elle s'est tellement identifiée à son statut professionnel qu'elle s'est totalement absorbée dans son travail. Le choc causé par la lettre l'aide à identifier ses vrais besoins. Elle comprend qu'elle aime le statut de dirigeante d'entreprise, mais qu'elle aspire aussi à avoir une vie en dehors du travail.

Elle veut également que ses efforts soient reconnus. Elle aurait sans doute mieux gagné sa vie si elle avait passé toutes ces années à travailler pour quelqu'un d'autre à la commission, mais la perspective de faire connaître une jeune entreprise avait titillé son esprit d'entreprise.

Au lieu de se lancer dans une procédure judiciaire ou de créer une autre jeune entreprise, elle peut opter pour l'offre que le directeur de l'entreprise industrielle lui a transmise. Tout dépend maintenant de son aptitude à faire la différence entre ses véritables aspirations et sa soif de statut social.

Comme notre Battante, rappelez-vous que :

Pour éviter de faire fausse route, notre Battante a intérêt à se demander : « Quel est mon but, quand je travaille : satisfaire mes aspirations profondes ou en mettre plein la vue aux autres ? »
En se demandant chaque jour : « Qu'est-ce que je ressens ? », elle peut apprendre à faire la différence entre un travail réellement épanouissant et une carrière au service de son image.

Credo	Le verre est à moitié vide
Modèle mental	Ailleurs, l'herbe est plus verte
Filtre de perception	Il manque quelque chose
Méthode de tri des informations	Enjolive inconsciemment ce qu'il ne peut pas avoir ; en comparaison, ce qu'il a fait pâle figure
Ce qu'il évite à tout prix	Se satisfaire de ce qu'on a
Progrès à accomplir	Trouver un bonheur simple
Cheminement spirituel	Apprécier les choses ordinaires
Passion	L'envie – convoiter ce qu'ont les autres
Vertu	L'équanimité – trouver un équilibre entre les « hauts » et les « bas »
Moteur	Un vrai rapport affectif
Style de management	Du flair et de l'originalité. Il n'y a aucun intérêt à faire une chose qui a déjà été faite : « On ne fabrique pas simplement un nouvel ordinateur, on crée un équipement absolument unique ! », « Ce n'est pas une campagne publicitaire comme les autres, elle va révolutionner les mentalités ! ».
Perception par les autres	Le Quatre est perçu comme une personne de goût pleine d'originalité ou comme une créature fantasque plutôt bizarre mais ne laisse jamais indifférent.
Conflits typiques	Le Quatre se vexe quand il a l'impression d'être incompris ou insuffisamment apprécié.
Bonne résolution	Si vous êtes un Quatre, souvenez-vous qu'il n'y a pas de honte à être comme les autres.
Signaux positifs envoyés	Le Quatre comprend les autres et leurs sentiments. Il est loyal dans les moments difficiles.
Signaux négatifs envoyés	Les autres ne lui suffisent pas. Le Quatre est chroniquement déçu et en veut toujours plus.
Signaux mixtes	Les autres semblent surtout intéressants lorsqu'ils sont hors d'atteinte, et beaucoup moins lorsqu'ils sont accessibles.
Sentiment de sécurité : passage au point 1	Le Quatre a une vision claire et précise des choses sans s'encombrer de considérations affectives.
Stress/Risque : passage au point 2	Le Quatre est prêt à se renier pour qu'on l'apprécie.
Secteurs d'activité à conseiller	Les métiers impliquant une certaine créativité et une certaine originalité. Les Quatre sont attirés par les domaines tels que la publicité, le spectacle et la conception de produits.
Secteurs d'activité à éviter	Les métiers s'exerçant dans des structures rigides et impersonnelles ou impliquant des tâches répétitives : l'armée, les assurances. Le Quatre a du mal à travailler avec des collègues mieux payés et plus appréciés que lui.
Activités idéales	Sur scène ; dans un travail de création, en laboratoire ou sur une table à dessin ; en couverture de *Vogue*.

7

BASE 4 : LE ROMANTIQUE

La muse, l'élitiste, l'original,
l'être unique…

ÊTES-VOUS UN QUATRE ?

Vous voulez une carrière qui vous permette d'exprimer vos émotions. Pourquoi le travail ne serait-il pas un moyen d'expression ? Sans forcément aller jusqu'à vouloir changer le monde, vous avez besoin d'un lien affectif avec vos activités et ceux qui vous entourent.

C'est précisément cette soif de lien affectif qui vous rend sensible à ce qui vous manque au travail. Vous êtes capable de prouver votre compétence et d'en récolter les fruits sous forme de rémunération, de statut et d'avancement mais, une fois que l'émotion des premières réussites est retombée, cette course à la prospérité vous semble bien superficielle.

Vos collègues peuvent voir les choses différemment. À leurs yeux, vous vous donnez à fond quand vous avez quelque chose à prouver mais, juste au moment où le succès est à portée de main, votre attention se porte ailleurs et vous cessez de répondre à leurs attentes.

De votre côté, vous trouvez qu'ils se contentent de peu. Pourquoi faire une chose qui a déjà été faite ? Pourquoi ne pas créer de l'inédit ? Quand il est proche, le succès perd tout intérêt à vos yeux.

Jorge, un designer célèbre pour sa créativité, est le Romantique par excellence. Le directeur de la communication d'une grande entreprise a contacté son agence de design pour lui confier la réalisation d'un rapport annuel destiné à « rendre fous les concurrents ». Dès le début, le directeur de la communication a tenu à recourir aux services de l'agence de Jorge car c'est la plus réputée de la ville. Il a remué ciel et terre en interne pour que sa hiérarchie lui accorde le budget nécessaire.

Le directeur de la communication a finalement obtenu son budget et les négociations préliminaires avec l'agence de Jorge sont bouclées. La réunion du jour vise à préciser les détails de l'opération. Tout se passe bien: Jorge a bien compris que le rapport annuel devait être placé sous le signe de la haute technologie, à l'image des produits de la société. En outre, il a trois ou quatre idées qui rendront le résultat final encore plus convaincant.

« Parfait, nous sommes vraiment sur la même longueur d'ondes », indique le directeur de la communication. « Il reste juste un détail, Jorge: nous ne voulons pas en faire trop. Notre rapport annuel ne doit pas ressembler à un magazine d'art ».

Seul un observateur attentif remarquerait que le sourire de Jorge s'est figé.

« Je comprends tout à fait », répond-il. « Je pense que nous savons à quoi nous en tenir. »

Jorge rassemble ses documents et lance à la cantonade: « Merci beaucoup d'avoir pensé à notre agence. Je vous faxerai un devis d'ici quelques jours. »

Intérieurement, il fulmine: « Hors de question de travailler pour ces clowns! Ils n'ont qu'à remballer leurs conseils et à aller voir ailleurs. »

Sans en avoir conscience, Jorge se hérisse dès que quelqu'un menace sa créativité. Il a toujours su mêler élégance et innovation et son agence a bâti sa réputation sur des créations ambitieuses. Il faudrait vraiment être idiot pour croire qu'un acheteur a le pouvoir d'influer sur son œuvre!

Mais puisqu'il en est si convaincu, pourquoi est-il tellement sur la défensive?

Comment les Quatre trient les informations

Dans les traditions spirituelles qui utilisent les ennéatypes comme moteurs du développement personnel, les Quatre sont traditionnellement appelés les « moines à l'esprit mélancolique », non pas parce qu'ils soupirent ou pleurent, mais parce que leur attention est irrésistiblement attirée par ce qui leur manque. Jorge est obnubilé par la seule condition posée par son client, et ce détail lui gâche son plaisir. Pourtant, le directeur de la communication a fait des pieds et des mains pour obtenir un budget suffisant. Cela suffirait à flatter n'importe quel autre designer.

Les Romantiques ont tendance à pleurer ce qui leur manque et à vivre continuellement un véritable supplice de Tantale vis-à-vis de ce qu'ils n'ont pas. Pourtant, Jorge ne se considère pas comme un être envieux. D'ailleurs, il occupe les plus hautes sphères de sa profession. Ce serait aux autres créateurs de le jalouser.

Seulement, Jorge a une vision totalement déformée des avantages dont jouissent les autres. Ils lui paraissent comblés alors que lui-même se sent frustré. Cette obsession pour l'ingrédient qui manque à son bonheur sape son amour-propre, réduit son aptitude au plaisir et le rend hypersensible à la critique. Mais tout se passe dans sa tête, à l'insu du directeur de la communication qui veut faire appel à lui.

Focalisé sur l'écart entre les encouragements sans réserve qu'il espérait et la petite condition qu'on lui a indiquée, Jorge fait intervenir son système de tri des informations. Il perd tout intérêt pour le projet et ne pense plus qu'à la censure qu'on tente de lui imposer. Contrairement aux Trois, qui pensent que les meilleurs sont récompensés, et aux Sept, qui se projettent dans un avenir perpétuellement souriant, Jorge se dit toujours qu'il va tout perdre lorsqu'il sera au sommet de son succès.

Les Quatre au travail et dans l'action

Les Quatre excellent dans les fonctions comportant une dimension créative, et cela a toujours été vrai de Jorge. Son besoin de s'exprimer par des biais uniques et inhabituels s'explique par son sentiment d'être différent des autres. Enfant, il a eu l'impression d'être abandonné de tous et d'assister en spectateur aux moments de plaisir des autres. Il se souvient combien il a été soulagé lorsqu'il a pu exprimer et faire comprendre aux autres sa souffrance.

Comme les autres Quatre, Jorge a appris à toucher les gens au cœur. Contrairement aux Altruistes, qui adaptent leur personnalité pour mieux plaire, et aux Battants, qui attirent l'attention grâce à leurs réussites, les Quatre captivent par leur créativité, sur le terrain de l'affectif.

Jorge sait sans doute que le directeur de la communication n'a pas ménagé son temps ni son énergie pour pouvoir faire appel à lui. Il aime d'ailleurs qu'on lui montre qu'il est unique et différent de ses concurrents. Seulement, il s'investit tellement dans ses créations qu'il ne supporte pas qu'un dirigeant de société vienne y mettre son grain de sel pour des raisons bassement commerciales.

Les Quatre se sentent portés vers des fonctions dotées d'une forte dimension affective. Ils veulent être présents là où les autres laissent vraiment parler leurs sentiments et sont eux-mêmes terriblement conscients du fossé qui existe entre leur vrai visage et le masque de professionnalisme qu'ils portent au travail. Lorsqu'ils occupent des fonctions routinières, ils ont l'impression de mener une double vie, à l'image de ce dirigeant d'un grand groupe pétrolier :

> J'aime beaucoup mon métier, mais le côté excessivement « lisse » du monde de l'entreprise me rend fou. Non pas que je souhaiterais un psychodrame permanent, mais j'aimerais vraiment que quelqu'un s'écrie un jour : « Ouvrez les yeux ! Il y a de la souffrance dans le monde, et je souffre moi aussi ! »
>
> J'attends désespérément que quelqu'un soit authentique – qu'il montre une joie authentique, comme un sursaut d'humanité.
>
> Pourquoi faut-il me contenter d'une musique d'ascenseur alors que je voudrais de l'opéra ?

Bien entendu, pour réussir professionnellement, ce dirigeant a appris à adopter le comportement de Battant si valorisé par les entreprises. Mais contrairement aux Trois, pour qui les émotions passent après le travail, les Quatre ont une prédilection pour les métiers leur permettant d'exprimer leur affectivité.

Gardez bien ceci à l'esprit à propos des Quatre

Au sein d'une équipe, les Quatre détestent être traités comme les autres. Ils doivent donc éviter de se comparer à leurs collègues et trouver un domaine où exprimer leur talent de manière à être remarqués. Pour réussir, ils doivent découvrir l'intérêt esthétique ou moral du travail à accomplir. Une fois qu'ils sont persuadés que leur travail a un sens, il ne leur reste plus qu'à se lancer le défi d'avoir une démarche unique face au quotidien. De tous les ennéatypes, seuls les Quatre sont capables de faire partager à leurs collègues une vision des choses spirituellement ambitieuse.

De l'élégance, de la passion et du panache – rien de moins!

Leurs collègues reprochent souvent aux Quatre d'avoir tendance à bouder ou à faire une montagne de petits faux pas sans gravité. Si le supérieur d'un Romantique oublie de le convoquer pour lui accorder une augmentation alors que le Quatre est dans l'entreprise depuis exactement un an, ce n'est pas pour le vexer: c'est probablement un simple oubli. De même, si le nom d'un Quatre est mal orthographié dans un programme, c'est une simple coquille qui ne reflète nullement l'opinion que son entreprise a de lui...

Si vous êtes un Romantique, tâchez d'évaluer la compétence de vos collègues indépendamment des sentiments qu'ils vous inspirent. Il est possible de collaborer efficacement sans pour autant être amis. Travaillez au résultat final sans chercher à savoir de qui viennent les idées qui sont retenues et souvenez-vous que lorsqu'on repousse l'une de vos idées, ce n'est pas vous qu'on rejette.

Vous devez apprendre à apprécier l'ordinaire, ce qui représente un véritable exploit quand on se sent cerné par la médiocrité. Contrairement aux Neuf, qui se sentent protégés par le système, et aux Un, qui cherchent à l'améliorer, les Quatre sont anesthésiés par la routine.

Or, ils pourraient tirer parti du système. Des directives claires et des évaluations cohérentes et impartiales les aideraient à mieux maîtriser leurs sautes d'humeur. Ils doivent apprendre à observer et à mettre un nom sur leurs sentiments (« Ce que je ressens en ce moment s'appelle de la tristesse »). L'objectif ne consiste pas à chasser la mélancolie et à forcer la joie à s'installer, mais à prendre du recul par rapport à ses émotions.

En d'autres termes

Les Quatre ont tendance à être sous l'emprise de leurs humeurs. Quand ils embauchent un assistant, est-ce pour ses compétences ou parce qu'ils sont de bonne humeur ce jour-là? Et quand un projet tourne mal, est-ce parce qu'ils sont de mauvaise humeur? Certes, la créativité est à la source des images, des intuitions et des émotions qui nourrissent un projet. Mais il ne faut pas oublier certaines exigences pratiques: le souci du détail et le respect des échéances.

Le goût des Quatre pour l'affectif les conduit à considérer que les idées créatives viennent du cœur. Mais Jorge est sur le point de perdre l'exposition médiatique que lui vaudrait la réalisation du rapport annuel d'une grande société alors qu'il se méprend sur l'attitude du directeur de la communication. Au lieu de se laisser entraîner par ses émotions, il ferait mieux d'analyser ses réactions. Son talent pourrait s'épanouir beaucoup plus s'il comprenait comment son esprit fonctionne.

Stress, risque et sécurité

Dynamiques de changement des Quatre

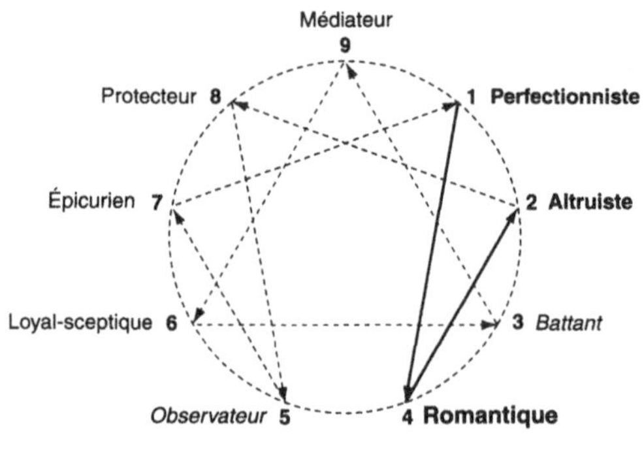

Les Quatre doivent apprendre à être plus réguliers et à se concentrer sur la tâche en cours. Lorsqu'ils sentent qu'ils commencent à regretter ce qui leur manque, ils doivent s'obliger à penser à ce qu'ils ont. Ils doivent faire la liste de toutes les petites satisfactions quotidiennes dont ils souffriraient d'être privés. Il n'y a pas de sot métier, quand on sait l'apprécier.

En période de sécurité, le transfert vers la base 1

La personnalité des Quatre les conduit à s'investir affectivement dans leur travail et à trouver des idées novatrices relativement facilement. Les difficultés surgissent ensuite, lorsqu'il s'agit de mettre ces idées en pratique en faisant preuve d'un sens de l'organisation imparable, d'un esprit critique acéré et d'une vision claire de la procédure à suivre.

Heureusement, quand les Quatre se rapprochent de la base 1 et adoptent la précision et le discernement des Perfectionnistes, l'ordre émerge du chaos, l'esprit pratique s'impose et les idées brillantes aboutissent.

Quand les Quatre se sentent en sécurité dans leur travail, ils se rendent compte qu'il existe deux façons de procéder : la bonne et la mauvaise, et ils cessent de se fier à des impressions changeantes. En se concentrant sur les tâches à accomplir, ils se dégagent de leurs émotions égocentriques et sont en mesure de perfectionner leurs créations.

L'esprit critique des Quatre se manifeste ainsi souvent pendant les périodes de bien-être, quand ils se mettent à ressembler à des Perfectionnistes et se sentent suffisamment en sécurité pour réfléchir à des problèmes qu'ils négligent en temps normal. De petites sources d'irritation deviennent brusquement intolérables et ils ne supportent plus qu'on néglige, par exemple, certains détails d'un projet.

Habitués à vivre un tumulte intérieur difficile à exprimer au travail, les Quatre ont intérêt à profiter des périodes de calme et de sécurité pour exprimer leurs sentiments d'une façon méthodique permettant aux autres de comprendre leur point de vue.

Une phase de sécurité affective est donc l'occasion de travailler avec plus de régularité, de trouver un équilibre entre ses divers centres d'intérêt et de parvenir à la sérénité.

Réponse au stress et au risque : le transfert vers la base 2

Les mécanismes de défense habituels des Quatre se mettent en place aux premiers signes de stress. La douleur et le sentiment d'abandon ressurgissent et la déprime peut s'installer. Les Quatre recherchent alors la compagnie des autres et se rapprochent du mode de fonctionnement des Altruistes.

Ils tentent de lutter contre la mélancolie en allant vers les autres et en se plongeant dans le travail d'équipe. Ce mouvement vers les autres étant un moyen de lutter contre la déprime, ils risquent malheureusement d'aller trop loin et d'y consacrer trop de temps et d'énergie.

Face au stress, les Quatre se mettent à travailler d'arrache-pied, mais dans une totale désorganisation. Ils font plusieurs choses à la fois, rien n'est fait correctement et la situation n'est sauvée qu'à la dernière minute.

Heureusement, une fois qu'ils sortent de leur déprime, les Quatre peuvent abandonner cette frénésie au profit d'un rythme de travail plus régulier. Une bonne partie du chaos qui règne dans les activités des Quatre est liée à leur manque d'attention aux délais, aux coûts et au travail des autres. Écouter son cœur est tout à fait honorable, mais les Quatre doivent comprendre qu'une plus grande neutralité affective ne leur fera pas perdre leur puissance créative.

Comment les Quatre sont perçus

Leur style de communication

Les Quatre expriment une forte intensité affective. S'ils organisent un atelier de réflexion, ils veulent en faire une expérience inédite qui permettra l'éclosion d'idées marquantes – il ne faut surtout pas que ce soit un atelier comme les autres. Même quand ils font un exposé technique, ils sortent des sentiers battus pour transformer les informations qu'ils transmettent en tremplin vers un récit héroïque ou tragique. Loin de se contenter d'énoncer des faits et des chiffres, ils expliquent qu'ils ont dû aller plus loin pour trouver leur « signification cachée » ou découvrir leur « importance cruciale ». Ils se présentent comme le héros d'une quête inlassable à l'issue de laquelle ils ont trouvé l'information qui manquait. Ils font comprendre que l'important n'est pas l'information elle-même, mais cette dimension humaine de quête acharnée.

L'auditoire sait ainsi ce que le Quatre pense, mais aussi ce qu'il ressent. L'exposé ressemble à un récit à suspense et le

Quatre joue le rôle de celui qui va résoudre le mystère. Le thème de l'exposé n'est qu'un prétexte à l'évocation de sentiments. Après tout, pourquoi ne pas donner une dimension théâtrale à un graphisme novateur ou à un procédé interactif révolutionnaire? Pourquoi faire un exposé banal et prévisible que n'importe qui d'autre pourrait proposer? Contrairement aux Trois, qui communiquent en termes d'objectifs et de résultats, les Quatre jouent sur la corde sensible des membres de l'auditoire et s'adressent directement à ceux d'entre eux qui sont disposés à ressentir une émotion.

La teneur de son exposé peut être prévisible, voire ennuyeuse, mais l'implication affective du Quatre donne l'impression qu'il fait des révélations palpitantes.

Cette attitude peut produire un effet hypnotique sur l'auditoire. Les Romantiques structurent leurs exposés d'une manière très originale visant à attirer l'attention. À vrai dire, leur style de communication oscille entre deux non-dits: « Regardez comme c'est original! » et « Ne voyez-vous pas à quel point ce que je fais est original? », ce dernier message étant fortement teinté de ressentiment. Les Quatre trouvent le moyen de s'immiscer dans le sujet de l'exposé parce qu'ils veulent montrer qu'ils ont une âme, au-delà des informations qu'ils doivent débiter. Le message est, en réalité: « Voyez-moi derrière ce que je fais. Voyez-*moi*! ». Leurs exposés peuvent d'ailleurs paraître nourris d'égocentrisme, tant ils mettent leurs sentiments au cœur de leur discours.

Les Romantiques ont une aptitude naturelle à présenter leurs produits comme des articles uniques destinés aux acheteurs les plus avertis. Ils expriment là leur besoin de se sentir eux-mêmes uniques. Ce besoin les conduit à réagir très mal s'ils ne se sentent pas appréciés à leur juste valeur. Or, l'auditoire est partagé entre ceux qui ont l'impression d'être traités avec condescendance et ceux qui se sentent emportés par la fougue de l'orateur. Certains auditeurs peuvent d'ailleurs commencer par être séduits par l'originalité de l'exposé, puis être rebutés quand ils se rendent compte que l'orateur accueille très mal leurs questions et leurs réserves.

Les Quatre doivent également veiller à ne pas saboter eux-mêmes leurs efforts. Après s'être donnés à fond pour réussir une étape importante ou pour promouvoir un produit auquel ils croient, ils ont tendance à perdre bêtement le contrat en bâclant leurs dernières discussions avec le client parce qu'ils ont l'impression de « rabâcher ».

Le non-verbal : leurs attitudes et leurs gestes

Les Romantiques aiment se vêtir avec une grande élégance et avoir une belle voiture tout en montrant qu'ils sont originaux et à l'avant-garde des tendances. Ils peuvent aussi porter un masque de mélancolie. Ils créent donc une première impression très forte. Sans rien dire de précis, ils emploient un ton laissant entendre qu'il leur manque quelque chose, qu'ils ne sont pas tout à fait enthousiastes, pas totalement impliqués. Ils emploient souvent l'expression « si seulement »: « Si seulement notre campagne était plus originale! », « Si seulement on était réputés, au lieu d'être juste connus! ».

Quand on exprime un sentiment, on retient immédiatement leur attention. Même si eux-mêmes ne s'intéressent pas particulièrement au domaine concerné, les Quatre sont aimantés par ceux qui font leur travail avec passion. L'important, c'est de sentir que l'autre s'implique à fond.

L'interlocuteur d'un Quatre peut se sentir obligé de s'adapter aux humeurs du Romantique de crainte de paraître moins sensible, moins intéressant ou moins profond. En outre, il peut être difficile de donner à un Quatre un avis sincère. Certains atténueront leurs critiques de peur de le vexer, d'autres préféreront ne rien dire plutôt que d'avoir les échanges chargés d'affectivité que le Quatre attend.

Communiquer avec les Quatre

Les Romantiques ont besoin de sentir une complicité non seulement intellectuelle, mais aussi affective. Apportez-leur du soutien et de la chaleur humaine.

Soyez conscient que les Quatre ont du mal à fixer leur attention. Mettez l'accent sur les résultats et l'efficacité plutôt que sur la constance.

Reconnaissez l'importance de leurs réactions et de leurs sentiments, mais aidez-les à revenir à la réalité et à la logique de la situation. Incitez-les à faire des compromis ou à se fixer des limites dans leurs réactions face aux autres.

Les Quatre peuvent confondre évaluation et rejet personnel. Montrez-leur que vous les appréciez indépendamment de leurs résultats. Aidez-les à comprendre l'intérêt des critiques constructives.

Tenez bon face aux réactions épidermiques des Quatre. Les écouter est souvent la meilleure stratégie. N'ayez pas de réaction trop marquée et restez fidèle à votre position de départ. Soyez confiant : la crise passera.

Faites preuve de fermeté quand les Quatre semblent prêts à tout risquer sur une idée novatrice. Félicitez-les pour leur enthousiasme mais insistez pour qu'ils étudient toutes les conséquences et pour qu'ils suivent les procédures établies.

Ce qui pousse un Quatre à agir

Les Quatre adorent être remarqués par de grandes pointures de leur domaine. Des échanges personnels avec un spécialiste réputé représentent le meilleur moteur de motivation imaginable. Les Romantiques peuvent alors travailler seuls longtemps à élaborer un produit très créatif auxquels ils tiennent d'autant plus qu'ils l'associent à leur mentor.

Les Quatre peuvent faire aboutir leurs bonnes idées même quand elles sont impopulaires. Ils n'ont pas besoin de la reconnaissance superficielle dont bénéficient les produits « tendance ». Pour un Quatre, le plus dur est de rester motivé quand l'idée, originale au départ, commence à être largement diffusée. Les Romantiques ont besoin de ressentir une certaine magie. Néanmoins, ils doivent apprendre à rester concentrés jusqu'au bout s'ils veulent récolter les fruits de leurs efforts le jour où leur idée s'imposera sur le marché.

Ainsi, un Quatre travaillant dans une banque d'affaires sera attiré par les opérations comportant une part d'affectivité : investir dans une jeune entreprise au projet audacieux et créatif, par exemple. En comparaison, ce sera pour lui un véritable cauchemar de penser au travail routinier qu'implique le montage du financement d'un énième lycée pour une énième collectivité locale.

La soif d'originalité des Quatre et leur remise en cause permanente des procédures établies permettent à leurs collègues d'approfondir leur réflexion et de se montrer plus créatifs. De leur côté, convaincus de leur propre profondeur, les Quatre sont souvent déçus par ceux qui semblent se contenter de vivre une existence superficielle.

Si un Quatre sent que sa sensibilité et sa créativité ne sont pas reconnues à leur juste valeur et si sa soif de contacts authentiques n'est pas satisfaite, il peut avoir l'impression d'être la seule personne sincère dans un océan d'hypocrites et son investissement affectif dans le travail peut disparaître. Désormais, il ne s'intéressera plus qu'à son bulletin de salaire.

Lorsqu'il est au bout du rouleau, le Quatre se focalise sur la superficialité des autres. Souhaitant le contact tout en se sentant à l'écart, il oscille entre des tentatives de rapprochement et des phases de distanciation. Dans ses moments les plus noirs, sa seule source de motivation consiste à se dire qu'il doit gagner sa vie et qu'il vaut mieux que ceux qui l'entourent.

Mais ces moments sombres peuvent lui permettre de découvrir quelles tâches comptent vraiment à ses yeux. Il peut alors recommencer à exprimer sa créativité et retrouver son énergie.

Pour progresser, les Quatre doivent prendre conscience des moments où ils noircissent le tableau et trouvent leur travail inutile. Ils doivent revenir à leur état antérieur, celui où leur satisfaction personnelle donnait un sens à leurs efforts. La première étape consiste à détecter le moment où ils se sentent gagnés par la mélancolie. Ils doivent alors penser aux nombreux rapports personnels qu'ils ont noués et s'en réjouir.

Motiver les Quatre

Dans leur travail, les Quatre ont besoin de sens et d'authenticité. Incitez-les à faire appel à leur créativité et à leur intuition pour accomplir leurs tâches.

Rendez hommage à l'originalité de leurs apports et de leur style tout en attirant leur attention sur les résultats pratiques. Mettez l'accent sur les réussites tangibles tout en leur permettant d'exprimer leur personnalité.

Félicitez-les pour le sens de l'esthétique qu'ils manifestent dans leurs documents et leurs exposés.

Accordez-leur une attention particulière. Ils ont besoin de rapports personnalisés pour rester impliqués.

Permettez-leur d'avoir une méthode de travail empirique comportant beaucoup d'interactions avec leurs collègues.

Les Quatre combinent intuition et analyse rationnelle. Favorisez leur participation et leurs remarques en sollicitant ces deux facettes de leur réflexion.

Les Quatre et la gestion de leur temps

Les Quatre vivent dans un temps subjectif scandé par de grands événements à forte portée affective – et certainement pas par des pendules ou des dates limites.

Les Quatre passent leur temps à attendre qu'un sujet d'une grande profondeur soit abordé au cours d'une réunion banale, qu'un concept original surgisse de nulle part ou qu'une idée révolutionnaire fasse enfin son chemin.

Persuadés que les coïncidences apparentes sont en fait des signes du destin, ils se demandent : « Pourquoi est-ce précisément ce groupe de personnes qui participe à cette réunion ? Pourquoi précisément ici ? Pourquoi précisément maintenant ? »

Ils prennent le temps de réfléchir aux questions importantes et de les étudier sous divers angles. Pour un Quatre, peu importe l'heure indiquée par l'horloge. L'important est de savoir percevoir la marche du destin.

Les divers ennéatypes peuvent occuper les mêmes postes, mais ils ne font pas le même usage du temps.

Un industriel du type 4 trouve le temps extraordinairement long pendant la corvée que représente l'inventaire des stocks. Il s'est intéressé à ses matières premières au moment de leur achat, mais cet intérêt est immédiatement retombé. Il trouve qu'il met un temps infini à rédiger l'inventaire et à justifier les chiffres indiqués. En revanche, lors d'une opération de rachat d'entreprise au forceps, ce même industriel travaillera vite et avec enthousiasme. Il ne reculera pas devant les situations tendues – y compris s'il doit affronter le dirigeant de l'entreprise rachetée parce qu'ils ne sont pas d'accord sur les chiffres. Alors que quand il passe une journée à saisir des données sur son ordinateur, il est à l'agonie.

Quand les Quatre traînent, c'est parce qu'ils ne supportent pas la banalité de leur travail. « Pourquoi refaire cette opération une énième fois ? Je mérite mieux que ça. »

Les Romantiques ont besoin de trouver en permanence un nouvel intérêt à leur travail, car ils ne supportent pas la routine. Devoir s'occuper de questions qu'ils ne jugent pas dignes de leur attention leur pèse énormément.

Quand ils sont dans cet état d'esprit, les Quatre sont sujets à une tension affective croissante qui, quand elle atteint son comble, les conduit à faire preuve d'un manque de productivité particulièrement spectaculaire et lourd de conséquences. Un Quatre peut aller jusqu'à ne pas achever un travail important que son client attend pour une date précise.

Heureusement, afin d'éviter de se sentir englués dans des tâches routinières, certains Quatre trouvent une solution ingénieuse pour faire face à la banalité : ils mettent à profit leur aptitude de Romantique à percevoir le sens profond des choses. Encore faut-il, pour cela, qu'ils se concentrent sur ce qu'ils sont en train de vivre.

Aider les Quatre à gérer leur temps

Les Quatre ont une notion du temps très subjective. Aidez-les à se souvenir de l'heure, des calendriers de travail et des échéances.

Rappelez-leur qu'il faut être organisé et constant. Fixez des rendez-vous et définissez des sanctions en cas de retard ou d'absentéisme.

Les Quatre peuvent avoir du mal à accomplir des tâches banales. Trouvez des moyens pour éviter qu'ils ne traînent. Dites-leur par exemple : « Si vous faites telle chose pour moi, je ferai telle autre chose pour vous ».

Prenez le temps de valoriser le Quatre en tant que personne, indépendamment de ses performances. Devant vos autres collaborateurs, mettez en avant la valeur toute particulière de ses contributions : les Quatre ont un énorme besoin de reconnaissance sociale.

Attendez-vous à beaucoup d'implication et à un rythme rapide quand l'objet est lointain et idéalisé, puis à un ralentissement, voire un désintérêt en fin de parcours. Luttez contre cette tendance en accordant beaucoup d'attention au Quatre ou en faisant en sorte que des personnes importantes saluent ses efforts.

Les Quatre en négociation

À la table des négociations, un Quatre peut ressembler à un acteur de théâtre envoûtant et extraordinairement expressif. Rien de tout cela n'est calculé : c'est simplement sa façon de faire passer son message.

On gagne le respect d'un Quatre en lui montrant qu'on ne le réduit pas à son rôle de négociateur. Le Quatre se voit comme un être de valeur amené à jouer un rôle pour aboutir à un résultat. Vous devez donc saluer ses capacités, même si vous n'êtes pas d'accord avec ses arguments.

Ne pas perdre la face revêt une importance toute particulière, car les Quatre ont besoin d'avoir une image publique très valorisante. Même si vous trouvez que le Quatre formule des exigences irréalistes, vous avez intérêt à dire : « Je vois pourquoi vous adoptez cette position. Je vois ce que vous voulez dire ».

En outre, veillez à maîtriser vos émotions si la négociation tourne à l'orage. En effet, si vous exprimez votre vexation ou votre colère, le Quatre surenchérira sur vous. Lui aussi a des raisons d'être mécontent et, de plus, ses émotions sont beaucoup plus violentes. Vous aurez alors beaucoup de mal à remettre la discussion sur les rails.

> **La générosité et les louanges sont de précieuses alliées dans un contexte hostile.**

Quand le négociateur de la partie adverse est doué, il n'est pas malhonnête de lui dire : « Je vois pourquoi vous mettez votre talent au service de cette cause » ou d'imiter le fair-play de certains joueurs de tennis en prenant la peine de féliciter votre adversaire. Les Quatre ont du mal à coopérer ou à faire des compromis s'ils ne se sentent pas appréciés à leur juste valeur. En rendant hommage à leurs qualités, vous posez les jalons d'un véritable processus de négociation. Quand il se sent apprécié, le Quatre est plus sensible à votre argumentation. En remarquant sa valeur, vous avez franchi le barrage des conflits de personnalité.

Les Quatre et la formation et l'apprentissage

Les formateurs doivent savoir que plus que n'importe quel autre ennéatype, les Quatre s'imprègnent de l'ambiance d'un lieu. Ils sont extrêmement sensibles à leur environnement. Ils réagissent donc mal aux salles de formation impersonnelles et aux salles de conférence stéréotypées des hôtels.

Toutefois, ils sont moins sensibles à la salle elle-même qu'à ce qui s'y passe. Ainsi, ils observeront si le formateur interagit réellement avec ses élèves. Les Romantiques attendent d'un formateur qu'il écoute vraiment ses élèves. Ils ne sont pas dupes des marques d'attention hypocrites. En outre, plus que les autres ennéatypes, ils ont besoin que le formateur les intègre au groupe et les mette en relation avec les autres participants.

Les Quatre veulent ce qu'il y a de mieux. Ils recherchent une formation sur mesure, pas un programme type. Pour cela, ils sont prêts à voyager et à consacrer du temps, de l'argent et de l'énergie à la formation. Ils consentent ces efforts parce qu'ils sont attirés par l'originalité et par les personnes qui osent présenter un point de vue novateur sur la vie de bureau.

Les Quatre veulent aussi savoir comment les précédents élèves ont mis à profit leur formation. Existe-t-il un lien entre l'enseignement prodigué et la façon dont ces précédents élèves perçoivent leur rôle au sein de leur entreprise?

Le formateur doit traiter chaque élève comme un individu distinct apprenant à son propre rythme. En plus de tester l'acquisition des apprentissages couverts par la formation, le formateur doit poser des questions subjectives (« Que pensez-vous de tel ou tel sujet? ») permettant de connaître la réaction de l'élève face aux tâches à accomplir.

Il faut également éviter de presser le Quatre quand il bute sur une difficulté. Les contraintes de temps sont réelles, mais un Quatre apprend mieux quand on lui dit: « Je vous laisse réfléchir quelque temps. On reviendra là-dessus quand vous vous sentirez prêt ».

Et n'oubliez pas que le Quatre déteste qu'on le compare aux autres: il trouve dégradant d'être du même niveau qu'eux et insupportable d'être d'un niveau inférieur.

Étude de cas: une Quatre se fait licencier

La nouvelle est totalement déstabilisante: la société familiale Kramer & Co., qui vend des produits laitiers dans le Midwest et réalise un chiffre d'affaires de 18 millions de dollars, vient d'être rachetée par l'un de ses concurrents nationaux.

Les 125 salariés de Kramer & Co. sont sous le choc. Alors que bon nombre d'entre eux travaillent pour le fils du fondateur de la société depuis plus de trente ans, la direction se contente de leur annoncer: « Les temps changent et il faut s'adapter aux dernières évolutions. »

Du jour au lendemain, les employés se retrouvent placés sous la responsabilité du « responsable financier pour le Midwest » d'une société qui était jusqu'alors leur principale concurrente.

Le responsable financier en question est un Sept.

Il est vaguement conscient que les employés sont mécontents, mais ce n'est pas son principal souci. Après tout, il a déjà vécu ce genre de situations. Il sait qu'il doit en priorité alléger les effectifs de l'entreprise rachetée. Ensuite, il pourra appliquer localement les procédures financières et opérationnelles du groupe auquel il appartient.

Il est très doué pour les restructurations de ce genre. C'est même dans ce domaine qu'il s'est d'abord fait remarquer. Kramer & Co. est une PME bien gérée et ses procédures internes ne posent pas de problème apparent. Il ne pense pas rester sur place plus d'un mois – six semaines tout au plus.

Il doit annoncer leur licenciement à de nombreux employés, y compris une comptable ayant douze ans d'ancienneté. Quand celle-ci, une Quatre, entre dans son bureau, le responsable financier lui dit que ses compétences ne sont pas en cause, mais qu'elle est licenciée parce que son poste n'est plus nécessaire du fait de la fusion. Une secrétaire se chargera de saisir les données comptables de Kramer & Co. et le reste des tâches comptables sera géré au niveau du groupe.

À l'issue d'un monologue d'une quinzaine de minutes, il conclut en disant: « Avec votre expérience, votre compétence et notre lettre de recommandation, vous n'aurez aucun mal à retrouver du travail. »

En apprenant qu'elle est licenciée, la Quatre est stupéfaite et catastrophée. Elle se sent dévalorisée.

Bien que consciente des raisons de son licenciement, elle est durement atteinte dans son amour-propre.

Son licenciement répondant à une logique économique, elle ne trouve rien à répondre, mais elle est sous l'emprise d'émotions violentes. Elle sait qu'elle n'est pas la seule dans son cas et qu'elle n'est pas visée personnellement. Néanmoins, sa principale réaction est de se dire: « Comment peuvent-ils me licencier? Je me suis fait des amis, ici! »

De retour parmi ses collègues, elle mesure l'ampleur de leur confusion. Elle compatit et les encourage à exprimer leurs sentiments. Emportée par cette vague d'émotion générale, elle se remémore les meilleurs moments qu'elle a passés au sein de l'entreprise. Elle se sent gagnée par la colère. Ce n'est que maintenant qu'elle est sur le point de le perdre qu'elle mesure pleinement son attachement à son poste. En outre, elle se rend compte que ses collègues souffrent énormément.

Elle décide alors de devenir la porte-parole des salariés licenciés.

Son message de base est le suivant: « Comment avez-vous pu gérer cette situation avec un tel cynisme, sans nous prévenir de rien? C'est inhumain! ».

Interactions typiques

Le lendemain, bien habillée et maîtrisant sa colère, la Quatre retourne dans le bureau du responsable financier. S'exprimant avec précision et logique, elle lui demande un rendez-vous au nom des salariés licenciés. Toutefois, le sous-texte est clair: « Comment avez-vous pu? Vous devez tenir compte de nous. Tout est de votre faute. »

La présence de la comptable surprend considérablement le responsable financier, qui était en pleine réflexion sur la restructuration.

Le licenciement de la comptable, comme les nombreux autres licenciements qu'il a effectués par le passé, n'était pour lui qu'une étape nécessaire vide de toute implication affective. Ce dégraissage se fonde sur des considérations financières valables et solides. Il n'a d'ailleurs rien reproché aux salariés, et il est allé jusqu'à louer les compétences de la comptable!

La présence incongrue de cette dernière dans son bureau le pousse à se demander: « Peut-elle perturber la bonne marche de la restructuration? Je ne suis pas responsable de ce qu'elle ressent. Elle réagit de façon irrationnelle. »

La Romantique savoure la réaction du responsable financier: elle se fait entendre et son interlocuteur est manifestement mal à l'aise. Consciente qu'elle ne peut pas le faire changer d'avis, elle envisage sérieusement de porter l'affaire devant les tribunaux pour le principe.

« Ne mesurez-vous pas les effets de votre décision? », demande-t-elle au responsable financier. Elle veut qu'il reconnaisse sa valeur en tant qu'être humain.

Le responsable financier, symbole d'autorité malgré lui, ne mesure pas l'impact de sa propre attitude. Pourtant, la comptable et lui veulent tous les deux trouver une issue, même si c'est pour des raisons différentes: la Quatre veut être reconnue à sa juste valeur, tandis que lui cherche simplement à se sortir rapidement de cette situation embarrassante.

Sans le savoir, chacun d'entre eux a déclenché le mécanisme de défense habituel de l'autre. La Romantique devient le jouet de ses émotions tandis que l'Épicurien cherche à tout prix à éviter de souffrir.

Le vent tourne

Tout à sa réflexion sur la restructuration en cours, le Sept a négligé la souffrance des salariés face au rachat de l'entreprise. La comptable le force à prendre conscience du problème.

La comptable a le sentiment d'être une victime. Elle se sent outragée par tant d'indifférence. Elle est capable de digérer ce licenciement, mais elle refuse d'être ignorée.

L'Épicurien perçoit enfin le point faible de son plan de restructuration: ces licenciements peuvent faire des vagues. Il doit donc faire passer un message rassurant auprès des salariés.

« En plus de leurs indemnités de départ, les salariés licenciés pourront faire appel gratuitement à un cabinet de reclassement. Je vais prévenir la direction des ressources humaines et informer tous les salariés licenciés que nous allons leur assurer un accompagnement de tout premier ordre. »

Dénouement

Un Quatre ne supporte pas d'être mis dans le même sac que les autres. Du fait de sa tendance à dramatiser, la Quatre considère que son principal apport à l'entreprise est la compassion qu'elle manifeste à ses collègues et les amitiés qu'elle a nouées avec eux.

En bonne Romantique, elle apprécie réellement ce qu'elle a quand elle est sur le point de le perdre. Elle mesure à quel point son travail lui plaisait. Ce licenciement alimente son sentiment permanent de privation, ce qui lui donne envie de faire un procès pour le principe.

Le Sept est d'autant plus embarrassé qu'en exprimant ses émotions, la Quatre déclenche l'une des réactions typiques des Épicuriens: l'évitement de la souffrance. Il ne veut pas réfléchir à la douleur des personnes touchées par les licenciements – après tout, ses décisions n'avaient rien de personnel – et il cherche une issue.

Pourtant, si le responsable financier ne donne pas satisfaction à la Quatre, celle-ci empoisonnera encore davantage la situation.

Les Quatre ont souvent l'impression de porter un masque au travail, car les émotions n'ont pas droit de cité au bureau. Or, les émotions font tout autant partie de la vie professionnelle que la réflexion rationnelle. S'il accorde un minimum d'attention aux exigences de la Quatre, le Sept peut s'en sortir et leur permettre à tous les deux de retirer quelque chose de cette confrontation a priori stérile.

Comme notre Quatre, rappelez-vous que :

Quand un Quatre est confronté à une crise, il doit prendre le temps de réfléchir et de se demander : « De quoi ai-je réellement besoin ? Qu'est-ce qui me satisferait ? »

Dans notre exemple, un procès ne peut pas satisfaire la comptable, car elle n'a aucune chance de le remporter. En revanche, elle a besoin d'être entendue. Elle a besoin d'exprimer ce qu'elle ressent et d'apaiser ses émotions pour pouvoir quitter son poste en paix avec elle-même.

Credo	Le savoir est le pouvoir
Modèle mental	La raison pure suffit à analyser la réalité
Filtre de perception	Combien de temps et d'énergie faudra-t-il consacrer à cette tâche?
Méthode de tri des informations	Réflexion compartimentée
Ce qu'il évite à tout prix	Incapacité à voir l'abondance
Progrès à accomplir	Apprendre à travailler avec les autres
Cheminement spirituel	Développer une intelligence affective et corporelle
Passion	L'avarice (le secret)
Vertu	La générosité, l'aptitude à donner et à recevoir
Moteur	L'omniscience: tout savoir
Style de management	Contrôle à distance. Travaille souvent en binôme avec un ennéatype plus proactif tel qu'un Battant ou un Altruiste. Très porté sur l'analyse exhaustive.
Perception par les autres	Surtout intéressé par le fond des choses. Impénétrable. Silencieux, se tient en marge du groupe.
Conflits typiques	Insuffisamment accessibles, les Cinq posent problème aux ennéatypes ayant besoin d'un lien affectif (les Deux et les Quatre)
Bonne résolution	Le Cinq a l'impression de mieux maîtriser son temps et son énergie quand il sait précisément combien de temps une réunion va durer et qui sera présent et quand on lui précise s'il est censé s'attarder sur place après la réunion.
Signaux positifs envoyés	Érudits et réfléchis. Détachés et calmes en cas de crise.
Signaux négatifs envoyés	Les Cinq ayant besoin de protéger leur espace privé, les autres se sentent rejetés. Les Observateurs semblent se considérer comme intellectuellement supérieurs et paraissent arrogants.
Signaux mixtes	Face à un Cinq, on se demande si on est le bienvenu ou si on est en train d'envahir son espace privé.
Sentiment de sécurité: passage au point 8	Le Cinq devient coriace et direct. Il s'exprime au lieu de garder ses réflexions pour lui.
Stress/Risque: passage au point 7	Paradoxalement, le Cinq va vers les autres. Il se montre amical mais il est secrètement terrorisé.
Secteurs d'activité à conseiller	Les postes où ils ont le temps de réfléchir. La recherche et le développement, les bibliothèques, le travail de nuit dans un laboratoire informatique.
Secteurs d'activité à éviter	Les postes impliquant une concurrence ou une confrontation directe (courtier en bourse), les postes impliquant de nombreux contacts (employé à l'accueil d'un grand magasin), les postes impliquant de la sollicitude (puéricultrice, hôtesse de l'air, maître d'hôtel).
Activités idéales	Les postes impliquant un travail permanent d'analyse: professeur d'université, responsable de la planification, administrateur d'une société

8

BASE 5 : L'OBSERVATEUR

Le penseur, le philosophe,
le sage, le témoin, l'analyste...

ÊTES-VOUS UN CINQ ?

Les Observateurs considèrent qu'une analyse dépassionnée permet de faire émerger l'ordre du chaos. C'est pourquoi vous aimez travailler seul pendant de longues périodes. Les personnes plus extraverties y voient un goût curieux pour la solitude, voire pour le secret. De votre côté, vous ne comprenez pas que les autres puissent perdre un temps et une énergie précieux à bavarder alors qu'il y a une multitude d'informations à analyser.

Toutefois, la plupart des gens que vous croisez au quotidien ne partage pas cette vision des choses. Vous avez donc adopté une stratégie de survie consistant à vous tenir à l'écart.

Prenons l'exemple de John, dont le lieu de travail reflète parfaitement la personnalité : John dirige un cabinet de recrutement situé dans l'une des plus hautes tours de la ville. Vue du trottoir, cette tour moderne fait l'effet d'une forteresse imprenable.

Pourtant, ce n'est pas la seule barrière à franchir avant d'arriver jusqu'à John : dans le hall, des vigiles solidement charpentés vous barrent l'accès si vous ne disposez pas d'un badge de visiteur et si la personne qui vous attend ne les autorise pas par téléphone à vous laisser monter.

Heureusement, on vous laisse passer: vous êtes un client potentiel et vous avez rendez-vous avec John. Le cabinet de recrutement occupe tout le soixante-troisième étage. Une hôtesse d'accueil vous laisse entrer après avoir vérifié votre badge. Elle vous conduit jusqu'à l'assistante de John, qui vérifie que son patron est disponible. Tous ces dispositifs visent à garantir à John l'intimité dont il a besoin.

John cherche à s'isoler des considérations affectives qui pèsent sur la plupart des dirigeants d'entreprise. Quand il a un message à transmettre aux cadres du cabinet, il utilise le courrier électronique. Il répugne tellement à sortir de son bureau que certaines nouvelles recrues ne l'ont jamais aperçu. Facilement perturbé par la présence des autres, il est connu pour travailler jusque tard dans la nuit, aux heures où il n'a personne à superviser et aucune lutte de pouvoir interne à régler.

Vous êtes enfin parvenu à franchir tous les obstacles qui se dressaient entre John et vous. Derrière la porte de son bureau, vous vous attendez à trouver un reclus timide, et vous avez tout à fait raison. Mais John vous surprendra en vous accueillant si chaleureusement que vous aurez l'impression d'avoir affaire à un extraverti. En effet, il dirige un cabinet de recrutement, où les qualités les plus prisées sont celles des Altruistes. Sa réussite dépend de son aptitude à séduire les plus grandes entreprises du pays et à leur dénicher la perle rare. John a donc appris à s'adapter aux contacts indispensables à son métier.

Il s'est parfaitement préparé à l'heure que vous allez passer ensemble. Pendant ces soixante minutes, il va manifester la capacité d'écoute et la discrétion qui conviennent à ce délicat domaine qu'est le recrutement. Ce que vous ignorez, c'est que John est conscient de trois présences pendant votre entretien: la vôtre, celle de John et celle de son esprit critique – cette partie de son cerveau qui observe les interactions en cours.

John sait très bien « prendre la pose » pour faire passer son message. Tout en parlant, il observe le déroulement de l'entrevue, où la moindre parole est calculée. Tant que vous serez là, il jouera les extravertis. Toutefois, dès la fin de l'entrevue, il refermera la porte de son bureau et se retirera en lui-même. Il réfléchira alors à ce qui vient de se passer et se demandera ce qu'il pense de cet entretien. Il ne le saura pas encore car, lorsqu'il est en représentation, il met ses sentiments entre parenthèses.

Comment les Cinq trient les informations

Les Observateurs sont traditionnellement appelés les « moines à l'esprit avare », non pas à cause de leur rapport à l'argent, mais parce qu'ils gardent leurs distances en se réservant ce qui est le plus précieux à leurs yeux : le temps, l'énergie, l'autonomie et l'intimité. Pourtant, John ne voit sans doute pas les choses de cet œil-là. Il aime juste mener une vie simple et s'enorgueillit de ne pas avoir besoin de beaucoup d'attentions. Il se nourrit des études qu'il mène et ne lésine ni sur son temps, ni sur son énergie pour faire des recherches sur les sujets qui l'intéressent. C'est par le truchement de son cerveau qu'il se sent relié au monde et il accorde une grande importance à la recherche de données et aux informations stratégiques.

Assoiffé d'informations utiles, il raisonne de manière extrêmement compartimentée : chaque information a sa place dans une petite case. John prend énormément de notes et pourrait écrire des pages entières sur l'organigramme, les principaux dirigeants et les contrats de ses clients. Pour glaner toutes ces informations, il se fonde sur les médias, sur les on-dits et sur ses propres observations.

De même, il tient mentalement un dossier sur chacun de ses amis. Ces derniers ne se connaissent pas forcément entre eux et ne savent parfois rien de la vie sentimentale de John, parce que ces diverses facettes de sa vie se recoupent peu dans son esprit.

John raisonne de façon compartimentée. Il se concentre sur un seul sujet à la fois. Une fois qu'il en a fini avec ce sujet, il passe au suivant. Il lui est d'ailleurs facile de respecter son devoir de confidentialité vis-à-vis de ses clients, tant son esprit dresse naturellement des barrières entre les informations.

Comme un avare qui dissimulerait ses richesses dans diverses cachettes – sous son matelas ou dans un coffre mural, derrière un tableau – John amasse toutes les informations qu'il peut trouver pour chaque mission de recrutement. Dans son esprit, les décisions de ses clients sont affectées par de nombreux paramètres – à lui de découvrir lesquels. La réussite de son cabinet dépend donc de la qualité des données qu'il détient. Aux yeux de John, savoir rime avec pouvoir.

Contrairement aux Six, qui préviennent les problèmes en imaginant des scénarios catastrophes, et aux Sept, qui ne font que des anticipations positives, les Cinq accumulent les informations pour en déduire une logique.

Les Cinq au travail et dans l'action

Les Cinq excellent dans l'analyse abstraite, et tel a toujours été le cas de John. Son goût pour l'étude solitaire remonte à l'enfance, à une époque où c'était un moyen d'échapper aux attentes affectives envahissantes qui pesaient sur lui. Mais son besoin de repli est plus profond qu'une simple envie de fermer la porte de sa chambre ou de se plonger dans un livre : il a appris à se distancier de ses sentiments, préférant la clarté de l'analyse au chaos complexe et imprévisible des émotions.

En bon Cinq, John ressent un vif intérêt pour l'information. À l'inverse, les besoins des autres lui pèsent énormément. Pourquoi consacrer du temps aux projets des autres ? Pourquoi perdre du temps avec les émotions ? Pourquoi ne pas s'isoler, tout simplement ?

De nombreux Cinq ont du mal à trouver leurs marques dans les cultures d'entreprise qui favorisent le mélodrame et la confrontation, à l'image de ce PDG d'un grand groupe de divertissement qui se sent totalement étranger à la culture du secteur de la musique, dominée par les Sept :

> Ici, on dirait que tout le monde veut jouer les artistes. Moi, je suis payé pour élaborer un budget et pour faire en sorte que les divers managers le respectent. Je suis là pour anticiper, pas pour tenir la main des gens, ni pour m'amuser avec eux, ni pour satisfaire leurs caprices. On est là pour gagner de l'argent, pas pour donner libre cours à un ego surdimensionné.

Grâce à l'Ennéagramme, ce PDG a appris à mieux comprendre les personnes extraverties et émotives qui l'entouraient. Il se considérait lui-même comme un Cinq sous-estimé et déterminé à faire régner l'ordre comptable au milieu du chaos, mais ses managers n'avaient pas la même vision des choses. Là où le PDG croyait déléguer, ses managers considéraient qu'il se contentait de leur

« refiler le bébé ». Ainsi, le PDG était parti en vacances juste après avoir fixé le nouveau budget, de manière à éviter les questions et les conflits – une attitude classique pour un Cinq.

Les Cinq qui travaillent en équipe s'efforcent d'échapper aux tristes réalités que sont les clans, les favoritismes et les conflits personnels. Or, au lieu de fuir, ils doivent apprendre à prendre la parole en premier, sans attendre de connaître la position de tous les autres. Ils doivent dire ce qu'ils pensent, sans se censurer. Il est trop facile de prendre du recul et d'observer la mêlée générale en ne répondant qu'aux questions touchant directement à son domaine. Les Cinq doivent essayer de généraliser ce qu'ils savent aux autres aspects des projets. Leurs collègues doivent savoir ce que les Cinq pensent et comment ils résolvent les problèmes pour pouvoir apprécier leur réflexion à sa juste valeur.

Gardez bien ceci à l'esprit à propos des Cinq

Les Cinq doivent, dans leur cheminement spirituel, renouer avec leurs sentiments et avec le plaisir qu'ils peuvent avoir à côtoyer les autres. L'analyse a sa place, mais il existe d'autres sources d'informations. Les Cinq ont tendance à penser à leurs émotions au lieu de les ressentir. Contrairement aux Quatre, qui se laissent guider par leurs sentiments, et aux Deux, qui vont vers les autres, les Cinq se retranchent derrière la logique et l'anticipation.

Loin d'être irrationnels, les sentiments des Cinq peuvent pourtant être une bonne source d'informations. L'un de mes clients, un agent immobilier extrêmement détaché, avait eu la bonne fortune (du point de vue spirituel) de perdre de l'argent lors d'un effondrement du marché immobilier. Il m'a appelée en état de choc, non pas à cause de ses pertes, qui étaient largement couvertes par son assurance, mais à cause de l'amitié que lui avaient témoignée ses confrères. En bon Cinq, il s'attendait à être tourné en ridicule et considéré comme fini. En fait, bon nombre de confrères lui avaient exprimé leurs regrets et l'un d'entre eux lui avait proposé de le soutenir pour son projet suivant.

Mon client avait découvert la source d'informations qui lui manquait. Ses confrères lui avaient écrit des lettres faisant référence à sa patience, à sa gentillesse et à sa constance, mais ces qualités n'étaient jamais entrées en ligne de compte dans son raisonnement. En bon Cinq, il cherchait simplement à être un bon analyste, mais les autres avaient su voir en lui d'autres qualités essentielles dont il n'avait pas lui-même conscience.

En d'autres termes

Les Cinq expriment peu leurs émotions, ce qui conduit les autres à s'imaginer des choses sur leur compte. Leur comportement indéchiffrable peut facilement être mal interprété. Faute de réactions à ce qu'ils disent, leurs interlocuteurs peuvent penser: « Elle a semblé apprécier ma suggestion, pour autant qu'on puisse dire » ou: « Il n'a pas eu l'air intéressé: on n'a qu'à laisser tomber l'opération ».

Malheureusement, ces interprétations ne font que renforcer le sentiment d'isolement des Cinq: si les autres se trompent sur leurs intentions, pourquoi chercher à leur faire comprendre quoi que ce soit?

Les Cinq peuvent paraître indifférents. Quand ils annoncent une décision avec leur impassibilité habituelle, leurs collaborateurs peuvent avoir l'impression d'avoir affaire à un robot qui décide sans tenir compte de l'avis des autres.

En fait, c'est pour éviter les conflits que les Cinq prennent leurs décisions seuls puis les annoncent sans autre forme de procès et sans explications. Le problème est que cette méthode est très mal perçue par leurs interlocuteurs.

> **Les Cinq doivent s'entraîner à communiquer davantage au lieu de censurer ce qu'ils ont à dire.**

Les Observateurs doivent apprendre à s'exprimer plus spontanément. Ils doivent avoir confiance et comprendre qu'ils n'ont pas besoin de préparer tout ce qu'ils vont dire. N'importe quel effort pour se faire mieux connaître et mieux comprendre est préférable à l'isolement, qui est une erreur fatale.

Reprenons l'exemple de John, le patron du cabinet de recrutement: en se barricadant derrière une horde de secrétaires, il économise son énergie en s'isolant mais plonge ses collaborateurs dans la confusion.

Stress, risque et sécurité

Dynamiques de changement des Cinq

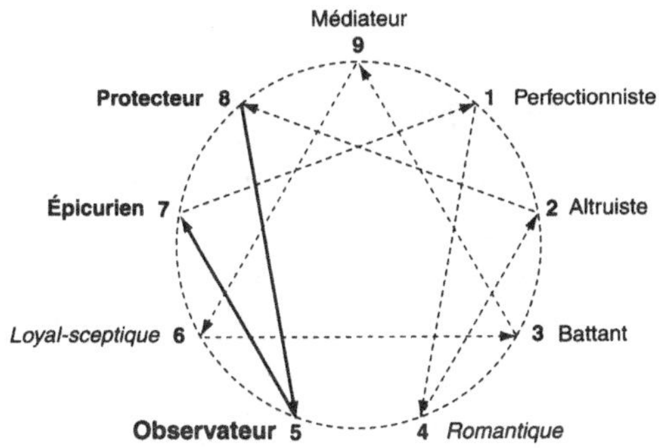

En période de sécurité, le transfert vers la base 8

Quand ils se sentent en sécurité, les Cinq sont très appréciés au travail car ils disent ce qu'ils pensent. En combinant le détachement lucide de l'Observateur au style direct et à la ténacité du Protecteur, ils permettent à de bonnes idées de s'imposer – au grand soulagement de leurs collègues, qui n'ont plus besoin de chercher à deviner ce qu'ils pensent. Les Cinq occupent enfin le centre du terrain, au lieu de se réfugier derrière la ligne de touche.

Quand ils sont sûrs des informations dont ils disposent, les Cinq ont une vision extrêmement claire du travail à accomplir. À condition de s'exprimer clairement, ils peuvent alors indiquer aux autres la marche à suivre. En général, les Cinq se plaignent de manquer d'énergie au moment de finir les choses mais, quand ils sont dans une dynamique de Protecteur, ils ont la force nécessaire pour mener le travail à son terme.

Malheureusement, cette dynamique de Protecteur peut les amener à se conduire en tyrans. Ils donnent leurs instructions puis tournent les talons. Ne considérant pas que la supervision fait partie de leurs tâches, ils répugnent à perdre un temps précieux à encourager ou aider les autres. Ils observent à distance jusqu'à ce qu'une crise éclate. À ce moment-là, ils rentrent en scène pour sauver brillamment la situation avant de repartir en coulisses.

Leurs collaborateurs peuvent se reposer sur les Cinq pour bien analyser la situation et donner des orientations claires, mais doivent se débrouiller seuls pour faire face aux inévitables incidents de parcours.

Réponse au stress et au risque : le transfert vers la base 7

Pour un Cinq, les week-ends de ski organisés par l'entreprise sont un cauchemar. En revanche, l'Observateur gère très bien le stress lié à la prise de décisions et il est apprécié pour son calme et son détachement, très utiles aux collègues plus émotifs.

Aux premiers signes de stress, le Cinq prend du recul et réfléchit. Pour éviter d'être inondé d'informations, il s'empresse de faire filtrer ses appels téléphoniques et de s'isoler. Malheureusement, ces phases de retrait coïncident précisément avec les moments où ses collègues ont le plus besoin de lui. Inconscient de l'effet de ce repli sur le moral des troupes et la dynamique de groupe, le Cinq peut aggraver les problèmes en se repliant sur lui-même.

Comment les Cinq sont perçus

Leur style de communication

Les Cinq communiquent au compte-gouttes. Ils gardent la quasi-totalité de leurs réflexions pour eux. Ils sont cérébraux, objectifs, détachés et excessivement secrets. Souvent, des collaborateurs qui travaillent avec eux depuis des années ignorent s'ils ont des enfants et où ils habitent. De même, leurs voisins ignorent où ils travaillent.

Chaque Cinq souhaite structurer au maximum ses communications. Il veut connaître l'ordre du jour et la durée prévue de toute réunion. Ses collègues ont appris à lui dire: « La réunion consacrée à nos besoins en personnel pour l'année prochaine durera une heure ». Avec un peu de chance, ils ont également appris à prévenir le Cinq longtemps à l'avance. Ils savent que le Cinq participera activement à la réunion à condition qu'il n'y ait ni surprises ni bavardages. Les Cinq trouvent la communication spontanée épuisante et les papotages leur font l'effet d'une véritable torture.

Les Observateurs aiment se concentrer sur une seule chose à la fois et ont tendance à être de véritables experts de domaines très précis. Ils se passionnent pour des sujets obscurs. Ainsi, un analyste boursier pourra tout savoir des bourses du Moyen Âge ou de l'évolution du cours de la livre sterling au fil des ans.

Les Cinq répondent précisément aux questions qui leur sont posées, en évitant les généralités et les à-peu-près. Leurs interlocuteurs s'entendent souvent répondre : « Soyez plus précis » ou : « Je ne comprends pas ce que vous me demandez. Précisez votre question ». Ils communiquent les informations comme ils les intègrent : sous forme d'unités distinctes. Pour eux, prendre du recul consiste justement à trouver les liens secrets qui relient ces unités entre elles.

Ils adorent Internet, où les esprits curieux n'ayant aucun goût pour les face-à-face peuvent échanger silencieusement de l'information pure. Dans la conversation, les Cinq s'en tiennent aux faits, sans faire d'efforts pour persuader. En effet, les faits ne leur font pas peur : ils sont neutres et ne nécessitent aucune implication affective, alors qu'un effort de persuasion représenterait une lourde dépense en temps et en énergie.

Plus on cherche à obtenir d'un Cinq une implication personnelle, plus il a envie de s'échapper.

Soucieux de l'exactitude des faits qu'il énonce, le Cinq peut négliger la façon dont son message est perçu. Il communique des faits sans fioritures, souvent sous forme de mémo ou de petite note manuscrite. Bonnes et mauvaises nouvelles sont annoncées de façon claire et détachée. Leurs mémos sont neutres dans leur ton et dénués de toute implication personnelle en termes d'intention, d'objectif ou de réaction.

Même les décisions telles qu'une embauche ou un licenciement sont communiquées par écrit, ce qui crée une impression de désintérêt et de froideur. Aveugles à l'impact de leur style impersonnel, les Cinq ont intérêt à s'entourer d'ennéatypes plus enclins aux contacts.

Les autres ont tendance à interpréter la retenue des Cinq comme une manifestation d'indifférence. De leur côté, les Observateurs considèrent cette retenue comme une marque de respect du territoire de l'autre et des impératifs de confidentialité.

À force de garder leurs distances, les Cinq ne semblent jamais participer réellement aux conversations. Leur impassibilité donne aux autres l'impression d'être observé à travers un miroir sans tain. Les conversations avec un Cinq sont entrecoupées de longs silences. Certaines personnes trouvent ces silences si pesants qu'elles « meublent » en se lançant dans des monologues.

> Si les Cinq gardent leurs distances, c'est en partie parce qu'ils craignent d'être pris pour cible s'ils deviennent plus visibles. Les Cinq ont beaucoup de mal à s'exprimer sur leur travail. Quand ils s'y résolvent, c'est dans le cadre d'un exposé bien structuré, bien documenté et si longuement répété qu'ils peuvent se détacher mentalement et se « regarder » le faire.

Le détachement consiste à séparer ses pensées des sentiments et des sensations qui les accompagnent habituellement. À condition d'avoir bien répété son rôle, un Cinq peut endosser toutes les personnalités que son exposé exigera. Pourtant, la véritable communication ne s'enclenche que si les Cinq se sentent libres de s'exprimer sur leur processus de réflexion et sur leurs idées, et non pas seulement sur leurs conclusions.

Le non-verbal : leurs attitudes et leurs gestes

Les Cinq peuvent rester assis sans bouger très longtemps. Rien, dans leur gestuelle ou leurs expressions, ne trahit leur état d'esprit. Très absorbés et extrêmement discrets, ils sont difficiles à déchiffrer. C'est à peine s'ils donnent l'impression d'être vraiment là.

Cette impassibilité conduit leurs interlocuteurs à projeter sur eux leurs propres pensées. Quand les Cinq se laissent aller à une communication non verbale, elle est réduite au minimum : un coup d'œil appréciateur ou un petit haussement d'épaules en disent très long.

> **Les Cinq expriment leur appréciation par de petits gestes soigneusement calculés.**

Quand ils souhaitent approcher quelqu'un, les Cinq se contentent de lui tendre une perche non verbale – à lui de la saisir. Quand il s'assied à proximité d'un collègue ou qu'il va le rejoindre devant la machine à café, un Observateur fait un pas immense dans sa direction.

De même, pratiquer une activité en commun représente une demande de contact non formulée. Il est plus facile de communiquer quand un centre d'intérêt commun encadre les rapports personnels, qui sont ce que les Cinq redoutent le plus. Il est ainsi plus facile de discuter d'une opération importante sur un terrain de golf, car l'attention est fixée sur le jeu, et non sur le Cinq lui-même.

Communiquer avec les Cinq

Les Cinq sont très sensibles à la moindre intrusion. Respectez leur territoire. Prévenez-les à l'avance de toute visite au lieu d'arriver à l'improviste. Ne sollicitez pas d'informations d'ordre personnel.

Les Cinq n'aiment pas qu'on leur demande une réponse immédiate. Donnez-leur le temps de réfléchir et de préparer ce qu'ils ont à dire. Évitez les surprises.

Identifiez vos centres d'intérêt communs pour lancer la conversation. Les Cinq préfèrent s'en tenir aux idées. Ne les poussez pas à exprimer des sentiments.

Attendez-vous à ce qu'ils se replient sur eux-mêmes après une phase importante d'interaction. N'y voyez pas un signe d'animosité ou de désintérêt. Organisez régulièrement des réunions pour faire le point.

Déterminez ensemble qui prendra l'initiative des réunions et des appels téléphoniques et fixez un calendrier, faute de quoi ce sera toujours à vous de prendre l'initiative.

Ne préjugez pas des pensées et des sentiments du Cinq. Son impassibilité incite les autres à projeter sur lui leurs propres émotions. Demandez-lui plutôt des informations en lui laissant la possibilité de vous répondre plus tard.

Les Cinq vivent très mal les conflits et les moments riches en émotions. Veillez à écourter les situations de ce type et à créer une structure qui amortisse leur impact.

Ce qui pousse un Cinq à agir

Si les Cinq amassent tant d'informations, c'est parce qu'ils sont persuadés que la réalité peut être connue, structurée et prédite à condition d'avoir l'intelligence nécessaire.

Le savoir étant la vraie richesse, ils protègent leur capital intellectuel. En général, les Cinq ne partagent leurs informations qu'avec un cercle restreint de collaborateurs qui passent eux-mêmes leur temps à contacter les experts de chaque domaine, à dénicher des documents de référence et à peaufiner des concepts.

Persuadés que des prédictions précises constituent une excellente protection, les Cinq aiment voir un problème difficile se dénouer grâce à un travail d'analyse approfondie.

Faisant preuve d'un grand détachement, les Observateurs préfèrent mener une réflexion structurée plutôt que se laisser influencer par leurs sensations ou leurs sentiments.

Quand leur besoin de solitude est mis à mal par de nombreuses interactions, quand ils n'ont pas de temps pour réfléchir et pas d'endroit où se retirer, quand les émotions franchissent les barrières intellectuelles, les Cinq ressentent un besoin impérieux de s'isoler.

Face à des émotions trop présentes, le Cinq devient obsédé par la sauvegarde de son temps et son espace car il ressent une grande fatigue. Il réduit alors les interactions au strict minimum. Les autres ne se rendent compte de rien et le prennent pour un solitaire solide comme un roc.

Pourtant, dans les moments difficiles, les Cinq vont au travail la mort dans l'âme. Ils ne sont plus motivés que par la nécessité de gagner leur vie et par leur sentiment de supériorité par rapport à ceux qui leur paraissent esclaves de leurs émotions.

> **Pour éviter l'usure, les Cinq doivent apprendre à détecter à quel moment leur tendance à s'isoler prend le dessus. Ils doivent alors résister à l'envie de s'isoler en permettant à leurs émotions de remonter à la surface.**

À l'image d'un acteur chevronné, un Observateur peut faire ce qu'on attend de lui et porter un masque en société pour dissimuler son détachement. C'est à ce prix qu'il préserve son jardin secret. Malheureusement, ce jardin secret peut devenir un lieu de solitude et d'appauvrissement intellectuel. Nous avons tous besoin de compagnie pour stimuler notre réflexion et même le plus indépendant des Observateurs finit toujours par ressentir un besoin de contacts.

Heureusement, ce sentiment de solitude peut réveiller les ressorts profonds de la motivation des Cinq : le goût pour le savoir, pour les nouvelles informations et pour la puissance de l'esprit. Ils doivent apprendre à vivre leurs émotions au lieu de s'isoler et comprendre que la véritable intelligence fait appel au cerveau, mais aussi au cœur et au corps.

Motiver les Cinq

Les Cinq veulent être appréciés pour leurs apports intellectuels. Donnez-leur des occasions de présenter leur vision des choses, leurs idées, leurs analyses et leurs systèmes. Ils aiment jouer le rôle de l'expert.

Au début, laissez les Cinq se cantonner à un rôle d'observateur. Ne vous attendez pas à ce qu'ils participent dès le départ.

Donnez aux Cinq la possibilité d'acquérir une expertise dans le domaine de leur choix. Quand un sujet les intéresse, ils sont très motivés pour l'approfondir.

Les Cinq aiment commenter le travail des autres et le système. Sollicitez leur avis. Ils évaluent bien les situations mais ont du mal à prendre la parole en premier ou à mener le débat dans les conférences ou les réunions.

Les Cinq ont besoin d'autonomie dans leur travail. Des horaires souples et un bureau individuel peuvent faire des merveilles.

Aidez-les à mesurer l'impact de leur détachement sur les autres. Associez-les à des collègues ayant des qualités relationnelles pour les inciter à participer davantage.

Les Cinq et la gestion de leur temps

Les Cinq ont besoin de temps à eux pour prendre du recul, réfléchir et rassembler leurs pensées. Le temps qu'ils passent avec les autres les épuise car il les distrait de leur travail de réflexion. En outre, ils détestent être liés par l'emploi du temps d'un autre.

Les Cinq n'aiment pas les mondanités, surtout quand la conversation n'est qu'une perte de temps. Ils ont besoin de maîtriser leur temps pour sentir qu'ils disposent de l'indépendance à laquelle ils aspirent.

Aux yeux d'un Cinq, chaque journée est subdivisée en une série d'activités bien compartimentées. Un Observateur n'entre en contact avec les autres que pendant la durée strictement nécessaire à chaque activité, se retire dès que possible et ne ressort de son isolement que quand l'activité suivante l'exige.

Le temps, c'est de l'argent. On en fait des provisions, puis on le dépense en veillant à ne pas le gaspiller. Quand on lui demande d'aller quelque part, le premier réflexe d'un Cinq est de se dire: « Je n'ai pas le temps. Je ne vais pas pouvoir rattraper le temps que ça va me faire perdre ». L'Observateur se comporte en banquier sourcilleux pour négocier le temps comme s'il négociait une opération financière: «Y aura-t-il un retour sur mon investissement en temps? Si j'accepte, qu'obtiendrai-je en échange du temps que je passerai là-bas? »

Une chercheuse Observatrice considérera qu'elle ne perd pas son temps lorsqu'elle effectue un travail intellectuel. Elle aime fouiner en bibliothèque, étudier des éléments contradictoires et dénicher des informations utiles.

En revanche, au moment de rédiger son rapport, cette même chercheuse aura tendance à traîner. Le savoir étant le pouvoir, elle hésite à le partager. Cela peut poser un problème. Autre source de difficulté: les Cinq ne prévoient pas toujours assez de temps pour la mise en œuvre concrète de leurs idées. Celles-ci leur semblent si abouties qu'ils les jugent, à tort, extrêmement simples à appliquer. En outre, les Cinq s'absorbent dans leur réflexion au point de ne pas voir le temps passer. Par ailleurs, ils sont souvent les derniers à prendre la parole et ont tendance à récapituler ce qui a déjà été dit au lieu de révéler les fruits de leur propre réflexion.

Les Cinq ont beaucoup de mal à décider si le moment est venu de se manifester, de partager leurs informations et de parler. Ce débat intérieur leur donne l'air de cacher quelque chose mais, quand des collègues le leur font remarquer, ils en sont stupéfaits.

Aider les Cinq à gérer leur temps

Souvenez-vous que les Cinq ont autant besoin de temps à eux que d'oxygène. Les longues phases de contacts intensifs (réunions, exposés) peuvent les épuiser. Ménagez-leur du temps pour se remettre entre deux phases de ce type.

Les Cinq ont besoin de se donner le temps de la réflexion. Transmettez-leur tous les faits et chiffres utiles avant les réunions pour accélérer le processus de décision.

Une fois qu'ils ont entamé une réflexion, les Cinq ont tendance à la pousser loin. Ils ont du mal à suivre plusieurs pistes et à jongler avec plusieurs échéances. Il est bon de subdiviser chaque projet en plusieurs étapes distinctes.

Les Cinq ont tellement tendance à réfléchir qu'ils en oublient d'agir. Organisez des rendez-vous réguliers pour discuter de l'état d'avancement des travaux en formulant des suggestions et des arguments contraires aux leurs. Aidez les Cinq à rester concentrés sur le résultat final.

Les Cinq peuvent consacrer beaucoup de temps à la phase initiale d'étude, ce qui peut retarder le travail des autres ou les faire partir dans des directions différentes. Demandez-leur de faire régulièrement le point sur leurs travaux à l'attention de leurs collègues, éventuellement par écrit.

Les Cinq ont tendance à perdre du temps au moment où ils rassemblent les données et recherchent une logique au sein d'un océan d'informations. Fixez des délais clairs pour le travail de recherche et indiquez précisément quels résultats vous attendez.

Les Cinq en négociation

Les Cinq ont tendance à adopter un style de négociation à la japonaise et à se montrer si impassibles et silencieux que leur interlocuteur n'a aucun repère. Ils expriment peu leurs émotions et semblent peu ouverts à la discussion. On pourrait même croire que la négociation en cours ne les intéresse pas.

Si l'interlocuteur ne reçoit pas beaucoup d'informations, c'est parce que la stratégie du Cinq consiste à amasser des informations et à attendre que l'adversaire fasse le premier pas. En manifestant un certain désintérêt pour la discussion, les Cinq espèrent en apprendre plus long sur leur interlocuteur que celui-ci n'en apprendra sur eux. L'interlocuteur a intérêt à jouer le jeu. En effet, s'il se fige dans la même attitude attentiste que le Cinq, la négociation ressemblera à une partie de poker entre joueurs indéchiffrables refusant d'abattre leurs cartes. Quand on cherche à forcer la main à un Cinq, on récolte une liste d'exigences non négociables ou des informations réduites au strict minimum, et l'Observateur semble envoyer le message suivant: « C'est à prendre ou à laisser ».

Le souci des Cinq de maîtriser le rythme des négociations et leur répugnance à dévoiler leur jeu peuvent irriter ceux qui ont l'habitude du partage d'informations et du débat. Les Cinq sont pleinement conscients de l'effet qu'ils produisent et, si leur interlocuteur réagit mal, jugeront qu'ils ont réussi à le déstabiliser.

Un Cinq ne révèle sa position que par petites touches successives, empêchant ainsi son interlocuteur d'avoir une vision globale des choses. L'Observateur se rend maître du jeu en traitant séparément chacun des points à l'ordre du jour et en ralentissant le processus, ce qui empêche toute réelle interaction.

Pour avoir une chance de négocier vraiment avec un Cinq, il faut être bien préparé et savoir maîtriser ses émotions. Un Observateur est imperméable à la coercition et à la menace. En revanche, il sera sensible à un exposé bien structuré énonçant les points de désaccord. Pour accélérer le processus, il faut considérer chacun de ces points comme une question distincte, sans s'en référer au thème global de la négociation. Les Cinq aiment consacrer du temps à de petites questions, non pas parce qu'ils sont incapables de voir la situation dans sa globalité, mais parce qu'ils veulent observer comment vous traitez les petites questions pour pouvoir prédire votre stratégie pour les questions plus importantes.

Les Cinq et la formation et l'apprentissage

Les Cinq accordent plus d'importance au fond qu'à la forme. Ils veulent une succession linéaire d'étapes menant à un objectif final énoncé dès le début de la formation. Enclins à se créer une image mentale des diverses composantes de la formation, ils veulent pouvoir transposer point par point cette image mentale dans le cadre de leur travail. Les Cinq ont besoin de comprendre réellement le contenu du cours avant de participer aux discussions. Ils veulent savoir d'avance ce qu'on attend d'eux et disposer d'un temps suffisant pour se préparer et pour corriger leurs exercices. Ils détestent devoir apprendre vite ou devoir prendre la parole sans préparation, surtout lorsqu'on leur demande de parler de ce qu'ils ressentent. Les Cinq censurent ce qu'ils disent et peuvent être inhibés pendant certains exercices pratiques. Quand on leur demande d'avoir des interactions spontanées, on risque de les bloquer.

Les formateurs ne doivent pas dissimuler certaines informations, y compris celles qui ont trait aux théories divergentes ou aux produits concurrents. Les Cinq veulent connaître le point de vue de tous les analystes et la valeur de tous les produits. Si le formateur reste muet sur ces aspects de la question, les Cinq liront d'autres ouvrages sur le sujet pour se faire leur propre idée. Les Observateurs apprécient donc les formateurs qui évoquent toutes les facettes du sujet traité: cela leur évite de consacrer un temps précieux à effectuer des recherches de leur côté.

Pour s'attirer le respect d'un Cinq, le formateur doit montrer qu'il maîtrise parfaitement son sujet. En revanche, le Cinq accorde bien moins d'importance que les Deux et les Quatre aux contacts personnels avec le formateur. Le formateur doit seulement veiller à ne pas lui faire perdre la face. Le Cinq tient à savoir sur quoi il sera testé, de quelle longueur chaque réponse devra être et quels seront les critères de notation. Et il ne veut pas être testé sur ses aptitudes relationnelles ou sa popularité. En outre, le formateur doit respecter son goût du secret en n'affichant pas les notes et en ne demandant pas aux étudiants de s'évaluer mutuellement.

Le Cinq apprend d'autant mieux que le formateur part d'un sujet étroit et spécifique pour aborder ensuite des généralités. Il se sent piégé quand la formation s'ouvre sur une réflexion globale. Les questions d'ordre général le gênent parce qu'il compartimente l'information et a du mal à la synthétiser. Ainsi, il abordera plus facilement la question « Comment faire pour construire un pont d'un type particulier au-dessus d'un fleuve précis en Chine? » que la question « Que savez-vous de la conception des ponts suspendus? ».

Étude de cas: un stagiaire s'oppose à son mentor

Une société embauche de jeunes diplômés à leur sortie de l'université et leur fait suivre un programme de formation interne de six mois. Dans le cadre de ce programme, chaque jeune diplômé bénéficie des services d'un « tuteur » qui le forme aux produits de la société et aux techniques de vente.

Durant cette période de formation, le jeune diplômé perçoit un salaire relativement bas. De son côté, le tuteur touche une petite commission sur les ventes effectuées par le jeune diplômé. À l'issue des six mois de formation, c'est le tuteur qui décide si l'entreprise garde le jeune diplômé ou non.

L'un de ces tuteurs, un Huit, a des doutes sur son poulain. Celui-ci, un Cinq, connaît bien les produits et en parle bien, mais le tuteur a l'impression de devoir consacrer trop de temps à l'encadrer.

S'il s'écoutait, il ne le garderait pas. Il a fait de son mieux: fort de son autorité et de sa confiance en lui, il a essayé de faire sortir le Cinq de sa coquille. En vain. Ce grand jeune homme dégingandé est intelligent, il n'y a aucun doute là-dessus, mais a-t-il l'étoffe d'un commercial?

D'ailleurs, le Huit est toujours surpris quand son poulain se lève: il est beaucoup plus grand qu'on pourrait le croire en le voyant recroquevillé derrière son bureau.

Au téléphone, le jeune diplômé laisse s'installer de longs silences et ne part pas réellement à la conquête du client. Cette mollesse irrite le tuteur: pourquoi le jeune homme refuse-t-il de suivre son exemple? Le démarchage téléphonique requiert un certain savoir-faire. Il est tout à fait disposé à transmettre ce savoir-faire à son élève, mais celui-ci ne pose pas de questions, ne participe à aucune interaction et ne paraît pas enthousiaste.

Le tuteur conseille à son poulain de discuter avec ses clients de leurs centres d'intérêt : « Les gens aiment parler de ce qui les intéresse – que ce soit la politique, le sport ou eux-mêmes. » Par ailleurs, les clients réagissent bien quand un commercial manifeste de l'enthousiasme pour le produit qu'il vend. Or, son élève ne bavarde pas et ne s'implique pas.

Le tuteur se dit que c'est peut-être une forme de rébellion. Au fil des ans, il a toujours manifesté de l'indulgence envers ses poulains, malgré leurs points faibles. Mais, à ses yeux, la détermination est un facteur crucial. Il faut en vouloir pour y arriver, et son élève ne semble pas avoir envie de faire d'efforts.

« Il ne veut pas prendre les choses en main », se dit le tuteur. « Soit c'est une chiffe molle, soit il n'est pas fait pour ce métier. »

Plein de bonnes intentions, le Huit a envoyé à son poulain le message suivant : « Faites comme je dis, et vous n'aurez pas de problème ». Or, ce n'est pas la bonne façon de procéder avec un Cinq.

Interactions typiques

Le jeune diplômé perçoit très bien le message implicite du Huit (« Faites comme je dis et vous serez embauché »), mais cette demande d'obéissance inconditionnelle nuit à ses rapports avec son tuteur et le conduit à se replier sur lui-même.

Il ne veut pas appliquer la même méthode de vente que son tuteur : ça le met au supplice de faire semblant d'être ce qu'il n'est pas. C'est pourquoi il joue la montre en essayant d'épuiser l'énergie du Huit par son absence de réaction. Très sensible à l'implication qu'on attend de lui, il se mure en lui-même en se convainquant que son tuteur n'a pas grand-chose à lui apprendre. « Je perfectionnerai ma technique plus tard, quand je travaillerai seul. » Il refuse catégoriquement d'adhérer aux méthodes de vente de son tuteur et il se sent usé par les interactions auxquelles on le contraint. Par conséquent, il se renferme de plus en plus.

Muré dans le silence, le jeune diplômé se dit : « Je parle aux clients de tous les avantages du produit. J'ai mémorisé tout l'argumentaire de vente. Pourquoi cela ne leur suffit-il pas ? Qu'attendent-ils de moi ? »

Sous-estimant l'impact de son effacement, le Cinq se dit : « Je suis content de ne pas faire pression sur les clients. Je ne supporte pas l'insistance des vendeurs comme mon chef. » Cette aversion pour les caractéristiques de son tuteur provient en réalité d'un refus de voir qu'il lui ressemble.

Au lieu d'en vouloir à son tuteur, le jeune diplômé ferait mieux de lutter contre sa tendance au repli sur soi. Seulement, toute attente exprimée par un symbole d'autorité déclenche sa colère et, en bon Cinq, il préfère se murer dans le silence plutôt que de faire face à ses émotions.

Sans que les deux hommes en soient conscients, une étrange dynamique se met en place : plus le Huit pousse le Cinq à se lancer, plus celui-ci freine des quatre fers. Mais quand le Huit le laisse tomber, le Cinq recommence à s'impliquer. Chacun d'entre eux est victime de ses habitudes et la situation ne profite à personne.

Le Cinq répugne à établir un contact personnel avec ses clients. Le Huit y voit de la paresse ou de la lâcheté. Il s'efforce de lui insuffler l'esprit de compétition. Pour la énième fois, il se demande : « Comment m'en sortir avec ce gamin ? Comment le faire bouger ? »

À l'heure où la décision de garder le jeune diplômé ou de le licencier doit être prise, chacun des deux hommes croit fermement à sa version des choses. Le tuteur croit avoir affaire à un vendeur qui aura constamment besoin d'être aiguillonné pour atteindre ses quotas de vente et le Cinq se dit : « Les clients n'ont pas envie d'être traités comme il les traite. »

Le vent tourne

En apprenant que l'entreprise a décidé de ne pas le garder, le jeune diplômé ressent un mélange de déception et de soulagement : déçu de voir que sa tendance habituelle au repli a pesé sur la décision, il est soulagé d'échapper à un travail qui allait à l'encontre de sa nature. Comprendre que sa propre attitude a joué dans la décision de l'entreprise est une prise de conscience importante, car il est bon que le jeune diplômé sache que son tuteur n'est pas seul en cause. Même si, sur le coup, il a cru bien faire en se murant dans le silence face aux intrusions de son tuteur, le jeune homme se rend compte qu'il a saboté ses chances.

Les Cinq prennent de la distance pour lutter contre les tentatives de coercition. Malheureusement, cette stratégie les conduit souvent à l'isolement.

Le mentor s'est mépris sur le détachement de son poulain en y voyant une rébellion contre ses propres méthodes de vente. Persuadé que son autorité est menacée et que la situation lui échappe, il préfère incriminer le jeune diplômé et le licencier plutôt que de se demander pourquoi il se sent si déstabilisé face à quelqu'un qui refuse de se battre. Les Huit sont persuadés que le pouvoir vient de la confrontation. Ils ignorent que d'autres formes de persuasion existent.

Si le Huit avait incité le Cinq à remettre librement en cause son enseignement, à se forger son propre style de vente et à faire des erreurs sans conséquences graves, l'Observateur aurait été moins économe de son temps, de son énergie et de sa bonne volonté.

Dénouement

L'Observateur se ferme comme une huître face à une quelconque pression, mais il est convaincu de pouvoir être un vendeur efficace si on le laisse faire à sa façon et maîtriser son emploi du temps. Pour l'instant, il vient travailler tous les jours, mais il est si détaché que son tuteur se demande s'il est vraiment là.

Bien décidé à se protéger des intrusions, le jeune diplômé ne voit pas l'intérêt de se couler dans un autre rythme de travail que le sien. Il refuse de renoncer à ses habitudes pour faire plaisir aux autres, ce qui le rend imperméable aux bonnes intentions de son tuteur.

Les choses auraient pu tourner autrement. En voyant qu'il avait un mouvement de recul face aux initiatives de son tuteur, le Cinq aurait dû user de son intelligence pour proposer un compromis : « Je vois comment vous procédez, mais je crois que je serais personnellement plus efficace si j'employais une méthode différente. Pouvez-vous m'expliquer pourquoi cette méthode vous convient bien ? Peut-être que je pourrais l'adapter à mon style. Est-ce que je peux tester ma propre méthode une fois ou deux, pour voir ce que ça donne ? »

Comme notre stagiaire, rappelez-vous que :

Les Cinq doivent détecter les moments où leur besoin de prendre de la distance devient pressant. Ils doivent alors résister à l'envie de s'exclure du jeu et faire un geste concret pour se forcer à rester avec les autres, qu'il s'agisse de s'attarder pour vérifier le planning ou de prendre un siège au lieu de quitter la pièce.

Une fois qu'il aura ainsi maîtrisé son désir de fuite, le jeune diplômé devra se poser la question suivante : « Où en suis-je ? » En sondant ainsi ses sentiments, il évitera de les perdre de vue à force de trop les intellectualiser.

Credo	Remettre en cause l'autorité
Modèle mental	Le monde est dangereux. Imaginez ce qui pourrait arriver!
Filtre de perception	Les arguments contraires
Méthode de tri des informations	Questionnement intérieur: « Et si...? », « Est-ce la vérité? », « Y a-t-il une autre version des faits? ».
Ce qu'il évite à tout prix	Surestime le pouvoir des autorités
Progrès à accomplir	Apprendre à se faire confiance et à faire confiance aux autres
Cheminement spirituel	Avoir plus de certitudes
Passion	La peur
Vertu	Le courage
Moteur	La foi
Style de management	Règle les problèmes et surmonte les obstacles. Soucieux d'arriver à des certitudes et d'éliminer les doutes. Modèle de courage face à l'adversité. Formidable pour retourner une situation difficile, mais parfois trop timoré quand les choses sont faciles.
Perception par les autres	Responsable, impliqué, focalisé sur les risques. Exprime sa peur ou roule des mécaniques: « Je suis fort, je n'ai pas peur ».
Conflits typiques	Avec ses doutes permanents, le Six peut être un véritable rabat-joie dans les phases d'expansion, ce qui insupporte les ennéatypes optimistes tels que les Sept, qui sont toujours positifs, et les Trois, qui veulent projeter une image de réussite.
Bonne résolution	Si vous êtes un Six, demandez qu'on vous explique les règles du jeu. Ne formulez pas trop directement les questions qui fâchent et formulez également des options positives.
Positifs	Loyaux envers ceux à qui ils peuvent se fier, confiants envers ceux qui les soutiennent, reconnaissants envers leurs alliés, protecteurs envers l'équipe.
Négatifs	L'interlocuteur a l'impression de subir un contre-interrogatoire où ses motivations et ses intentions sont présentées comme douteuses.
Mixtes	Les doutes non exprimés envoient des signaux ambivalents. Quand un Six se met à douter, tout change brusquement.
Sentiment de sécurité: passage au point 9	Les Six deviennent capables d'accepter les compliments, peuvent envisager que tout va bien se passer et changent de priorités sans broncher.
Stress/Risque: passage au point 3	Les Six se focalisent sur le travail à accomplir mais, intérieurement, sont glacés et apeurés.
Secteurs d'activité à conseiller	Les environnements où la hiérarchie et les problèmes sont clairement définis. Les postes où l'honnêteté et le courage de poser les questions qui fâchent sont récompensés: travail universitaire, audit, travail d'investigation
Secteurs d'activité à éviter	Les environnements où les directives sont ambiguës, où les passe-droits existent et où les manœuvres en coulisses sont nombreuses.
Activités idéales	Procureur, directeur financier, responsable de la planification ou de la mise aux normes

9

BASE 6 : LE LOYAL-SCEPTIQUE

L'avocat du diable,
la vigie, le bon petit soldat…

ÊTES-VOUS UN SIX ?

En bon Loyal-sceptique, vous posez beaucoup de questions. Ces questions vous permettent d'évaluer en permanence ce qu'on vous raconte, sans rien prendre pour argent comptant.

Vous trouvez que les autres n'ont pas suffisamment l'esprit critique. Comment peuvent-ils gober aussi facilement la propagande, les publicités trompeuses, le battage médiatique ? Vous-même n'êtes pas facile à manipuler, car vous êtes prêt à poser les questions qui fâchent et à aller au-delà des apparences.

Vos collègues vous contredisent rarement. Pourtant, vous anticipez systématiquement toutes les questions qu'ils pourraient vous poser et vous vous préparez minutieusement de manière à pouvoir répondre à toute critique.

Édith, commerciale dans le domaine des logiciels, est le prototype de la Loyale-sceptique. Elle est dans son bureau, à la veille du plus important rendez-vous commercial de sa carrière. Si le client se laisse convaincre, Édith gagnera deux fois plus d'argent que l'année précédente.

Bien qu'ayant déjà eu de nombreux rendez-vous de ce type, elle est très angoissée. Pour se préparer, elle ne répète pas mentalement son intervention, elle ne se remémore pas non plus ses succès passés : elle fait les cent pas en imaginant les objections que le client pourrait formuler.

> **Édith n'est pas consciente de l'impression positive qu'elle produit. Bien qu'elle sache qu'elle a de bonnes chances de réussir à vendre son produit, elle est aveugle à la plupart des signes encourageants.**

Elle est vaguement consciente que ses collègues profiteraient de cet intervalle de préparation pour s'acheter un nouveau tailleur ou cirer leurs chaussures. Mais Édith ne compte pas sur ce genre de détails. N'étant pas une Trois, elle ne compte pas sur ses facultés de persuasion pour vendre. N'étant pas une Deux, elle ne cherche pas non plus à se faire des amis. Ce n'est pas son style.

Édith axera son exposé sur les points qui peuvent inquiéter son client : est-ce le meilleur produit du marché ? Est-il au meilleur prix ? Que se passera-t-il en cas de problème ? Édith veille à anticiper toutes les questions possibles.

Au fur et à mesure du contre-interrogatoire qu'elle s'inflige, Édith gagne en confiance. Quand elle découvre une faille dans son discours, elle ne se laisse pas décourager et trouve les arguments pour répondre aux objections que cette faille soulève.

Convaincue que son produit est le meilleur, elle entrera dans le vif du sujet aussitôt que possible lors de son rendez-vous. En se montrant aussi directe, elle se privera peut-être des effets positifs qu'une persuasion adroite ou une façade avenante produiraient mais, à la fin du rendez-vous, son client saura tout des performances du logiciel. Aucun lien d'ordre affectif avec le produit n'aura été noué, mais le client aura, elle l'espère, le sentiment de faire le bon choix en suivant ses conseils.

Comment les Six trient les informations

Dans les traditions spirituelles qui utilisent les ennéatypes comme moteurs du développement personnel, les Six sont appelés les « moines à l'esprit qui doute », parce qu'ils remettent constamment en cause leurs croyances. Aux yeux d'un Six, la sécurité s'acquiert en n'étant pas dupe des apparences, en creusant derrière les arguments de façade et en devinant les arrière-pensées qui se cachent derrière les questions les plus superficielles. Méfiants vis-à-vis des intentions des autres, les Six ont besoin de réfléchir par eux-mêmes.

Pourtant, Édith ne se trouve pas dubitative ni méfiante. Elle considère simplement qu'elle fait preuve de bon sens en perfectionnant son discours commercial et en se préparant aux questions éventuelles de son client. Elle passe tout en revue – y compris les affirmations des fabricants de produits concurrents – pour s'assurer d'être bien préparée.

Mue par sa soif de certitudes, Édith se demande: « Est-ce que ma société est vraiment la meilleure? ». C'est une bonne question, mais Édith doit éviter de mettre l'hypothétique supériorité des concurrents au cœur de sa réflexion.

Les arguments formulés par les concurrents sont omniprésents dans la réflexion d'Édith. Elle doit défendre son produit contre ces arguments, parce qu'elle est persuadée que son client en tient compte. Du coup, elle ne pense plus à promouvoir avec enthousiasme les mérites de son produit – elle ne pense qu'à se demander comment les concurrents le descendraient en flammes.

Si Édith attaque systématiquement ses propres arguments, c'est pour avoir davantage confiance en sa position. Une fois qu'elle sera totalement convaincue, elle mettra le turbo et réussira parfaitement son rendez-vous commercial, mais il lui faut du temps. De tous les ennéatypes, les Six sont les plus difficiles à convaincre.

Les Six au travail et dans l'action

Édith sait anticiper les problèmes; cette faculté a toujours été son point fort. Enfant, elle essayait toujours de deviner ce que ses parents et ses professeurs pensaient et adaptait son comportement en conséquence. Elle devait être prudente, car les adultes n'étaient pas toujours cohérents dans l'exercice de leur pouvoir. Elle a donc appris à détecter les manifestations d'illogisme et, depuis, a conservé cette aptitude.

Même si les autres se montrent agréables et chaleureux, les Six jugent plus prudent de douter de leurs intentions.

Si vous êtes aussi un Six, vous comprendrez aisément qu'Édith cherche à imaginer le pire avant de s'engager. Pourquoi prendre les compliments au premier degré? Et si les autres cherchaient simplement à servir leurs intérêts personnels? N'est-il pas raisonnable de chercher à en savoir plus?

Du fait de leur scepticisme vis-à-vis des apparences, les Six ont du mal à adhérer à une culture d'entreprise fondée sur la persuasion, à l'image de cet étudiant embauché à temps partiel par une société de télémarketing et qui supporte mal les méthodes de vente typiques des Trois:

> Je n'arrive pas à croire que mon supérieur puisse sérieusement penser que nous offrons un vrai service, alors que c'est une gigantesque arnaque. Mes collègues évitent les questions embarrassantes des clients et leur racontent des histoires de clients comblés probablement imaginaires. Et mon supérieur s'entête à croire qu'on fait un travail socialement utile. Il convainc les gens de s'inscrire à des cursus de formation en leur racontant qu'ils pourront ensuite faire le métier dont ils ont toujours rêvé. À mes yeux, il abuse de la crédulité des clients et il attend de nous qu'on fasse la même chose.

En bon Six, le jeune employé doute des intentions de son supérieur. Il cherche automatiquement des moyens de conforter sa conviction profonde, qui est que certaines personnes sont sans scrupules. Il pense que la société abuse les gens qu'elle démarche en leur vendant de l'espoir et du rêve. Son supérieur ne voit pas les choses du même œil: il incite simplement ses subordonnés à être aimables, à écouter leurs interlocuteurs et à leur proposer une solution intéressante et satisfaisante.

Le jeune employé et son supérieur ont des conceptions radicalement opposées de leur travail: là où le supérieur voit un art de la vente, l'employé voit un art du mensonge. Cette divergence met l'employé au supplice pendant son démarchage téléphonique.

Gardez bien ceci à l'esprit à propos des Six

Les Six travaillant en équipe peuvent être trop préoccupés par les rapports personnels. Ils doivent se concentrer sur la tâche à accomplir, au lieu de passer leur temps à se demander ce que pensent les uns et les autres. Il est bon qu'ils fassent régulièrement le point avec un collègue qu'ils respectent pour lui exprimer leurs inquiétudes. En effet, une fois qu'ils sont rassurés, la plupart de leurs doutes s'évanouissent. D'ailleurs, le simple fait de se confier les soulage.

Les Six ont tendance à réagir de manière très tranchée: soit ils formulent des critiques pour provoquer un débat et connaître la position de leurs divers collègues, soit ils évitent la confrontation en se montrant chaleureux et consciencieux.

Le temps et l'attention que les Six consacrent aux rapports personnels leur sont très utiles pour savoir comment leurs collègues raisonnent, agissent et prennent leurs décisions, mais les autres se dévoileront plus facilement s'ils peuvent s'exprimer dans un cadre chaleureux. Les Six ont tout intérêt à organiser des tables rondes où chaque membre de l'équipe pourra exprimer ses préoccupations ou ses doutes. Ces tables rondes leur permettront de connaître véritablement les intentions de leurs collègues, au lieu d'imaginer le pire.

Les Loyaux-sceptiques doivent se souvenir que la foi est le meilleur remède au doute. Ils doivent apprendre à se faire confiance et à faire confiance aux autres, sans pour autant abandonner leur esprit critique au profit d'une foi aveugle.

Toutes les activités recèlent une part de risque, mais les Six ne doivent pas se laisser obnubiler par ce risque. En l'occurrence, avoir la foi consiste à rester concentré sur sa tâche sans sombrer dans le doute.

En d'autres termes

L'esprit critique des Six peut aussi bien aboutir à des solutions constructives que créer une atmosphère de méfiance. Certes, il est important de réexaminer ses certitudes à la lumière d'informations nouvelles, mais il faut apprendre à faire preuve d'un minimum de foi. Les Six doivent se forcer à tenir compte des éléments encourageants, du bon côté des choses et du scénario le plus optimiste.

Par-dessus tout, les Six doivent apprendre à poursuivre sur leur lancée. En effet, dès qu'un doute leur semble sérieux (alors même qu'il peut être excessif), ils sont paralysés.

Les Loyaux-sceptiques doivent apprendre à faire « comme si » : comme si les choses allaient bien finir, comme s'ils étaient totalement convaincus. Une fois qu'une décision est prise, ils doivent se persuader que tout se passera bien.

Revenons à Édith, notre représentante en logiciels. Édith a de fortes chances de sous-estimer l'intérêt que le client porte à son produit. Elle maîtrise à la perfection l'art d'anticiper les questions difficiles, mais elle en oublie de vanter les mérites de ce qu'elle vend.

Stress, risque et sécurité

Dynamiques de changement des Six

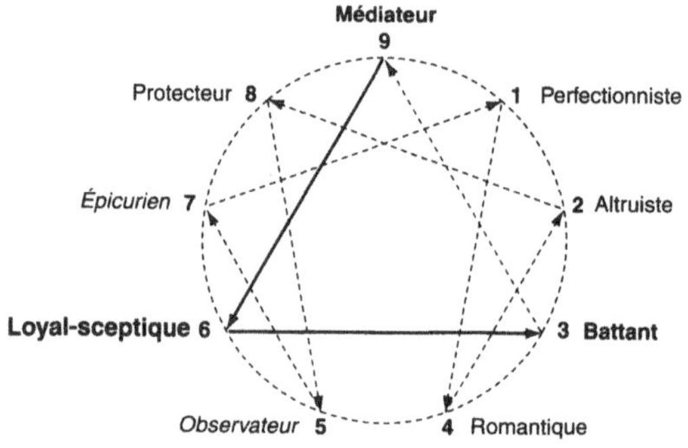

En période de sécurité, le transfert vers la base 9

Étant habituellement très vigilants, les Six ont l'impression de s'amollir lorsqu'ils se détendent. Ils se demandent d'ailleurs si leur capacité de réflexion n'est pas en train de s'émousser. Ils se disent qu'à force de se laisser porter par le courant, ils risquent d'oublier une chose importante ou de ne pas assez se méfier. Pendant ces phases de sécurité affective, ils ont moins de poussées d'adrénaline et moins de dynamisme et, quelquefois, prennent moins d'initiatives. Ils semblent paisibles et moins prêts à passer à l'action.

Ceux qui les entourent réagissent très positivement à ces phases d'apaisement. Leurs collègues apprécient que les Six lèvent le pied et se montrent plus sociables. Les Loyaux-sceptiques se rendent compte que les autres les trouvent plus agréables et plus chaleureux et ils en sont ravis.

Dans ces phases de sécurité affective, les Six s'adaptent sans problèmes au rythme des autres en étant miraculeusement persuadés que le travail sera fait en temps et en heure. Même s'ils ont toujours su que leurs collègues étaient compétents, ils découvrent enfin réellement leurs diverses façons de travailler.

Dans ces moments bénis, les Six font preuve d'optimisme et n'ont pas peur d'aller de l'avant.

Réponse au stress et au risque : le transfert vers la base 3

Aux premiers signes de stress, les Six sont inquiets et dubitatifs. Ils se sentent incapables d'aller de l'avant. Tout leur semble difficile et les termes « je ne peux pas » deviennent un leitmotiv: « Je ne peux pas faire ce qu'on me demande. Et même si je le pouvais, je ne peux pas affirmer que ce serait le bon choix ».

Les Six parviennent généralement à surmonter cette paralysie intellectuelle quand on leur fixe une échéance ou quand un collègue a l'intelligence de les guider dans les premières étapes du travail. Une fois que leurs doutes s'apaisent, les Six rentrent dans le rythme et sont immensément soulagés de constater qu'ils poursuivent un objectif raisonnable.

Ce transfert vers la base 3 peut être soit dynamisant, soit terrifiant, parce que les mêmes mécanismes neurologiques commandent la peur et l'excitation. Tout dépend de l'orientation que prennent les pensées du Six: soit il se sent dopé par le défi à relever, soit il s'empresse de fuir.

Quand les Six ressentent une poussée d'adrénaline, ils doivent se concentrer sur la tâche à accomplir pour transformer leur stress en énergie positive. S'ils y parviennent, ils en retirent l'impression de pouvoir conquérir le monde. En revanche, si cette poussée d'adrénaline ne sert qu'à nourrir leur tendance à imaginer le pire, ils seront frappés de plein fouet par le stress. Leur tension nerveuse sapera leur énergie et leur concentration.

La solution consiste à apprendre à se détendre tout en agissant vite, à transformer cette énergie négative en énergie positive en restant concentré sur la tâche à accomplir. Il faut apprendre à se détendre, à rassembler ses esprits et à employer son énergie à bon escient.

Comment les Six sont perçus

Leur style de communication

Les Six multiplient les précautions. Leurs interlocuteurs ont l'habitude des « oui, mais »: « Oui, mais cela soulève une autre question », « Oui, mais on peut voir les choses sous un autre angle ».

Au départ, les Six manifestent beaucoup d'intérêt pour les nouveaux projets, mais cet enthousiasme est généralement suivi d'une phase de doute qui les rend hésitants. Leur adhésion initiale se mue en accord conditionnel.

Toutefois, leurs collègues sont conscients que cet esprit critique fait des Six de bons analystes. Les Loyaux-sceptiques sont donc très appréciés pour leur capacité à résoudre les problèmes, précisément parce qu'ils ont le courage de poser les questions qui fâchent, dans le cadre de leur quête permanente de certitudes.

Tout le monde est conscient que les Six sont difficiles à convaincre. Ils sont dubitatifs et voient toutes les failles d'une argumentation. Cette attitude, très précieuse lorsque leur travail consiste précisément à vérifier que tout est en ordre, peut conduire à l'inaction quand elle est poussée trop loin.

Paradoxalement, quand ils perdent leur temps, les Six ont souvent l'impression de s'activer: « Je réfléchis. Je n'ai pas encore trouvé la solution, mais j'y travaille ».

C'est d'autant plus problématique que si les Six expliquent à leurs collègues toutes les difficultés potentielles, leur inquiétude et leur tension font tache d'huile.

Les Loyaux-sceptiques ont tendance à se laisser obséder par les failles d'une argumentation sans tenir compte des arguments valables. Ils sont équipés d'un véritable radar qui leur permet de détecter les solutions bancales, les incohérences et les arrière-pensées.

Pour se convaincre eux-mêmes et pour prévenir leurs collègues, les Six expriment leurs doutes. Ils cherchent ainsi à réduire les risques, mais leurs mises en garde éclairées peuvent être interprétées comme un pessimisme excessif, s'ils ne semblent pas tenir compte des signes encourageants.

Les Six se montrent tout aussi sourcilleux avec leurs propres propositions. Quand ils parlent de leur travail, c'est avec une objectivité presque impitoyable et une très grande honnêteté. Par ailleurs, quand ils ont des doutes, les Six peuvent envoyer des signaux contradictoires en donnant l'impression de chercher à faire passer leur message tout en revenant sur ce qu'ils disent, ce qui déstabilise leur auditoire. Ils diront par exemple : « Je suis très fier de notre nouveau produit, mais je n'arrive pas très bien à décrire ses qualités » ou : « Je pense que vous serez content d'avoir acheté notre produit, malgré mon esprit critique surdéveloppé ».

Les analyses faites par les Six sont souvent pertinentes, mais leur tendance à formuler des mises en garde permanentes peut les transformer en véritables rabat-joie, surtout dans les phases d'expansion et d'optimisme.

Quand ils ne se sentent pas en sécurité, les Six adoptent un ton résigné qui fait passer le message suivant : « Je vais dire ce que j'en pense, même si je doute que vous me croyiez ».

En revanche, quand ils se sentent en sécurité, leur ton devient chaleureux et amical. Les Six deviennent un point de ralliement quand les nuages s'amoncellent à l'horizon. Leur talent pour résoudre les problèmes fait merveille et leur permet de retourner la situation, et ils font preuve d'une assurance étonnante dans les combats apparemment perdus d'avance, sous réserve qu'ils sachent précisément à quoi s'en tenir.

Prendre la parole en public représente une difficulté pour les Six. En effet, de leur point de vue, la réussite et la visibilité suscitent l'animosité. Ils doivent faire beaucoup d'efforts pour se concentrer sur leur discours sans penser aux réactions qu'ils s'attendent à susciter : la critique et le désintérêt.

Les Loyaux-sceptiques ont une prédisposition marquée au trac. Ils apprennent donc à chercher des visages familiers dans l'assistance et à demander à plusieurs reprises: « Est-ce que vous comprenez? » Ils peuvent toutefois être de très bons orateurs pour les causes auxquelles ils croient.

Les Six veulent faire passer des idées – ils ne cherchent pas à flatter leur ego en communiant avec l'auditoire. D'ailleurs, l'auditoire ne les intéresse pas nécessairement. À leurs yeux, l'important est d'avoir des convictions solides sur le produit, l'idée ou le service dont ils parlent avant de monter au créneau pour les défendre.

Quand on assiste à une intervention orale d'un Six, on voit ses doutes de dissiper au fur et à mesure qu'il se convainc de la solidité de ses arguments. Le démarrage est lent et, au départ, le Six peut sembler hésitant. En fait, il cherche à apaiser ses propres doutes en évoquant toutes les possibilités théoriques et tous les détails techniques. L'auditoire perçoit cette angoisse quand l'orateur cherche des yeux un visage familier sur lequel fixer son attention.

En revanche, à la fin de l'exposé, le Six est si concentré sur la valeur de ses idées et sur la logique de son argumentation qu'il est entièrement absorbé par son exposé. Celui-ci prend alors un relief saisissant aux yeux de l'auditoire. Le tonnerre d'applaudissements qui s'ensuit permet au Six de revenir à la réalité et de se souvenir de la présence du public.

Les Six trouvent toujours difficile de s'exprimer en public, même s'ils ont une longue habitude de la chose et même s'ils ont été très applaudis la fois précédente. En effet, quand on leur demande de s'adresser à un auditoire, ils ont l'impression d'être envoyés en première ligne face à l'ennemi.

Le non-verbal : leurs attitudes et leurs gestes

Quand ils sont au centre de l'attention, les Six ressemblent généralement à des lapins pris dans les phares d'une voiture. À la perspective de prendre la parole en public, même les orateurs les plus aguerris sont en proie au doute : « Si quelqu'un me contredit, est-ce que je saurai quoi répondre? ».

Le Six balaie son auditoire du regard à la recherche de contradicteurs potentiels. Cette vigilance peut lui donner l'air emprunté ou distant, ou tout simplement apeuré.

Aussi bien corporellement que verbalement, les Six envoient des messages ambivalents: leur questionnement permanent les fait osciller entre des paroles et des postures d'ouverture et de fermeture. Par conséquent, leurs interlocuteurs ne savent jamais si les Six les apprécient.

En fait, les Six se sentiront plus à l'aise et enverront moins de signaux ambivalents si la conversation porte sur des données objectives que si elle prend une tournure plus personnelle.

Communiquer avec les Six

Les Six ont besoin d'être rassurés pour passer à l'action. Réaffirmez votre optimisme tout en admettant la réalité des problèmes ou des dangers. Soyez sincère: « Cette phase-ci va être facile, le vrai danger interviendra à la phase suivante ».

Aidez les Six à procéder étape par étape. Ils ont tendance à s'inquiéter des conséquences hypothétiques de leurs actes. Aidez-les à maîtriser leurs inquiétudes en leur disant: « On traitera ce problème lorsqu'il se posera – s'il se pose ».

Ne modifiez pas arbitrairement les règles ou le programme. Prévenez les Six longtemps à l'avance en précisant les motifs de votre décision. Donnez-leur le temps de s'adapter à la nouvelle donne et attendez-vous à des protestations et à une résistance dans les premiers temps.

Les Six peuvent se mettre à craindre ou à soupçonner les autres quand ils ne comprennent pas ce qui se passe. Incitez-les à demander des compléments d'information et à discuter avec les autres.

Sans leur imposer trop d'obligations mondaines, faites comprendre aux Six l'importance des rapports personnels. Une attitude chaleureuse et amicale favorise un bon travail d'équipe.

Les Six surestiment le pouvoir de leur supérieur et des autres figures d'autorité, ce qui les pousse à se rebeller ou, au contraire, à être trop soumis. Aidez-les à rester dans un juste milieu et à prendre conscience de leur propre autorité.

Ce qui pousse un Six à agir

Il existe deux grandes catégories de Six: ceux qui reculent devant le danger et ceux qui prennent leurs peurs à bras-le-corps. Quand ils appartiennent à la deuxième catégorie, les Six se rebellent contre l'autorité comme des Huit ou des Un. En revanche, quand ils appartiennent à la première catégorie, ils se replient sur eux-mêmes pour échafauder des stratégies, ce qui les rapproche des Cinq. En tout état de cause, qu'ils soient intimidés ou agressifs, tous les Six sont mus par la même question: « À qui peut-on se fier? ».

À la recherche d'un socle de certitudes inébranlable, les Loyaux-sceptiques gravitent vers les figures d'autorité protectrices. Cette démarche est à double tranchant: s'abriter derrière une figure d'autorité procure une sécurité temporaire, mais la perte de pouvoir personnel qui en résulte aggrave le doute.

Sous l'effet de l'appréhension, le Six oscille entre la soumission à l'autorité et la rébellion, envoyant du même coup des messages brouillés à ses collègues. En réalité, sa recherche de certitudes et son questionnement permanent visent uniquement à vérifier qu'il peut se fier aux apparences, que la hiérarchie agit avec cohérence et qu'il n'y a pas d'arrière-pensées.

Le Six est très sensible aux questions de pouvoir. Ainsi, dans un restaurant, un chef de rang aura tendance à surestimer la puissance du gérant de l'établissement, parce qu'il sous-estimera sa propre importance au sein du système. Sans raison particulière, il craindra de perdre son travail à la moindre rumeur de réorganisation.

Les Six sont loyaux envers ceux qui leur offrent la sécurité. Ils pourront tout aussi bien s'investir pleinement dans un syndicat que soutenir avec vigueur la direction, selon la solution qui leur garantira le maximum de sécurité.

Très attirés par le rôle d'avocat de la veuve et de l'orphelin, les Six aiment les postes où ils peuvent manifester de la loyauté envers les plus démunis. Dans les écoles, ils plaideront pour l'accès à l'éducation des élèves handicapés et se rangeront du côté du personnel d'entretien quand celui-ci demandera de meilleures conditions de travail. Cette loyauté inébranlable peut les conduire à l'usure quand « l'autorité » se montre intraitable envers ceux que les Six défendent.

Quand ils sont usés, les Six sont rongés par le doute. Ils ne pensent qu'à une chose : pourquoi les gens agissent-ils de cette façon ? N'ont-ils pas été suffisamment sensibilisés aux questions sociales ou sont-ils tout bêtement égoïstes ? Les Loyaux-sceptiques souffrent de se sentir incapables de lutter contre les injustices ; ils sont partagés entre l'envie de baisser les bras et le besoin de se battre.

Même quand leur stress est à son comble, les Six continuent à s'interroger sur les intentions des détenteurs du pouvoir : ils ont besoin de savoir à qui ils ont affaire, même s'ils ne peuvent rien faire de cette information.

Heureusement, cette usure peut également permettre aux Six de renouer avec leurs motivations profondes et de retrouver la foi.

Les Six doivent trouver le courage d'affirmer leurs convictions sans douter de leur force. Pour cela, ils doivent apprendre à s'exprimer sans crainte des conséquences.

Ils doivent commencer par prendre du recul par rapport à leur questionnement constant. Ils doivent se dire : « Ce doute est devenu une manie. Mon analyse de la situation n'est pas forcément la bonne ».

Les Six doivent apprendre à douter de leur doute lui-même : « Est-ce que j'ai vraiment de bonnes raisons de m'inquiéter ? ». La meilleure solution consiste à solliciter l'avis objectif d'une personne de confiance.

Motiver les Six

Montrer l'exemple constitue le meilleur moyen de motiver les Six. Leurs doutes s'apaisent quand ils ont affaire à une hiérarchie sans prétention et cohérente dans son action. Pour s'assurer la loyauté des Six, la hiérarchie doit avoir une action conforme aux principes qu'elle professe.

Les Six s'intéressent au fond des choses et ont une tendance naturelle à l'analyse. Donnez-leur le temps de comprendre parfaitement tous les aspects du dossier avant de passer à l'action. Montrez-leur que vous appréciez leur intelligence et leur perspicacité.

Quand vous vous exprimez sur un sujet, gagnez la confiance des Six en précisant votre opinion personnelle sur le sujet, ses limites et les autres opinions en présence. Les Six aiment connaître tous les inconvénients d'une solution et tous les problèmes potentiels. Faites-vous l'avocat du diable et présentez les positions contraires à la vôtre.

Restez aimable sous le feu des questions des Six. Les Loyaux-sceptiques n'ont pas peur de poser les questions qui fâchent, mais cela n'enlève rien à leur loyauté. Rendez hommage à leur talent pour la prévention des problèmes.

Offrez-leur un environnement professionnel prévisible, avec des responsabilités et des politiques claires, que l'entreprise soit dotée d'une hiérarchie traditionnelle ou non.

Aidez les Six à se créer un environnement de travail « sûr » leur permettant d'exprimer leur opinion sans crainte d'être attaqué. Permettez aux voix dissidentes de se faire entendre.

Reconnaissez à leur juste valeur la loyauté et le dévouement des Six qui vont de l'avant malgré leurs doutes.

Les Six et la gestion de leur temps

Les Six ne perdent pas de vue le temps qui passe. Ils le mettent à profit pour se construire un petit bunker à toute épreuve. Les efforts d'aujourd'hui répondent à un souci de sécurité pour demain, quand « les choses tourneront mal » ou quand « le temps manquera ».

Le temps est une donnée objective pouvant être, soit contestée (« Qui a décrété qu'il fallait faire ça maintenant? »), soit respectée (« Bien sûr qu'il n'y aura pas de retard »). Les échéances sont interprétées comme pesantes quand les Six n'ont pas le temps de faire une analyse complète de la situation ou d'anticiper les questions gênantes. En revanche, les Loyaux-sceptiques dépensent leur temps sans compter pour ceux envers lesquels ils ressentent de la loyauté. Il leur semble toujours plus facile de respecter les délais quand ils travaillent pour une bonne cause, car leur réussite servira aux autres.

Paradoxalement, les Six ont parfois du mal à agir en leur nom propre. Quand la victoire paraît facile, ils réévaluent leur position à plusieurs reprises avant d'oser passer à l'action. À leurs yeux, la réussite et la visibilité accrue qui en découle suscitent de l'envie et de l'animosité chez les autres. Ils plongent donc dans des abîmes de doute et perdent un temps considérable.

En revanche, ils ne perdent pas une minute quand la partie n'est pas gagnée d'avance. Ainsi, un architecte disposant de délais serrés pour remettre ses plans fera tout pour respecter le temps qui lui est imparti. Redoutant le mécontentement de ses clients et l'impatience des entrepreneurs, il considérera le respect des délais comme une question de survie.

Faire face à l'adversité dope les Six, parce qu'ils n'ont pas le temps de réfléchir. Face à une crise objective, les Six ne perdent pas de temps et donnent souvent le meilleur d'eux-mêmes. Quand on est en première ligne, l'adrénaline est à son comble et le doute n'a plus sa place.

Aider les Six à gérer leur temps

Dans le cadre d'un projet, les inquiétudes des Six sont à leur maximum en début de mise en œuvre et juste avant l'achèvement. Rassurez-les quand c'est nécessaire et signalez-leur qu'ils ont tendance à ralentir juste avant l'achèvement du projet.

Aidez les Six à exprimer leurs questions et leurs doutes. Par ailleurs, en admettant vos propres erreurs, vous gagnerez un temps considérable.

Les Six n'aiment pas les ambiguïtés. Aidez-les à les dissiper quand c'est possible. Demandez-leur de contribuer à définir les règles applicables en matière de hiérarchie, de responsabilités et de doléances.

Prévoyez une marge de temps suffisante pour tenir compte des hésitations des Six. Une fois qu'ils seront en confiance, ils veilleront à mener les projets à leur terme.

Les Six se donnent à fond dans les moments critiques mais peuvent avoir tendance à traîner quand le projet sert leurs intérêts propres ou quand la pression devient moins forte. Aidez-les à garder le rythme en mobilisant leur loyauté et leur sens des responsabilités.

Aidez les Six à prendre le temps de se détendre. Ils ont tendance à oublier de s'amuser et à sous-évaluer l'estime et l'aide sur lesquelles ils peuvent compter.

Les Six en négociation

Un Six se dit que pour survivre, il doit anticiper et préparer l'avenir. Son imagination sans bornes est à la fois une bénédiction et une malédiction, car il a tendance à attribuer des proportions catastrophiques à de simples désaccords potentiels. En revanche, il s'attarde moins sur les scénarios optimistes. Ce pessimisme explique son énorme répugnance à s'asseoir à la table des négociations.

Les Loyaux-sceptiques surestiment le pouvoir, l'audace et les intentions hostiles de leurs adversaires, ce qui les conduit à faire preuve d'inflexibilité dans les négociations. Ils ne souhaitent pas dévier de leur position initiale, de peur d'être désavantagés. Les gestes de conciliation sont donc rares. Plutôt que de courir un risque, ils optent pour l'affrontement direct ou, à l'inverse, pour la fuite. Pour fuir, ils prennent la tangente en demandant des reports de séance ou des délais supplémentaires ou cessent toute communication. Quand ils choisissent l'affrontement, en revanche, ils ressemblent à des Huit: ils attaquent de front en débusquant les erreurs de gestion, les informations erronées et les abus.

Pour économiser leur temps et leur énergie, les négociateurs du camp adverse ont tout intérêt à se montrer humains et polis. Alors que les menaces confortent le Six dans sa méfiance et son inflexibilité, un geste de bonne volonté peut le désarçonner. Si possible, choisissez des négociateurs ayant déjà négocié dans de bonnes conditions avec le Six et faites intervenir des intermédiaires dignes de confiance. Votre position semblera beaucoup plus raisonnable si elle est défendue par des gens que le Six juge dignes de foi.

Il ne faut jamais oublier que les Six perçoivent tout écart entre les paroles et les actes. En outre, ils présument que les autres dissimulent leurs véritables intentions: il faut donc veiller à être aussi franc que possible. La meilleure tactique consiste à s'allier avec quelqu'un que le Six respecte, à jouer cartes sur table et à tenir ses promesses.

Les Six et la formation et l'apprentissage

Les Six veulent savoir où ils mettent les pieds. Ils ont besoin de tout connaître des supports de cours, des modalités d'évaluation et, surtout, de ceux à qui ils ont affaire. Ils apprécient les longues périodes introductives au cours desquelles ils peuvent écouter sans avoir à participer, car elles leur donnent le temps de juger les autres élèves et le formateur. À l'image des Cinq, qui se retirent souvent en périphérie du groupe pour observer, les Six adoptent une attitude effacée tant qu'ils ne se sentent pas en sécurité.

Dans le jugement qu'ils portent sur le formateur, la première impression joue un rôle crucial, car les Six décident très vite s'ils peuvent faire confiance aux figures d'autorité. Bien décidés à ne pas être dupes des apparences, ils doutent de la sincérité des rapports entre les élèves et se demandent si le formateur est aussi convaincu par son programme qu'il le prétend. Le formateur a tout intérêt à être sincère plutôt que de se cantonner à une façade professionnelle. Le simple fait de dire : « Je déteste cette partie du programme de formation, parce que... » rend le formateur beaucoup plus humain. Les Six considèrent généralement que les représentants de l'autorité sont dogmatiques.

Pour gagner la confiance des Six, le formateur doit expliquer son parcours professionnel, ses orientations théoriques et son appartenance à telle ou telle école de pensée. Ces explications donnent aux Six le sentiment de savoir où ils vont.

Surtout, le formateur doit répondre aux questions des Six sans tourner autour du pot. Les Six, à l'image des Huit et des Un, testent les représentants de l'autorité pour voir comment ils réagissent à la pression. Pour les Loyaux-sceptiques, il s'agit surtout de vérifier que les actes sont bien conformes aux discours.

Étude de cas : un technicien passe un entretien d'évaluation

C'est le premier entretien d'évaluation du technicien depuis son embauche, six mois plus tôt.

Sa supérieure, une Deux, redoute cet entretien. Elle apprécie le jeune homme. C'est elle qui l'a recruté et elle a passé un certain temps à lui montrer les ficelles du métier. Ensuite, pour lui laisser une certaine autonomie, elle s'est montrée plus discrète. Ces dernières semaines, elle a reçu plusieurs plaintes à son sujet. Elle avait chargé le technicien de rédiger des fiches techniques sur un nouveau progiciel. Or, les destinataires de ces fiches techniques sont mécontents : les indications du technicien sont exactes, mais ils ont dû les attendre longtemps et elles ne sont pas assez précises sur certaines fonctionnalités nouvelles.

La Deux se demande comment le technicien va réagir à ces jugements négatifs. Quoi qu'il en soit, il va bien devoir admettre qu'il y a un problème. Ensuite, elle l'aidera à surmonter ses difficultés.

Interactions typiques

La supérieure du technicien se dit: « Si seulement je ne l'appréciais pas! Il semblait si prometteur quand je l'ai engagé – plein de bonne volonté et intelligent, avec de bonnes recommandations. » Elle pensait qu'il serait une excellente recrue, et le jeune homme s'est montré coopératif pendant la période de formation où elle l'a mis sur les rails.

Toutefois, malgré l'estime qu'elle porte au Six, sa supérieure ne peut pas ignorer la pile de mémos accusateurs qu'elle a rangée dans un tiroir. Que s'est-il passé? Elle croyait en lui. Elle lui en veut de nuire à la réputation du service technique alors qu'en bonne Deux, elle est toujours en quête d'approbation.

Elle se rappelle que le technicien donne toujours l'impression de douter. Elle a du mal à comprendre sa tendance à répondre systématiquement « oui, mais » et à se lancer dans des projets pour, ensuite, mettre brusquement en doute ses présupposés de départ.

Elle a de mauvaises nouvelles à lui annoncer. Comment faire pour qu'il ne panique pas? Doit-elle s'exprimer avec fermeté ou sur le ton de la confidence? L'Altruiste veut employer un ton positif. Laquelle de ses diverses personnalités professionnelles doit-elle endosser pour qu'il ressorte de l'entretien satisfait?

Dès que le jeune homme entre dans son bureau, elle se dit que c'est un brave garçon et hésite à lui parler des mémos. Elle est partagée entre la nécessité de le tenir au courant et l'envie de l'épargner.

De son côté, en entrant dans le bureau, le technicien remarque deux détails qui le mettent mal à l'aise: un dossier à son nom est posé devant sa supérieure et le sourire de celle-ci paraît forcé.

Il comprend qu'il y a un problème et sa rébellion naturelle contre l'autorité refait immédiatement surface. Il soupèse les éléments dont il dispose: « Elle est aimable, mais ça fait partie de son travail. Est-ce qu'elle est dans mon camp? Est-ce qu'elle me manipule? Elle n'imagine pas le nombre de soirées que j'ai passées à peaufiner ces fiches techniques! » Il déteste les évaluations.

La veille, le technicien a essayé de se détendre en allant au cinéma, en vain: pendant tout le film, il a pensé à son entretien d'évaluation. Pendant la séance, il s'est rongé les sangs. En effet, durant sa période de formation, sa supérieure était toujours si obligeante qu'il ne savait jamais quels projets étaient prioritaires par rapport aux autres. Une fois qu'il a dû voler de ses propres ailes, ces incertitudes l'ont conduit à traîner. Maintenant, il regrette de ne pas avoir carrément demandé à sa supérieure quels projets étaient prioritaires : « Si elle veut me licencier, je n'aurai aucun moyen de contester son évaluation », se dit-il.

Le Loyal-sceptique se met à imaginer le pire. Que va-t-il devenir s'il perd son travail ? Est-ce qu'il pourra reprendre ses études, comme il l'avait espéré ? Que vont dire ses parents ? Il s'efforce de déchiffrer le visage de sa supérieure pour savoir à quoi s'en tenir. « Qu'est-ce qu'elle attend ? Pourquoi n'est-elle pas honnête avec moi ? »

Les ennéatypes des deux collègues entrent en jeu alors qu'aucun mot n'a encore été échangé. L'Altruiste se dit : « Je pourrai l'aider une fois qu'il aura admis qu'il a du mal à respecter les délais. Comment m'y prendre pour lui montrer ces mémos ? Est-ce qu'il va être effondré ? »

L'amabilité apparente de sa supérieure semble confirmer les soupçons du technicien. Au début de l'entretien, ils échangent des banalités, mais tous deux pensent au dossier qui trône sur le bureau. La supérieure ne l'a pas encore ouvert. À vrai dire, ni elle ni lui n'ont envie d'aborder les questions qui fâchent. Plus la supérieure tourne autour du pot, plus l'imagination du technicien travaille. Chacun d'entre eux voit la situation de son seul point de vue. Le Loyal-sceptique s'imagine qu'il va être licencié et veut en finir au plus vite, tandis que la Deux essaie de le mettre en confiance et de trouver une solution à lui proposer.

Prenant son courage à deux mains, la supérieure finit par ouvrir le dossier pour lui lire le premier mémo. Quand le technicien apprend qu'on reproche à ses fiches techniques d'être trop peu précises et d'avoir été fournies avec retard, sa paranoïa atteint des sommets : « Qui a écrit ça ? Est-ce que j'ai un ennemi ? », se demande-t-il. « Combien d'autres mémos y a-t-il ? Combien sont-ils à ne pas m'aimer ? » Le technicien est en plein scénario catastrophe. Pourquoi faire ce simulacre d'entretien d'évaluation ? Sa supérieure a déjà pris sa décision : il va être licencié. Il repense aux heures d'angoisse qu'il a vécues au cinéma et se dit qu'il avait raison de s'inquiéter.

Le visage figé du jeune homme confirme les craintes de sa supérieure. La Deux se sent ridicule et comprend qu'elle s'y est mal prise. Tout le bureau sera bientôt au courant qu'elle n'a pas été à la hauteur. Elle ne supporte pas cette humiliation. Si seulement les mémos avaient été flatteurs, le technicien aurait encore une bonne opinion d'elle !

Le vent tourne

Quand ils doivent évaluer un subordonné, les Deux ne veulent pas courir le risque d'être impopulaires. À quoi bon s'aliéner ses collègues? Heureusement, à sa grande surprise, la supérieure voit les traits du technicien se détendre: le premier choc est passé. Ce changement d'expression la soulage. Elle se sent plus sûre d'elle. En face d'elle, elle ne voit plus un étranger hostile, mais le jeune homme naïf qu'elle a engagé six mois auparavant.

Elle comprend qu'en lui annonçant la mauvaise nouvelle, elle lui a rendu service. La réalité des mémos a forcé le technicien à faire face à ses angoisses.

De son côté, le technicien sent le soulagement l'envahir, comme chaque fois qu'il sait exactement à quoi s'en tenir. Brusquement, sa supérieure lui paraît moins menaçante, plus sincère et moins puissante.

Il aimerait connaître l'identité des auteurs de ces mémos pour pouvoir régler ses comptes avec eux, mais il avait surtout besoin de savoir ce qu'on lui reprochait et il est disposé à respecter la confidentialité de ces informations. Il est également conscient que sa supérieure continue de l'apprécier, ce qui lui donne le courage de lui demander: « Que dois-je faire? »

Dénouement

Ces mémos représentent une humiliation pour l'Altruiste, car c'est elle qui a embauché le technicien, elle qui a cru en lui. Elle a été atteinte dans son orgueil quand elle a eu l'impression qu'il donnait une mauvaise image d'elle – une impression liée à son besoin de se sentir indispensable.

En outre, la Deux a craint de perdre l'affection du technicien en lui annonçant la mauvaise nouvelle. Or, elle tient absolument à ce que tout le monde l'apprécie, y compris ses subordonnés.

Dans leur souci d'être appréciés, les Altruistes s'adaptent aux besoins des autres. La supérieure croyait avoir gagné la confiance du technicien en lui faisant des compliments pendant sa formation.

En bonne Deux, la supérieure a d'abord dissimulé son anxiété en manifestant de la compassion. Au début de leur entretien, le Loyal-sceptique a perçu le malaise de la Deux et s'est dit qu'elle cherchait à le manipuler en faisant semblant de l'apprécier, qu'elle lui cachait des informations, qu'elle s'apprêtait à le licencier.

Maintenant que le technicien sait à quoi s'en tenir, il peut prendre des mesures pour rectifier le tir. Sa supérieure l'apprécie toujours, elle n'a pas cherché à le tromper et il peut lui demander de l'aide. Le dialogue reprend dès lors que les interrogations du Six s'apaisent. Maintenant que la supérieure a abattu ses cartes, elle ne paraît plus manipulatrice ni indigne de confiance. Le technicien se sent mieux. La Deux a failli tout gâcher en cherchant à gagner du temps. Elle aurait dû se souvenir que les Six aiment savoir à quoi s'en tenir et faire passer au second plan son propre besoin de se sentir appréciée.

Comme notre technicien, rappelez-vous que :

Les Six doivent apprendre à détecter les premières manifestations de leur anxiété. Le technicien doit se demander : « Pourquoi quelqu'un chercherait-il à me manipuler? » Une bonne partie de son appréhension s'évanouirait s'il s'efforçait de garder les pieds sur terre. Il devrait demander l'avis de sa supérieure chaque fois qu'il sent que son imagination est prête à s'emballer.

Credo	Tout aura changé d'ici demain
Modèle mental	Le monde regorge de possibilités et d'options
Filtre de perception	Les scénarios les plus optimistes
Méthode de tri des informations	Synthétiser les éléments positifs
Ce qu'il évite à tout prix	Les obstacles objectifs
Progrès à accomplir	Ne pas se disperser
Cheminement spirituel	Concentration, modération et engagement. Connaître à fond un domaine plutôt que d'en connaître superficiellement une multitude.
Passion	La gourmandise – gourmand d'idées et d'expériences
Vertu	La sobriété – faire une seule chose à la fois
Moteur	S'intéresser à tout
Style de management	Élabore le plan d'action puis délègue l'exécution. Le Sept aime trouver des idées, pas les mettre en pratique. Doué pour se créer un réseau, entrer en contact et faire des prévisions optimistes.
Perception par les autres	Plein d'entrain, optimiste et très amusant – ou fuyant et irresponsable
Conflits typiques	Promesses et affirmations exagérées
Bonne résolution	Finir le projet en cours avant de penser aux suivants
Signaux positifs envoyés	Transforment la réalité ordinaire en un univers extravagant et plein de promesses. Enjoués, optimistes, inventifs.
Signaux négatifs envoyés	Très soucieux de leur propre plaisir et de leurs intérêts, les Sept peuvent sembler égoïstes ou peu fiables.
Mixtes	Peu sérieux dans la mise en pratique de leurs idées, les Sept semblent être en phase de transition – ce poste n'est peut-être qu'une étape dans la grande aventure que sera leur carrière.
Sentiment de sécurité: passage au point 5	Les Sept recherchent la solitude pour se reposer et récupérer. Sans stimulations extérieures, ils peuvent enfin se livrer à une introspection.
Stress/Risque: passage au point 1	Les Sept souffrent de devoir renoncer à certaines possibilités. Ils expriment leur opinion et leur colère.
Secteurs d'activité à conseiller	Les postes nécessitant l'esprit d'aventure et offrant des territoires à conquérir; les environnements où on travaille vite, où les informations évoluent sans cesse. Les Sept sont portés sur la théorie, tournés vers l'avenir et multitâches.
Secteurs d'activité à éviter	Les postes avec un avenir tout tracé qu'il est impossible de pimenter, les travaux répétitifs non stimulants: technicien de laboratoire, PDG d'une entreprise bureaucratique, guichetier, travailleur à la chaîne, tailleur.
Activités idéales	La phase de brainstorming et de planification de tout projet intéressant; la recherche de similitudes entre des domaines différents (recherches universitaires interdisciplinaires); les fonctions où il faut se créer un réseau et faire passer des idées complexes (homme politique, membre d'un lobby, directeur de production, responsable des relations publiques); domaines de travail « sympas » pour jeunes gens dynamiques (grand reportage, vente d'équipements sportifs, club de gym).

10

BASE 7 : L'ÉPICURIEN

Le gourmand, l'optimiste,
l'amuseur public…

ÊTES-VOUS UN SEPT ?

Vous voulez une carrière offrant un nombre infini de possibilités. La vie regorge d'occasions et il suffit, pour les saisir, d'avoir de l'ambition et de savoir naviguer entre les écueils.

Cette conviction est étroitement liée à votre mode de raisonnement naturel : vous jonglez toujours avec plusieurs idées et projets entre lesquels vous voyez des passerelles. Si le plan À paraît précaire, vous vous rabattrez sur le plan B. Si vous ne réunissez pas les fonds nécessaires pour le plan B, vous passerez au plan C. Si l'exécution du plan C s'avère peu exaltante et si vous n'arrivez pas à relancer le plan B, vous reviendrez au plan A, qui pourra vous conduire au plan D. Dans votre esprit, les plans A, B, C et D sont étroitement liés. Par conséquent, si l'un d'entre eux aboutit, il vous permettra de réaliser tous les autres. Pourquoi limiter ses options ?

En revanche, vos collègues considèrent que ces plans n'ont rien en commun. Par ailleurs, ils travaillent d'une façon beaucoup plus routinière que vous, qui êtes au supplice quand vous ne pouvez pas vous lancer dans une nouvelle aventure.

Prenons l'exemple de Bob, qui exprime sa soif de nouvelles expériences à l'issue d'une réunion.

« C'est génial! », s'extasie-t-il quand le PDG de sa société quitte la salle. Ses trois collègues le regardent d'un air incrédule.

Le PDG vient de les charger d'organiser « le meilleur séminaire de toute l'histoire de la société ». La première réaction des trois collègues de Bob est de se dire qu'ils vont bientôt pointer au chômage: organiser un tel séminaire est une mission impossible pour une petite équipe de quatre personnes.

Ils font l'inventaire des embûches auxquelles ils risquent de se heurter dans l'organisation de ce séminaire de trois jours: avions arrivant en retard, météo catastrophique à la destination exotique choisie, impossibilité de trouver des menus plaisant à tout le monde... La liste des choses à faire et des écueils potentiels leur semble interminable.

De son côté, Bob ne voit que des perspectives souriantes: non seulement ce sera l'occasion de voyager dans diverses destinations exotiques pour aller vérifier si elles peuvent faire l'affaire, mais il pourra laisser libre cours à son imagination pour trouver des moyens ingénieux de rendre ce séminaire inoubliable.

Comme il le dit à ses collègues: « On pourrait peut-être faire un séminaire à thème, en fonction de la destination qu'on aura choisie. Et pour les animations, j'ai déjà quelques idées ».

Là où les autres voient des contraintes, Bob voit des possibilités. C'est la marque de fabrique des Sept. Toutefois, Bob devra passer des centaines de coups de téléphone et vérifier des milliers de détails pour organiser le séminaire – il devra alors être vigilant, parce que le suivi et les détails ne sont pas son fort.

En attendant, cette mission l'électrise. Son premier mouvement est de réorganiser toutes ses autres activités en fonction de cette nouvelle tâche – et de réfléchir aux ressources qu'il va mobiliser auprès des autres services.

Il est vaguement conscient que ses collègues ne réagissent pas comme lui, mais il voit déjà comment chaque service pourrait orienter ses activités en prévision du séminaire. Ainsi, le service marketing pourrait placer tous ses projets sous le thème du « marketing du XXIe siècle » et reprendre ce thème lors du séminaire.

Bob se voit déjà demander au service marketing de mener une réflexion théorique approfondie en vue du séminaire. Il imagine le directeur marketing faisant un discours brillant sur le marketing du nouveau millénaire.

Bob compte sur la bonne volonté des autres collaborateurs de l'entreprise avant même d'avoir consulté qui que ce soit. Il se voit déjà en éclaireur guidant son entreprise vers un nouveau millénaire prometteur. Tout à son enthousiasme, il est aveugle aux contraintes de temps et de ressources qui pèsent sur son projet et considère la coopération des autres comme acquise.

Comment les Sept trient les informations

Dans les traditions spirituelles qui utilisent les ennéatypes comme moteurs du développement personnel, les Épicuriens sont appelés les « moines à l'esprit gourmand » parce qu'ils se lancent dans de nouvelles expériences avec voracité. Bob veut tout et il est sûr que son avenir, forcément radieux, comblera toutes ses attentes. À travers son filtre de perception, il voit une multitude d'idées toutes reliées entre elles et conduisant à une réussite éclatante.

Contrairement au Six, qui se prépare systématiquement au pire, le Sept voit l'avenir en rose. Il s'emploie à se créer un réseau au sein de son entreprise, car il a besoin d'alliés pour partager sa vision des choses et lui fournir les ressources nécessaires pour mettre ses idées en œuvre.

Son système de tri des informations ressemble aux réseaux de neurones décrits dans les ouvrages de biologie. Ainsi, le projet de séminaire a activé une chaîne d'associations mentales qui a agité les synapses des projets entremêlés de Bob. Le séminaire devient un neurone majeur dans sa vision de l'avenir. « C'est un séminaire historique », se dit-il. « Tellement historique que je devrais demander à travailler dessus avec un titre de chef de projet. Le PDG doit déjà se douter que c'est la meilleure solution. Quant au directeur marketing, il sera prêt à m'aider, parce qu'il est justement en train de mener des recherches sur le marketing de l'avenir. »

Les possibilités sont infinies, et certaines d'entre elles rendraient bien service à Bob. Depuis des mois, il essaie de se dégager de responsabilités d'encadrement pesantes et rêve d'horaires plus flexibles. Il déteste rendre compte à son supérieur direct et il est conscient qu'il a besoin de davantage d'argent. Mais, pour l'instant, Bob est tout à son excitation à la perspective d'être nommé chef de projet pour le séminaire. Il s'empresse d'envoyer un mémo au PDG pour lui présenter les grandes lignes de son projet.

Les Sept au travail et dans l'action

Les Sept sont extrêmement doués pour se projeter dans l'avenir, et Bob ne fait pas exception à la règle. Dès l'enfance, il a fait preuve de beaucoup d'imagination. C'était un petit garçon vif et épanoui qui mettait de bonne humeur tous ceux qui l'entouraient. Depuis, Bob a mûri et il sait désormais qu'il ne suffit pas de formuler des souhaits pour qu'ils se réalisent. Il a appris à saisir les occasions qui se présentaient pour aller vers toujours plus de plaisir et toujours moins de souffrance.

En bon Sept, Bob est passé maître dans l'art de synthétiser plusieurs idées pour en tirer le meilleur. Chaque domaine recèle des informations utiles. Dès lors, pourquoi ne pas ratisser large ? Bob manipule en permanence plusieurs systèmes d'idées et détecte leurs similitudes. Il a d'ailleurs tendance à surestimer ces similitudes et à ignorer certaines divergences fondamentales. Néanmoins, il est très doué pour rassembler des données a priori disparates au sein d'un raisonnement solide. En revanche, il n'est pas assez attentif aux détails.

Les Sept ont souvent l'impression d'étouffer dans les entreprises à culture bureaucratique. Ceux d'entre eux qui se résignent à effectuer un travail routinier trouvent des moyens ingénieux de garder leur esprit d'aventure en éveil. Tel est notamment le cas d'un vétéran du secteur de l'assurance qui, à l'occasion d'un atelier sur l'Ennéagramme, a d'abord cru qu'on l'avait classé par erreur dans la catégorie des Épicuriens. En effet, il travaillait dans les assurances depuis vingt ans et était marié à la même femme depuis trente-huit.

> La première fois que j'ai entendu parler de l'Ennéagramme, on m'a dit que les Sept avaient peur de l'engagement. Je ne semblais donc pas être un Sept. Pourtant, tout le reste de la description me correspondait: optimiste, facilement guetté par l'ennui et s'intéressant à beaucoup de choses. Maintenant, quand j'y pense, je me rends compte que ma méthode de vente est très liée à mon ennéatype. Je

vends plus de contrats d'assurance que n'importe lequel de mes collègues, et pourtant je suis rarement au bureau : je consacre beaucoup de temps à mes loisirs, en compagnie de ma femme.

En fait, je suis marié depuis longtemps, mais ma femme n'est jamais restée la même. Elle a changé d'année en année. Je me suis rendu compte qu'il y avait un nombre infini de facettes à sa personnalité et je ne me suis jamais ennuyé avec elle.

C'est pareil pour mon travail. Je suis extraverti, j'adore rencontrer des gens, mais ce n'est pas mon atout majeur. Mon atout majeur, c'est de saisir les occasions qui se présentent. Mes plus grosses commissions, je les ai gagnées grâce à un séjour à la montagne. J'y ai rencontré un grand nombre de skieurs – des gens qui aimaient prendre des risques mais que les possibilités d'accident préoccupaient. Un jour, un client m'a parlé de l'Ennéagramme en me disant qu'il s'inquiétait des risques d'accident parce qu'il était un Six. C'est comme ça que j'en suis venu à suivre le stage d'aujourd'hui.

Maintenant, je découvre l'Ennéagramme tout en continuant à nouer des contacts utiles : je suis en train de vous parler de moi, donc tout le monde sait quel travail je fais, et ça peut me permettre de vendre quelques contrats. Cela dit, à mes yeux, la vente n'est pas un travail, c'est un passe-temps.

Cet assureur a trouvé le moyen de ne jamais se lasser, et son charme lui a permis de réussir dans cette voie. L'homme qui lui a succédé au micro était lui aussi un Sept, mais avait un discours différent sur l'engagement :

J'ai fait un MBA parce que c'était ce qui ouvrait le plus de portes. Maintenant, je mène le genre d'existence dont toute ma génération a rêvé, avec une belle voiture, des vêtements de marque et des voyages aux quatre coins du monde en classe affaires. La spontanéité est d'une importance cruciale. J'ai besoin de me dire que je peux partir sur un coup de tête. On m'a récemment fait une offre presque irrésistible : un travail passionnant à temps partiel à Boston. Mais c'est un contrat de cinq ans, et je suis incapable de m'engager sur une telle durée.

Cet homme avait tellement accumulé de points de fidélité auprès des compagnies aériennes qu'il pouvait partir en voyage n'importe où, gratuitement, sur un coup de tête. Pourtant, il ne l'avait jamais fait. De nombreuses options s'ouvraient à lui, mais il n'en choisissait jamais aucune, préférant rester dans un univers imaginaire où rien n'est décidé et où personne n'est responsable de rien. Il a vécu beaucoup de vacances virtuelles, mais il s'est privé des plaisirs plus profonds qu'il aurait connus s'il avait accepté de faire des choix.

Gardez bien ceci à l'esprit à propos des Sept

Au sein d'une équipe, les Sept mènent la charge lors de la planification des projets puis se défilent quand le projet arrive à sa phase de mise en œuvre. Contrairement aux Cinq, qui se retirent pour protéger leur espace personnel, et aux Six, qui perdent du temps par peur de la réussite, les Sept traînent parce que, quand on leur demande de se consacrer à un seul projet, ils ont l'impression suffocante de perdre leur liberté.

D'optimiste et charmeur, le Sept devient brusquement fuyant. Pourquoi? Tout simplement parce qu'il s'ennuie. L'ennui est le maître mot. Les Sept doivent apprendre à se demander, quand ils ont l'impression que leur travail devient ennuyeux : « Pourquoi ? Pourquoi maintenant ? » Est-ce parce que la perspective du long terme implique un engagement excessif?

Les Sept sont fascinés par les idées mais se désintéressent de leur mise en œuvre, étape laborieuse par excellence. Il faut de la discipline pour se concentrer sur une seule chose à la fois et pour faire le travail ingrat qui permettra de transformer l'idée en réalité. La plupart du temps, les réussites à long terme passent par des sacrifices à court terme. À force de s'intéresser à une multitude de choses, les Sept ont du mal à se consacrer sérieusement à un projet unique.

En d'autres termes

Pourquoi anticiper la tristesse, la déception ou l'échec? Il n'est guère productif de remettre en cause une image de soi positive. Fascinés par les projets intéressants, les Sept sont, à l'image des Trois, des optimistes convaincus.

Reprenons l'exemple de Bob, chargé de l'organisation d'un séminaire. Fort de sa confiance en lui, Bob saisit toutes les occasions qui se présentent et sait se faire apprécier pour sa réactivité. Le problème est qu'il espère toujours décrocher le gros lot sans réel effort. Les sacrifices à consentir et les obstacles à surmonter ne l'intéressent pas.

Avant de se laisser gagner par l'enthousiasme, Bob doit apprendre à faire le tri entre, d'un côté, ses attentes réalistes et, de l'autre, les espoirs démesurés qui naissent de son imagination débridée. Avant de commander un nouveau jeu de cartes de visite estampillées « chef de projet », il doit attendre l'accord de son PDG. De même, il doit discuter avec ses trois collègues et tenir compte de leurs réserves et de leurs questions. Les Sept ont besoin d'écouter les autres pour garder les pieds sur terre. Certes, ce séminaire peut représenter un tremplin professionnel, mais Bob doit aborder le projet avec des attentes plus réalistes pour s'épargner des déceptions et pour éviter de démotiver ses collègues. Les Sept disposent de tout un attirail d'astuces pour esquiver les critiques, les problèmes et l'animosité. Première astuce, remettre les choses à plus tard: « On s'occupera de ce problème dès que le projet sera fini ». Deuxième astuce: détourner l'attention des autres en leur parlant d'un aspect plus intéressant et plus prometteur du projet. Troisième astuce: faire mine de considérer un problème comme un coup de chance et un échec comme une expérience intéressante.

Stress, risque et sécurité

Dynamiques de changement des Sept

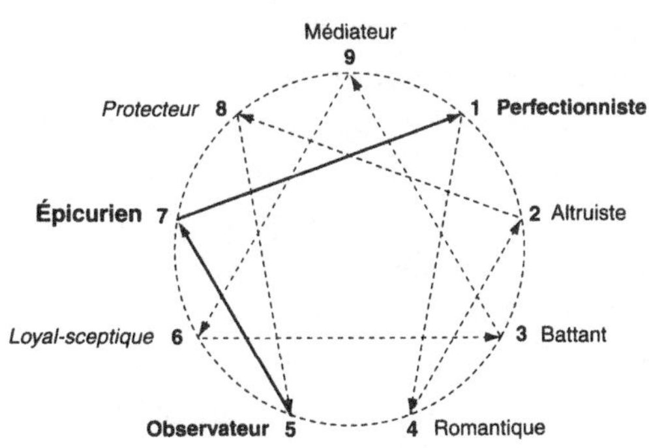

En position de sécurité, le transfert vers la base 5

La sécurité peut être mal vécue par les Sept. En effet, elle implique une certaine stabilité : il faut s'en tenir à une seule chose, sans passer constamment d'un projet au suivant. Or, même le choix le plus satisfaisant ne peut pas rivaliser avec les possibilités infinies prisées par les Sept.

Une option ? Une seule ? Pourquoi sacrifier une multitude d'autres possibilités intéressantes ? Pourquoi se contenter de si peu ?

Quand les Sept renoncent à des stimulations incessantes pour rechercher la solitude prisée par les Cinq, c'est qu'ils ont besoin de faire le point. Des vacances en solitaire ou une retraite en pleine nature leur permettent de calmer l'effervescence de leur imagination et de se concentrer sur leurs priorités. Ces phases d'éloignement permettent aux Sept de faire le tri entre leurs options, d'éviter de se laisser distraire et d'être plus sérieux dans leur travail.

L'inconvénient de ce transfert vers la base 5 est que les Sept s'impliquent moins dans leur travail. Du jour au lendemain, le visionnaire charismatique devient introuvable. Les Sept sont très indépendants et spontanés. Ils n'aiment pas se sentir entravés. Ce qu'ils veulent, ils le veulent tout de suite, et ils cherchent facilement à échapper à leurs engagements quand ils se sentent suffisamment en sécurité pour oser le faire.

Réponse au stress et au risque : le transfert vers la base 1

Les Sept ont beaucoup de mal à renoncer à un espoir, et c'est la source la plus fréquente de stress pour cet ennéatype. Un Épicurien souffre lorsqu'un entretien d'embauche ne débouche sur rien ou lorsqu'il n'obtient pas l'augmentation de salaire qu'il espérait. Ses mécanismes de défense habituels jouent alors à plein : il tire des plans sur la comète et s'impose un rythme effréné tout en affichant un large sourire. Très doué pour esquiver les problèmes, il écarte toute pensée négative. Ensuite, si cette fuite en avant ne donne pas de bons résultats, il passe à la base 1.

Ce transfert vers la base 1 est une bonne chose : il prouve que l'Épicurien a pris conscience des problèmes. Puisqu'il lui est impossible de continuer à les ignorer, il leur fait face, même s'il est furieux de devoir se consacrer à une seule option. Sous l'effet de la frustration, le Sept critique les autres ou se moque d'eux parce qu'il est jaloux de la liberté dont ils semblent jouir. Il rejette la responsabilité de sa déception sur les autres: s'ils avaient manifesté un minimum de générosité et d'ouverture d'esprit, il n'en serait pas là.

Quand un Sept est stressé, il découvre également l'autocritique, qui fait disparaître son entrain habituel. Tour à tour, il s'accuse lui-même (il n'est pas à la hauteur) ou accuse les autres (qui devraient changer et faire ce qu'il veut).

Toutefois, ce passage en base 1 présente un avantage: il oblige le Sept à se concentrer pour régler le problème. Il découvre alors le plaisir du travail bien fait et en tire les leçons: certains projets sont suffisamment intéressants ou importants pour qu'il s'y implique véritablement dans la durée.

Comment les Sept sont perçus

Leur style de communication

Une demande d'emploi rédigée par un Sept donnerait à peu près ceci:

> Grand optimiste débordant d'énergie cherche poste stimulant et riche en possibilités. Très doué pour faire des rapprochements entre des informations a priori disparates. Grande capacité de travail et d'implication quand il y a un défi à relever.

Les Sept communiquent d'une manière très convaincante, car ils sont passionnés par les nouveaux concepts. Ils sont touche-à-tout. Toujours à l'affût d'idées prometteuses, ils aiment nouer le maximum de contacts pour diversifier leurs sources d'informations. Ils font tout pour se tenir au courant des tendances d'avenir.

Le filtre de perception des Sept fait le tri entre les signaux positifs et les signaux négatifs: les options positives apparaissent dans toute leur splendeur au premier plan tandis que les avis contraires et les autres signaux négatifs sont cantonnés à l'arrière-plan.

Leur optimisme pousse les Sept à ne pas traiter les détails avec toute l'attention voulue. Ils sont conscients du temps et du travail qu'implique la mise en œuvre d'un projet, mais leurs idées leur semblent si inspirées et brillantes que leur mise en œuvre semble couler de source.

Quand ils communiquent, les Sept ne renoncent à aucune de leurs options. Leur discours est donc riche en hypothèses et en solutions de secours. Par conséquent, leur message peut être perçu comme contradictoire et inabouti.

Ce mode de raisonnement convient parfaitement aux postes où il faut trier des informations en temps réel. Les Sept sont très doués pour jouer les éclaireurs et prendre des décisions rapides.

Les Sept partent du principe que, comme eux, leurs interlocuteurs raisonnent en termes d'options multiples et ne redoutent pas les brusques changements de programme. C'est bien sûr une erreur: la tendance des Sept à jongler en permanence avec les problèmes et les idées peut déconcerter les adeptes d'un raisonnement plus structuré.

Quand ils prennent la parole en public, les Sept sont d'excellents orateurs, et même d'excellents conteurs. Ils expriment leur enthousiasme pour le produit ou le service qu'ils défendent dans un style très personnel et tout à fait séduisant, riche en métaphores et en appels à l'imagination. Leur discours suit rarement une progression étape par étape: leur style consiste à aborder la même question sous une multitude d'angles différents et à montrer comment ces angles se recoupent.

Les Sept peuvent jongler avec plusieurs idées empruntées à des théories diverses. Dans leur esprit, toutes ces idées sont liées.

> Quand leur démarche fonctionne, les Sept parviennent à synthétiser des idées éparses au sein d'un système cohérent auquel un raisonnement plus « carré » n'aurait pas pu aboutir. Le mode de raisonnement des Sept consiste à imaginer comment des informations sans lien apparent peuvent être rapprochées d'une manière constructive.

Il est difficile d'obliger un Sept à prendre clairement position : les informations avec lesquelles il jongle changent en permanence, et il adapte ses conclusions en conséquence. Quand un Sept termine son exposé, la séance de questions-réponses qui suit est une démonstration de créativité : quelle que soit la question, le Sept rapproche diverses idées au sein d'une réponse apparemment cohérente. Cette démonstration d'agilité mentale peut être très séduisante, si l'auditoire est sur la même longueur d'ondes et disposé à jouer le jeu.

Le Sept tient à garder une marge de manœuvre. À l'image d'un rugbyman s'élançant pour marquer un essai, il esquive tous ceux qui pourraient lui barrer la route en soulignant les failles de son argumentation. D'ailleurs, quand on change d'angle d'approche et de perspective, il est plus facile d'aboutir à un accord.

Le non-verbal : leurs attitudes et leurs gestes

Les Épicuriens sont de vrais rayons de soleil. Même quand ils n'ouvrent pas la bouche, leur enthousiasme s'exprime par leur expression radieuse et leur langage corporel. Même avec leurs plus vieux amis, ils trouvent toujours de nouveaux sujets de discussion ou un angle original pour aborder un thème maintes fois débattu. Rien n'est statique avec les Sept, ce qui leur confère un magnétisme certain.

Les Sept invitent les autres à partager leur enthousiasme un peu comme s'ils les invitaient à assister à leur one-man show. Si les autres acceptent cette invitation, c'est tant mieux, mais cela ne changera rien au programme des réjouissances. D'ailleurs, s'ils ne peuvent pas venir, ce sera pour une prochaine fois. Quant à ceux qui n'apprécieraient pas le spectacle, personne ne les retient.

Les Sept sont incontrôlables. Ce sont des optimistes qui savent faire partager leur esprit d'aventure en multipliant les métaphores et les anecdotes pittoresques. Ils donnent envie aux autres de faire partie du voyage, le sous-texte étant : « On va vivre cette aventure ensemble et ça va être passionnant ! ».

Pourtant, même s'il n'y a pas de mensonge délibéré de la part de l'Épicurien, cette invitation au voyage est trompeuse : les autres sont les bienvenus, mais uniquement pour jouer les utilités.

Communiquer avec les Sept

Accueillez favorablement la fascination des Sept pour les nouvelles idées et les nouvelles possibilités: par leur enthousiasme, les Sept peuvent motiver considérablement leurs collègues.

Attirez l'attention des Sept sur les problèmes et sur vos préoccupations tout en gardant un ton positif. Aidez-les à comprendre les inconvénients et les limites de la situation.

Les Sept s'ennuient et se déconcentrent facilement. Ils aiment accéder à l'information rapidement. Quand quelqu'un parle longtemps, ils peuvent se perdre dans leurs pensées. Insistez sur les principales informations ou résumez-les. Permettez aux Sept de réagir et de faire des commentaires.

Rappelez-vous que les Sept prennent leurs engagements à la légère. Ils peuvent très bien donner leur accord en cours de réunion puis changer d'avis si une autre option se présente. Faites-leur comprendre que vous exigez qu'ils respectent leurs engagements.

Les Sept cherchent à fuir leurs responsabilités quand ils font une erreur. Ils détestent être mis sur la sellette. Attendez-vous à ce qu'ils contestent vos critiques.

Attendez-vous aussi à ce qu'ils soient mécontents ou sarcastiques quand on leur fixe des limites ou quand leurs idées sont rejetées. Au lieu d'écarter sans ménagement leurs suggestions irréalistes, dites: « C'est une excellente proposition, on y reviendra plus tard » ou: « Vous avez raison d'envisager toutes les options ».

Les Épicuriens peuvent être le ciment d'une équipe, les optimistes qui voient toujours la lumière au bout du tunnel.

Ce qui pousse un Sept à agir

Les Épicuriens aiment imaginer l'avenir, notamment leur avenir professionnel. Comme ils raisonnent par association d'idées, toute nouvelle idée donne lieu à un large éventail d'issues possibles.

Les Sept ont une grande agilité d'esprit qui les conduit à s'intéresser à de nombreux sujets – mais aussi à s'en détourner facilement au profit d'un nouveau thème. Toutefois, ils ne se laissent pas porter par le hasard: ils recherchent les choses qui leur seront utiles – à condition qu'elles soient également passionnantes.

Ils n'aiment pas renoncer à un océan de possibilités pour s'attacher à une seule option et suivre un chemin sans surprises.

Fascinés par les possibilités infinies qu'ils envisagent, les Sept connaissent leurs plus grands moments de bonheur quand ils parviennent à faire coïncider plusieurs bonnes idées. En effet, ils rêvent toujours d'un plan génial qui réunirait l'ensemble des meilleures options imaginables.

En outre, les Sept aiment la variété. Ainsi, si un Sept est comptable, il s'arrangera pour changer régulièrement d'employeur, passant d'une PME à une grande société et d'une grande société à une association. Ce faisant, il expérimentera diverses modalités d'exercice de son métier.

> **La passion des Épicuriens pour les idées et la nouveauté leur permet parfois de réussir à synthétiser des idées disparates pour en faire un système de pensée cohérent et convaincant. Les autres ennéatypes peuvent être totalement insensibles au plaisir que les Sept retirent de cet exercice intellectuel.**

Séduits par les technologies de pointe, le travail de synthèse et les contacts, les Sept sont attirés par les postes impliquant une démarche interdisciplinaire.

Quand on les empêche de satisfaire leur besoin permanent de nouvelles découvertes, les Sept deviennent fuyants et évasifs pour échapper à cette restriction de liberté.

Cette frustration peut les conduire à une usure profonde. Soit ils continuent jusqu'à l'épuisement, soit ils se résolvent, comme tout le monde, à faire des choix définitifs.

Les Sept ressentent une frustration énorme quand leur soif de liberté se heurte aux diktats de la réalité. Ils rongent alors leur frein en guettant la première occasion de changer de travail.

Cependant, cette usure peut également leur permettre de réfléchir à leurs motivations profondes – en l'occurrence, la recherche d'un travail suffisamment intéressant pour mériter qu'ils s'y impliquent vraiment.

Pour progresser, les Sept doivent apprendre à faire la différence entre une idée réellement prometteuse et une échappatoire.

Pour cela, ils doivent penser aux moments où ils se sont concentrés sur leur travail et où ils ont mené des projets à bien. Ils doivent se remémorer le plaisir qu'ils ont ressenti à se donner à fond pour un projet qui en valait la peine.

Les Sept doivent apprendre à détecter les moments où leur esprit commence à être en ébullition sous un afflux d'idées multiples. Ils doivent se dire: « Cette effervescence n'est qu'une échappatoire ». Ensuite, au lieu d'imaginer des possibilités, ils doivent prendre du recul et se focaliser sur une priorité impliquant de procéder étape par étape.

Motiver les Sept

Accueillez favorablement l'optimisme des Sept. Ils sont fascinés par les idées et les possibilités et sont très doués pour imaginer des options multiples. Aidez-les à préciser et à partager leurs bonnes idées.

Les Sept, dans leur majorité, aiment les contacts et sont d'excellents orateurs. Aidez-les à mettre à profit ces qualités et leur charme dans le cadre des projets.

Aidez les Sept à adapter leurs plans aux moyens dont ils disposent en termes de personnel, de temps et d'argent. Comptez sur eux lors de la planification des projets plus que pendant leur mise en œuvre. Préparez-vous à ce que tous leurs plans ne soient pas appliqués.

Permettez aux Sept d'adopter le rythme de travail qui leur convient. Ne vous attendez pas à ce qu'ils respectent toujours les plannings et les procédures. Leur productivité évolue en fonction de leur enthousiasme. Exprimez clairement vos exigences en termes de résultats tangibles et de respect des délais.

Encouragez les Sept à s'amuser en racontant des anecdotes, des histoires drôles, en discutant de nouveaux concepts et en imaginant des hypothèses agréables.

Traitez les Sept d'égal à égal. N'abusez pas de votre autorité. Ils n'aiment pas recevoir d'ordres ni en donner. Leur supérieur doit accepter leur morgue et leurs subordonnés doivent tolérer leurs instructions floues et leur manque d'organisation.

Ne demandez pas aux Sept de renoncer à certaines options trop tôt. Aidez-les à définir eux-mêmes leurs priorités. Ils ne s'impliquent jamais sous l'effet de la contrainte ; ils doivent juger que ça en vaut la peine.

Gestion du temps

Les Sept ne s'embarrassent pas des contraintes de temps. Quand tout va bien, ils se donnent toute latitude pour définir et redéfinir leurs priorités et leur planning, quitte à y passer des nuits entières. En outre, ils trouvent toujours le temps de caser une nouvelle expérience dans leur emploi du temps surchargé.

Pour eux, le temps est élastique. Quand ils sont en forme, ils ont l'impression de pouvoir étirer le temps à l'infini. Ils refusent de se soumettre au temps objectif.

Ils sont en revanche très sensibles au temps qui passe lorsqu'ils doivent arriver tous les matins à la même heure dans le même bureau au milieu des mêmes collègues. Pour les Sept, les horaires fixes sont un cauchemar. Quand on les empêche de faire preuve de spontanéité, les Épicuriens ont l'impression d'être soumis à une chape de plomb.

Les Sept sont conscients du temps qui passe, mais trouvent plus intéressant de faire comme si le temps était illimité. Les brainstormings et les projections dans l'avenir sont des activités libératrices, car elles permettent d'échapper aux contraintes de temps et de lieu et d'esquiver la question des conséquences. Ce travail d'imagination paraît si essentiel qu'ils auraient l'impression de perdre leur temps s'ils se mettaient à réfléchir à des détails pratiques. Les idées représentent une libération et transcendent le temps. En revanche, leur mise en pratique semble exiger un temps infini et les Sept ne peuvent pas s'empêcher de traîner les pieds.

Ellen, avocate, est irréprochable dans la première phase de son travail : celle où elle fait preuve de créativité en imaginant les arguments et la stratégie autour desquels elle montera le dossier de son client. Charmante et s'exprimant avec aisance, elle sait présenter sa position d'une manière convaincante et contrecarrer les appels à la prudence des autres avocats du cabinet.

Ellen retire une grande satisfaction de son travail de réflexion initial. En revanche, à ses yeux, le travail pratique qui en découle – effectuer les recherches nécessaires, rédiger ses conclusions, déposer les documents – n'est qu'un détail. Dans son esprit, le projet est déjà parfaitement ficelé. Travailler effectivement dessus apparaît donc comme une redite.

Elle n'a pas l'impression de perdre son temps quand elle rêve aux autres orientations qu'elle pourrait donner au dossier. Pourquoi s'en tenir à une solution évidente quand l'idée suivante peut être meilleure ? Pourquoi suivre une voie toute tracée quand on peut avoir une idée de génie ?

> Dynamiques et optimistes, les Sept perdent du temps, mais à la vitesse grand V. Toute échéance suscite une effervescence de nouvelles idées, non seulement pour la tâche en cours, mais aussi pour d'autres projets. Par conséquent, ils ont du mal à remplir leurs engagements.

Aider les Sept à gérer le temps

Encouragez l'approche multitâches des Sept : ils peuvent être plus efficaces quand ils travaillent sur plusieurs projets à la fois que quand ils se limitent à une seule tâche.

Ménagez aux Sept du temps pour réfléchir à leur projet suivant tout en continuant à travailler sur leur projet en cours.

Aidez-les à ne pas être hors sujet dans les discussions et les exposés. Leur goût pour les associations d'idées peut les conduire à partir dans tous les sens.

Interrompez les Sept quand ils parlent trop ou racontent trop d'anecdotes. Sans leur faire de remarque désobligeante, ramenez leur attention sur le fond du sujet.

Pendant les moments difficiles ou ennuyeux, les Sept peuvent chercher une échappatoire. Aidez-les à continuer à se concentrer et dites-leur quand ils peuvent partir ou faire une pause.

Les Sept sont très doués sur le court terme mais extrêmement rétifs à la routine. Quand le travail est répétitif, subdivisez-le en cycles courts en associant à chacun de ces cycles une récompense. Ravivez l'enthousiasme des Sept vis-à-vis de l'objectif final à la fin de chaque cycle puis attirez leur attention sur le cycle suivant.

Tentez l'astuce du « sandwich »: arrangez-vous pour qu'une tâche difficile s'intercale entre deux moments agréables : l'un pour mettre le Sept en mouvement, l'autre pour lui donner envie de tenir jusqu'au bout.

Les Sept en négociation

Négocier avec un Sept, c'est un peu comme essayer d'attraper une anguille. La loquacité charmeuse des Sept et leur don pour brouiller les frontières entre réalités et suppositions désarment bon nombre d'adversaires. Dans la bouche d'un Sept, une hypothèse ressemble à une vérité et une vague suggestion ressemble à une offre ferme.

Pour garder le contrôle de la situation, il faut remarquer à quel moment le Sept commence à prendre la tangente et le ramener sur les rails.

Face aux préoccupations formulées par leurs interlocuteurs, les Sept commencent par jouer de leur charme. Si cette tactique ne fonctionne pas, ils deviennent condescendants : « Vous comprendriez mieux si vous aviez autant d'expérience que moi. » Si cette démarche n'a pas plus de succès, les Sept optent pour l'affrontement ou pour la fuite. Dans le premier cas, ils critiquent leurs interlocuteurs d'une façon blessante. Dans le second, ils disparaissent tout bonnement, à la recherche de nouvelles aventures.

La meilleure stratégie consiste à faire preuve d'autant de charme qu'eux sans dévier pour autant de l'ordre du jour. Souvenez-vous que les Sept ne raisonnent pas en termes d'engagements fermes. Ils voient l'univers en termes d'options multiples. Là où les autres voient un engagement définitif, les Sept voient une solution qui pourra ensuite varier en fonction du contexte.

Si les Épicuriens ménagent des échappatoires dans les accords qu'ils concluent, c'est plus par habitude que par calcul. Quoi qu'il en soit, veillez à fixer des termes incontournables pour les points les plus importants de l'accord : prix, quantité, durée, échéance, etc.

Les Sept et la formation et l'apprentissage

La révolution électronique a permis l'émergence d'outils de formation parfaitement adaptés aux Sept. En effet, ceux-ci sont très doués pour jongler avec des quantités considérables de données et pour rapprocher astucieusement et rapidement des informations a priori disparates.

Les Sept se plongent dans les supports de formation sans prendre le temps de se demander si le cours est parfaitement structuré. Ils comprennent vite et communiquent aisément. En revanche, leurs interventions partent dans tous les sens et sont truffées d'associations de pensées, de questions et de commentaires, ce qui a le don d'exaspérer les formateurs méthodiques.

Les Sept se prêtent aisément à un apprentissage non linéaire à base d'associations d'idées ne nécessitant pas une réflexion approfondie sur un sujet unique. Les Sept intègrent beaucoup d'informations, mais de façon très anarchique. Ils obtiennent souvent de très bonnes notes alors qu'ils n'ont pas paru particulièrement attentifs. En effet, ils sont facilement distraits.

En revanche, les Sept se transforment en élèves appliqués quand le sujet les intéresse. Ils n'ont ni besoin de confort physique, contrairement aux Neuf, ni besoin d'un rapport personnalisé avec le formateur, contrairement aux Quatre. Le seul critère qui vaille est l'intérêt que leur inspire la formation. Pour le formateur, la solution consiste à les ramener régulièrement sur les rails sans être trop répressif. Les Sept aiment se concentrer sur un thème intéressant et ils apprennent vite, à condition que personne ne les ralentisse ou ne les frustre. Les formateurs doivent insister sur les objectifs de la formation sans espérer une courbe de progression constante.

Étude de cas : la courtière qui croyait en sa bonne étoile

Le chef de service, un Trois, a passé l'après-midi à faire passer des entretiens d'évaluation à ses subordonnés, des courtiers en bourse.

À quelques minutes du dernier entretien de la journée, il est détendu.

Les autres entretiens ne se sont pas mal passés et il se réjouit d'avance de celui-ci : il attend sa meilleure collaboratrice et il n'a que des compliments à lui faire.

Il profite des quelques instants qui lui restent avant l'entretien pour consulter sa messagerie vocale. Il écoute ses messages d'une oreille tout en rédigeant le brouillon d'une lettre adressée à un investisseur potentiel.

Ensuite, il prend le dossier de sa meilleure courtière mais ne l'ouvre pas. « À quoi bon l'ouvrir ? », se dit-il. « Je lui ai mis une excellente note l'an dernier et, à ce que je sache, rien n'a changé depuis. Il n'y aucune raison de suivre pas à pas le formulaire d'évaluation. »

Distraitement, il tapote le dossier de la pointe de son stylo. Il le laisse posé sur son bureau pour référence, au cas où la courtière aurait des questions à poser, mais il ne voit aucune raison de perdre du temps à le passer en revue avec elle.

Fidèle à son habitude de faire plusieurs choses à la fois, il coche la case « excellent » pour toutes les rubriques du formulaire d'évaluation tout en passant quelques coups de téléphone.

Tout en parlant à l'un de ses correspondants, il se souvient qu'un autre dirigeant de la société lui a fait des compliments sur la courtière. Il se dit que la jeune femme projette une excellente image professionnelle convenant parfaitement à son entreprise.

Jeune et énergique, elle a un très bon diplôme. Elle est compétente, intelligente et s'exprime facilement. Personne ne l'a jamais critiquée. Quand elle franchit la porte, il la gratifie de son sourire le plus chaleureux.

Interactions typiques

La courtière prend place en face de son supérieur. Tous deux affichent un sourire plein d'assurance. Le message est clair : « Il n'y a aucun problème. »

En percevant le signal positif que lui envoie son supérieur, la courtière est intérieurement soulagée. Elle a échappé au pire. Elle ouvre la conversation sur le ton de la confidence en demandant conseil à son supérieur : la société prépare l'émission de titres d'une jeune entreprise. Comment la courtière peut-elle obtenir une partie de ces titres pour ses clients ? La jeune entreprise est extrêmement prometteuse et la courtière y voit une excellente façon de renforcer ses relations avec deux investisseurs importants.

Ravi de la faire bénéficier de son expérience, son supérieur la conseille sur la démarche à adopter pour aborder ses collègues chargés de l'émission de titres. Il aime jouer un rôle de mentor auprès de la jeune courtière.

De son côté, la courtière ressent la même satisfaction que lorsqu'elle est sur le point de décrocher un gros contrat.

Sans qu'aucun compliment explicite n'ait été formulé, chacun des deux a l'impression que l'autre l'admire.

La conversation prend ensuite un tour plus sérieux avec l'examen des performances de la courtière sur l'année écoulée.

La Sept est en territoire familier. Elle met l'accent sur ses réussites auprès de divers clients, mais sans fournir à son supérieur la moindre documentation à l'appui de ses dires.

D'ailleurs, son supérieur ne lui demande aucune preuve de ce qu'elle avance. Il ne l'interroge pas non plus sur son respect des procédures et des formalités, alors que c'est un volet essentiel des attributions de la courtière.

La courtière jette un coup d'œil à sa montre : l'entretien est prévu pour durer une heure, et trente minutes se sont déjà écoulées. Sa nervosité secrète s'apaise. Son supérieur a toujours eu tendance à négliger certains points importants ; aujourd'hui, elle s'en réjouit.

« Peut-être qu'il n'a pas entendu parler de mon problème sur le dossier Watkins », se dit-elle. « Je parie qu'il n'a pas ouvert mon dossier. »

La courtière n'a pas respecté le délai légal de dépôt d'un dossier important, ce qui a valu une lourde amende à sa société. En bonne Sept, elle se trouve des excuses : « Ce n'était pas entièrement de ma faute. Ma secrétaire aurait dû me rappeler l'échéance. Ça aurait pu arriver à n'importe qui. J'étais débordée. C'était la semaine qui a suivi mon retour de Hawaï et je devais déposer des tas de documents en même temps. »

Le voyage à Hawaï était un déplacement professionnel, mais elle avait décidé au dernier moment de rester sur place pour prendre un long week-end de repos.

La Sept se rend compte qu'il ne reste qu'un quart d'heure avant la fin de l'entretien. Elle tire mentalement un trait sur le dossier Watkins : « Ce sera vite oublié, parce que je n'arrête pas de conquérir de nouveaux clients. »

Le Trois la voit regarder sa montre. « Il n'y a pas de raison de traîner en longueur », dit-il. « Votre travail est extrêmement satisfaisant. Félicitations. »

Les deux collègues se lèvent et échangent une poignée de main. Ils se réjouissent tous les deux que l'entretien ait été rapide. La courtière s'en va aussitôt.

Après son départ, son supérieur prend son dossier pour le ranger. Il remarque qu'une fiche bleue en dépasse. C'est une note du service juridique, qui lui demande d'autoriser le paiement d'une amende de 50 000 dollars pour le dossier Watkins.

Ses battements de cœur s'accélèrent. « Bon sang! Comment est-ce que j'ai pu laisser passer ça? » Il est horrifié : la hiérarchie va le tenir pour responsable de cette amende et lui reprocher de ne pas avoir veillé au respect des délais au sein de son équipe.

Très vite, il range la fiche bleue dans un tiroir. Ensuite, il téléphone à la courtière pour lui demander de revenir. Quand elle arrive, il sort la fiche bleue du tiroir en disant : « J'ai oublié d'évoquer ce problème. Il faut qu'on en parle. »

Le vent tourne

C'est le moment de vérité pour ces deux optimistes invétérés. Chacun d'entre eux essaie de s'en sortir le mieux possible.

La Sept rougit. Elle se trouve des dizaines d'excuses et s'apprête à esquiver adroitement toutes les critiques en cherchant désespérément une échappatoire.

Son supérieur est très partagé. Refusant d'admettre qu'il a manqué de sérieux, il ne veut pas avouer à la courtière qu'il n'a pas consulté son dossier avant l'entretien. D'un autre côté, il lui en veut d'avoir profité de sa négligence.

Par ailleurs, il se reproche de n'avoir pas été au courant du problème. Il se rend compte qu'à force de courir plusieurs lièvres à la fois, il néglige des détails cruciaux. Et la Sept le sait. Le Trois se demande combien d'autres collaborateurs connaissent ses faiblesses et en profitent.

Les Sept évitent la souffrance chaque fois qu'ils le peuvent et les Trois tiennent à projeter une image de réussite. Maintenant, chacun des deux interlocuteurs est pris à son propre jeu.

La Sept est tenaillée par l'angoisse en percevant la tension dans la voix du Trois : « Cinquante mille dollars! Est-ce que vous vous rendez compte de ce que vous avez fait? La société Watkins est notre cliente depuis longtemps. Vous avez mis en péril nos rapports avec elle et notre réputation. »

À l'époque de l'incident, la Sept en avait relativisé la gravité. Maintenant, on lui rappelle durement que l'amende est égale à son salaire annuel.

Elle se rend compte que son supérieur lui en veut d'autant plus qu'il a eu l'impression de s'être fait berner. Elle comprend qu'elle a peut-être empoisonné durablement – voire définitivement – leurs rapports. Elle aurait dû mentionner l'incident d'elle-même au lieu de compter sur la négligence de son supérieur. Mieux encore, elle aurait dû lui en parler dès la survenance de l'incident, pour lui demander son avis.

Dénouement

Curieusement, le Trois se met à la place de la Sept, même s'il prend soin de ne pas le montrer. Il se demande s'il n'aurait pas tenté la même dissimulation. Et il doit se rendre à l'évidence: il aurait fait la même chose. Cette prise de conscience le pousse à aider la courtière et à veiller à ce qu'elle tire les leçons de cette erreur.

« Vous êtes consciente que cela ne doit pas se reproduire », commence-t-il. « Je vais vous soumettre à une supervision stricte et nous allons rédiger ensemble un rapport sur l'incident qui sera versé à votre dossier. Il est hors de question d'oublier ce qui s'est passé. »

Tout en étant soulagée de ne pas perdre son emploi, l'Épicurienne se rend compte que son supérieur va désormais la convoquer chaque semaine pour faire le point. En outre, pour le rapport, elle va devoir s'expliquer sur son attitude lors de l'incident et sur sa tentative de dissimulation.

Après son départ, son supérieur se laisse aller contre le dossier de son siège, vidé. Il se rend compte qu'il a été trompé par l'image que projette la courtière et il se dit: « Elle fait comme moi: elle joue de son image. On dirait moi en plus jeune. »

Il a raison: tous deux cherchent à projeter une image porteuse. Toutefois, les Trois adoptent cette attitude pour faire avancer le travail, alors que les Sept cherchent surtout à se ménager des options futures agréables.

Cette recherche du plaisir a poussé la Sept à la faute dans le dossier Watkins. C'est parce qu'elle a décidé de prolonger son séjour à Hawaï qu'elle a oublié la date limite de dépôt des documents. À la minute même où elle a décidé de rester au soleil, le dossier lui est totalement sorti de l'esprit.

Comme notre courtière, rappelez-vous que :

Les Sept doivent se méfier des occasions agréables qui se présentent. Chaque fois que c'est le cas, ils doivent prendre du recul et se demander : « Est-ce une initiative constructive ou une nouvelle échappatoire ? »

Credo	Ne jamais montrer qu'on est en difficulté
Modèle mental	La loi du plus fort
Filtre de perception	Qui a le pouvoir?
Méthode de tri des informations	Tout ou rien
Ce qu'il évite à tout prix	Son impact sur les autres
Progrès à accomplir	Apprendre le bon usage du pouvoir
Cheminement spirituel	Assumer sa vulnérabilité
Passion	L'excès – en vouloir trop, trop vite
Vertu	L'innocence (considérer que les autres sont de bonne volonté)
Moteur	La vérité
Style de management	Si les autres ne sont pas contents, ils n'ont qu'à partir. Les Huit sont puissants et n'ont pas toujours conscience de l'impact qu'ils produisent. Avec eux, l'adage « pas de nouvelles, bonnes nouvelles » est applicable: les employés donnant satisfaction ne voient jamais leur chef. En revanche, ceux qui commettent des erreurs ont affaire à lui. Les employés doivent s'attendre à être à la fois protégés et très surveillés.
Perception par les autres	Ton direct et autorité naturelle. Les Huit sont des personnages hauts en couleur dotés d'une présence indéniable.
Conflits typiques	Les Huit peuvent confondre la justice objective (« C'est bien pour nous tous ») et leurs propres intérêts (« C'est bien pour moi »). Les Huit font sentir aux autres qu'ils doivent soit être d'accord, soit les affronter.
Bonne résolution	Face à un Huit, il ne faut pas se démonter. Il faut parler aussi fort que lui et répéter: « Je comprends votre position et je sais quels sont vos arguments, mais je ne suis pas d'accord, et je vais vous dire pourquoi ». Ne manipulez pas les informations dans l'espoir d'éviter les affrontements.
Signaux positifs envoyés	Les collègues se sentent plus forts grâce aux Huit, qui sont courageux, cohérents, équitables, sincères, directs et sans prétention. Personne n'est trompé sur la marchandise.
Signaux négatifs envoyés	Un sens de la justice mal compris conduit les Huit à chercher à contrôler les autres. Ils peuvent être intimidants et intrusifs.
Signaux mixtes	Quand ils se sentent en sécurité, les Huit se transforment en Altruistes de la base 2 et soutiennent énormément leurs subordonnés. En revanche, quand ils sont en colère, ils peuvent être vindicatifs et durs.
Sentiment de sécurité: passage au point 2	Quand ils se rapprochent de la base 2 et ressentent le besoin d'être appréciés, les Huit deviennent très protecteurs vis-à-vis de leurs collègues et de leurs subordonnés. Pour se faire apprécier, ils aident les autres à exploiter pleinement leur potentiel.
Stress/Risque: passage au point 5	Quand leurs tentatives pour exercer un contrôle direct échouent, les Huit se replient sur une position d'Observateur en base 5. Leurs collègues n'ont alors pas intérêt à venir troubler leur quiétude.
Secteurs d'activité à conseiller	Les postes impliquant un esprit de compétition et offrant un exutoire constructif à leur énergie. Les Huit aiment avoir leur fief et veulent une hiérarchie claire pour que les torts puissent être redressés. Promoteur immobilier, chef d'entreprise, gradé militaire.
Secteurs d'activité à éviter	Les postes impliquant un long travail de diplomatie et le partage du pouvoir: présidence commune d'une société, relations clientèle.
Activités idéales	En première ligne lors des confrontations ou aux avant-postes d'une stratégie d'expansion: avocat, responsable syndical, dirigeant d'une équipe sportive.

11

BASE 8 : LE PROTECTEUR

Le général, l'adversaire…

ÊTES-VOUS UN HUIT ?

Les Huit raisonnent en termes de pouvoir et de protection de leur territoire. Vous voulez donc savoir qui a le pouvoir et s'il l'exerce avec équité. Vous poussez les autres à vous dire tout ce qu'ils savent, non seulement pour mieux comprendre la situation, mais aussi pour ne pas perdre le fil des luttes de pouvoir au sein de l'entreprise. Vous êtes très conscient qu'il faut impérativement sortir vainqueur des affrontements et que vos supérieurs tiennent davantage du loup que de l'agneau. Tous ces facteurs vous ont conduit à vous doter d'un véritable radar à rapports de force.

Conscient que les forts cherchent toujours à dominer les faibles, vous êtes très protecteur envers ceux qui vous entourent et vous veillez à ce qu'ils soient traités équitablement. Vous avez d'ailleurs beaucoup de respect pour tous ceux qui osent se battre contre l'injustice. Vous appréciez ceux qui résistent aux tentatives d'intimidation, qui défendent leurs positions et qui soutiennent leurs amis. Vous haïssez la faiblesse et le manque d'autonomie. En revanche, vous soutenez ceux qui ont le cran de se battre.

Vos collègues peuvent trouver que cette soif de justice frise l'excès de zèle. Même si vous cherchez simplement à obtenir des réponses claires et sincères, ils se sentent harcelés et ont l'impression que vous cherchez l'affrontement. Toutefois, ces mêmes collègues, dans d'autres circonstances, sont ravis que vous preniez leur défense et se placent parfois sous votre aile.

Prenons l'exemple d'Ann, directrice du marketing d'une grande société. Ann laisse toujours la porte de son bureau ouverte pour mieux surveiller ce qui se passe dans son service. Tous ses collaborateurs savent qu'ils peuvent solliciter son aide en cas de besoin, mais qu'ils ont intérêt à avoir une bonne raison de la déranger. Bien que petite de taille, Ann a énormément de présence. Quand son subordonné Bill entre dans son bureau, il a l'impression d'entrer dans l'arène.

Bill est soucieux. De par ses fonctions au sein du service marketing, il a l'habitude que tous les autres services donnent leur avis sur les projets de campagne. Cependant, quand le directeur des ventes a durement critiqué la campagne en cours, Bill a tiqué.

« On aurait dit qu'il se prenait pour le directeur du marketing », raconte-t-il à Ann. « Il a laissé entendre qu'on ne faisait pas notre travail correctement. Il a commencé à nous dicter des modifications. Il a même voulu fixer un calendrier de travail. Je ne savais pas quoi faire : c'est un cadre de haut niveau, je n'ai pas le pouvoir de lui dire non. »

En réalité, Bill a intérêt à ce que ce soit Ann, et non pas le directeur des ventes, qui prenne les rênes de la campagne. Bill est opposé aux modifications souhaitées par le directeur des ventes et sait qu'en noircissant un peu le tableau, il peut pousser Ann à s'emparer du dossier. Tout en faisant son récit, le jeune homme voit Ann rougir de colère et se dit qu'il a gagné la partie.

Plus Ann l'écoute, plus sa fureur monte. La collaboration entre services est une bonne chose, mais personne n'a le droit d'insulter les membres de son équipe. Or, elle interprète les paroles du directeur des ventes comme une insulte. L'équipe d'Ann n'a à recevoir d'ordres de personne. Personne !

Elle pose quelques questions à Bill pour bien comprendre ce qui s'est passé puis compose le numéro du directeur des ventes. Il n'est pas à son bureau et c'est son assistante qui décroche.

L'assistante informe Ann que le directeur des ventes est en réunion. La réponse d'Ann ne se fait pas attendre : « Ça m'est égal ! Je veux lui parler tout de suite. »

Comment les Huit trient les informations

Dans les traditions spirituelles qui utilisent les ennéatypes comme moteurs du développement personnel, les Huit sont appelés les « moines à l'esprit d'excès » parce qu'ils font tout pour obtenir ce qu'ils veulent. Ils ne sont jamais meilleurs que dans l'affrontement et ils s'imposent comme le leader naturel quand leur entreprise traverse une crise. Quand ils prennent les rênes d'un redressement ou d'un rachat d'entreprise, ils protègent l'essentiel, resserrent les cordons de la bourse et, après s'être assurés de leur loyauté, mènent à la bataille des troupes galvanisées par leur confiance en leur chef.

Toutefois, les Huit doivent apprendre à mesurer l'effet qu'ils produisent sur les autres. Quand quelqu'un leur résiste, ils ont tendance à se lancer dans des surenchères agressives et, focalisés sur leur objectif au point de ne rien voir d'autre, ils font le vide autour d'eux – leurs adversaires disparaissent, mais leurs alliés aussi. Eux-mêmes n'en souffrent guère : tout à la poursuite de leur objectif, ils oublient aussitôt les paroles malheureuses que la colère leur a inspirées.

Ils ont du mal à comprendre que ce qui leur paraît juste puisse sembler injuste à d'autres. Leur premier mouvement est de considérer que les avis divergents sont boiteux, idiots ou ennuyeux. S'ils balaient toutes les suggestions d'un revers de la main, c'est parce qu'il est difficile de changer de position quand on est obnubilé par un objectif. Ce n'est pas une question de mauvaise volonté : les Huit deviennent tout simplement sourds aux opinions divergentes dès lors qu'ils se lancent corps et âme dans la poursuite d'un objectif. Comment pourraient-ils se tromper alors qu'ils sont convaincus d'avoir raison ?

Un Huit ressemble un peu à un basketteur en possession du ballon. Rien ne compte en dehors du panier qu'il veut mettre, et il mobilise toute son énergie pour franchir le barrage des joueurs de l'équipe adverse. Certes, plusieurs adversaires s'interposent entre le panier et lui, mais il s'en rend à peine compte. Il a remarqué une faille dans la défense et cette faille occupe toute son attention. Il sent qu'il peut en tirer parti. Vu de l'extérieur, il court à l'échec, mais lui n'a pas du tout cette impression. Focalisé sur son objectif, il ne remarque pas l'avantage numérique de la défense.

Les Huit au travail et dans l'action

Les Huit sont épris de justice, et c'est notamment le cas d'Ann. Sous une apparente dureté, elle cache une vulnérabilité héritée de son enfance. À l'époque, elle se sentait victime d'un pouvoir injuste. Depuis, elle a appris à dissimuler sa vulnérabilité et à tester les intentions des autres, parce qu'elle s'attend à souffrir au premier signe de vulnérabilité de sa part.

Ann est très attachée à la notion de fair-play. Elle a également l'habitude de défendre certaines causes au nom de la justice. Elle partage cette tendance avec le PDG très apprécié d'une chaîne de magasins de meubles de la côte Est des États-Unis, qui a commencé sa carrière tout en bas de l'échelle.

> J'ai siégé à toutes les commissions créées par la société suite à des doléances exprimées par des salariés. Je ne supporte pas l'oppression, ni les gens qui se laissent opprimer sans rien dire. En fait, je m'ennuie tellement au cours de ces réunions et je déteste tellement que les gens parlent pour ne rien dire que je me mets en colère pour éviter de perdre tout intérêt pour la question.
>
> C'est devenu un sujet de plaisanterie : on dit que je me dispute avec les gens pour briser la glace. Comme je me lance en premier, les gens peuvent aborder les sujets qui fâchent sans se soucier de leur image. Je ne vois pas pourquoi la colère a mauvaise réputation. C'est censé être une émotion négative, un facteur d'éclatement du groupe alors que, pour moi, c'est un moyen de crever l'abcès et de faire bouger les gens en les mobilisant.

Ce PDG part du principe que les autres savent, comme lui, s'affirmer et défendre leurs convictions. Il trouve qu'une bonne prise de bec permet d'assainir l'atmosphère. D'ailleurs, tout est oublié une fois que chacun a dit ce qu'il avait sur le cœur. Si vous êtes d'accord avec cette analyse, si vous trouvez que la colère est saine et libératrice, vous êtes un Huit. Vous savez que la colère pousse à exprimer ses pensées les plus profondes et que, sous la pression, les autres laissent échapper ce qui leur tient le plus à cœur. La colère est source de vérité.

> Les Huit doivent apprendre à détecter les moments où ils commencent à s'ennuyer car, chez eux, l'ennui laisse vite place à la colère. Il est beaucoup plus amusant de secouer la torpeur ambiante en faisant un esclandre que d'attendre patiemment que quelque chose se passe...

Les Huit aiment fixer les règles, mais aussi les enfreindre. En fait, les règles n'ont pas d'importance à leurs yeux. L'important, c'est qu'ils aient suffisamment de pouvoir pour dire ce qu'ils veulent. Pour éviter de faire systématiquement des esclandres, ils doivent apprendre à se discipliner au lieu d'agresser les autres pour lutter contre l'ennui.

> ***Gardez bien ceci à l'esprit à propos des Huit***
>
> Au sein d'une équipe, un Huit est soit présent à cent pour cent, soit totalement absent. Quand un projet l'intéresse, son niveau d'énergie atteint son maximum en quelques secondes. Enfin quelque chose à se mettre sous la dent! Pour un projet titanesque, un Huit est prêt à travailler d'arrache-pied pendant des semaines. Ce que ses collaborateurs ignorent, c'est que le Protecteur en profite pour observer leur implication et évaluer leur endurance. En étant eux-mêmes un modèle de persévérance et de force de caractère, les Huit lancent la machine qui leur permettra de distinguer les collaborateurs qui se donnent à fond des autres.
>
> Les Protecteurs ne supportent pas l'idée qu'il puisse y avoir plusieurs points de vue d'égal mérite, car ils ont besoin de fonder leur action sur une réflexion inattaquable. Ils se méfient des ambiguïtés, des messages ambivalents et des communications peu claires car elles les conduisent à s'interroger sur la valeur de leur propre position.
>
> Leur appétit de vivre les conduit à jouer de leur pouvoir et de leur charisme en écartant les questionnements et les doutes. Ils refusent de voir leur propre vulnérabilité. C'est une erreur. Certes, ils savent mieux que quiconque se mobiliser très vite et foncer droit au but, mais il n'est jamais bon de se priver des bonnes idées des autres. Les Huit doivent apprendre à détecter les moments où leur besoin de pouvoir se fait sentir et à ne pas abuser de leur puissance. Pourquoi peser de tout son poids quand une pression mesurée suffirait? Et pourquoi soupçonner des injustices partout?

En d'autres termes

Le mode de pensée d'un Huit fait merveille sur un terrain de basket-ball mais ne convient guère aux situations nécessitant de la diplomatie, de la patience et de la souplesse. Les Huit doivent, comme le veut le proverbe, apprendre à tourner sept fois la langue dans leur bouche avant de parler. Ainsi, pour reprendre notre exemple, Ann doit laisser au directeur des ventes le temps d'exprimer son point de vue avant de se faire une opinion.

Les Huit doivent apprendre à patienter et à écouter. Pour cela, ils doivent profiter du temps qu'ils mettent à « tourner sept fois la langue dans leur bouche » pour intégrer réellement ce que les autres leur disent. Ensuite, ils doivent se répéter mentalement les paroles de leurs interlocuteurs, même si cela leur semble ridicule. Ils doivent aussi jouer de leur imagination pour s'exercer à prendre de la distance par rapport à leur propre point de vue. S'ils voyaient leur situation à travers les yeux d'un autre, quel conseil se donneraient-ils ?

Les Huit doivent profiter des périodes calmes pour se renseigner sur l'effet qu'ils produisent sur les autres. Pour cela, ils doivent demander à des personnes de confiance comment ils sont perçus. Ils doivent aussi tirer les leçons de l'Ennéagramme pour s'adapter à la manière dont les divers ennéatypes réagissent à leur style autoritaire et direct. En effet, les Huit expriment leur opinion avec une telle vigueur que certains interlocuteurs ont l'impression qu'ils cherchent la bagarre.

Stress, risque et sécurité

Dynamiques de changement des Huit

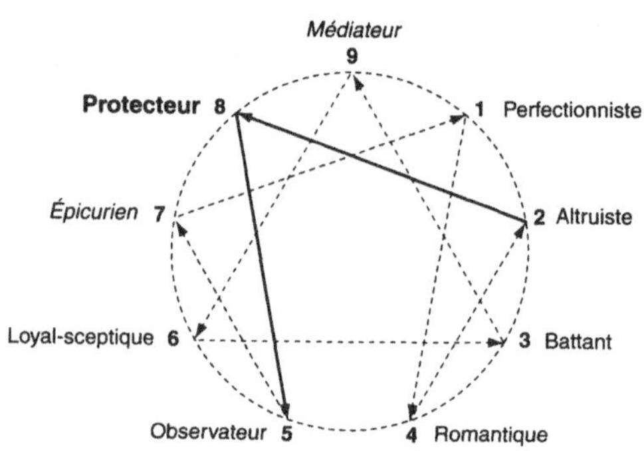

En période de sécurité, le transfert vers la base 2

Quand un Protecteur se sent bien, son bien-être rejaillit sur tous ceux qui l'entourent. Il élabore des plans à grande échelle et adopte un rythme de travail survolté. Il se montre extraverti et sociable et adore prendre son équipe sous son aile pour lui assurer aide et protection.

Quand un Huit se sent bien suffisamment longtemps, il ressent moins le besoin de tout contrôler et se rapproche des gens sans chercher à les tester. En effet, dans les phases de sécurité affective, les Huit se rapprochent de la base 2. Quand ils font confiance à ceux qui les entourent, ils sont moins sur leurs gardes et se rendent compte qu'ils ont besoin de leurs collaborateurs.

Ils ressentent brusquement le besoin d'être appréciés et peuvent être blessés par des mots qui ne les auraient nullement atteints par le passé. Leurs collègues ne remarquent pas forcément cette évolution, mais les Huit deviennent très susceptibles. Les Protecteurs doivent alors montrer l'exemple et traiter les autres comme ils aimeraient eux-mêmes être traités, même s'ils trouvent déroutant de s'afficher comme vulnérables. Ils découvriront alors le plaisir de sentir que les autres sont disposés à les protéger à leur tour dans les moments difficiles.

Réponse au stress et au risque : le transfert vers la base 5

Aux premiers signes de stress, la stratégie de défense des Huit s'accentue. Ils ne remarquent plus que les points faibles de l'argumentation de leurs adversaires et ils dissimulent l'étendue réelle de leur puissance en attendant le moment propice pour frapper en usant au mieux de leurs atouts. Ces atouts pourront aller de la force de caractère et de la persévérance pour une femme de petit gabarit à une voix puissante et une stature imposante pour un solide gaillard. Quoi qu'il en soit, l'objectif est de dominer et les Huit ont beaucoup de mal à changer d'orientation une fois qu'ils commencent à raisonner en termes de « tout ou rien ».

Que se passe-t-il quand un Huit essuie alors un échec ?

Quand l'échec n'est encore qu'un risque sérieux, le Huit se braque et accentue la pression tous azimuts pour influer sur l'issue finale sans jamais céder un pouce de terrain. Dans ces moments-là, il doit veiller à ne pas passer sa colère sur ses collaborateurs. En outre, il doit essayer de ne pas s'arc-bouter sur sa position au-delà du raisonnable.

Quand l'échec devient une réalité, les Huit se transforment en Observateurs en passant à la base 5. Leur stratégie d'affrontement direct n'ayant pas fonctionné, ils assurent leur sécurité en opérant une retraite stratégique. Ils disparaissent pour reconstituer leurs forces et ne sont là pour personne: les moments difficiles doivent être gérés dans la solitude.

Soucieux de ne se montrer qu'en position de force, les Huit prennent le temps de rassembler leurs esprits et de revenir dans un rôle neutre. À leur retour sur la scène publique, ils font comme si rien ne s'était passé. Paradoxalement, ces phases d'échec offrent une occasion rêvée d'approcher un Huit: persuadé que les autres sont toujours prêts à tirer sur l'ambulance, celui-ci vaudra une reconnaissance éternelle à ceux qui lui auront tendu la main ou qui lui auront permis de sauver la face.

Comment les Huit sont perçus

Leur style de communication

Les Huit ont un style de communication très direct et leurs collègues apprécient généralement leur franchise. Avec les Protecteurs, personne n'est trompé sur la marchandise. Très enclins à désigner des responsables quand ils se sentent menacés, les Huit mobilisent rapidement les énergies en prenant ces responsables présumés pour cibles. Mais les Huit sont tout aussi durs envers eux-mêmes et, quand ils font une erreur, les reproches qu'ils s'adressent sont tout aussi violents.

Les Huit ne craignent pas d'exprimer leur opinion. Ils parlent en termes de justice, montrant du doigt ce qui leur paraît injuste et exigeant qu'on y mette fin. Ils se rendent rarement compte de l'impact qu'ils produisent. Ils n'ont pas d'arrière-pensées et ne sont pas rancuniers, une fois que leur colère s'est exprimée. Leurs collaborateurs savent que la meilleure méthode de communication consiste à dire les choses sans fioritures. Ils savent aussi qu'ils ne doivent pas dissimuler les mauvaises nouvelles.

Quand on travaille avec un Huit, on apprend vite à lui laisser la chaise en bout de table lors des réunions : en effet, le Protecteur finit toujours par présider la séance, même s'il a auparavant juré ses grands dieux qu'il n'était là qu'en tant que « simple observateur ». Le Huit se prend systématiquement au jeu et finit toujours par proposer une stratégie, ne laissant aux autres que le choix d'y adhérer ou d'y résister.

Ceux qui apprécient les Huit les jugent assurés, forts et protecteurs. Les autres les trouvent présomptueux et autoritaires.

Pour bien s'entendre avec un Huit, il faut l'alerter immédiatement sur les conséquences des initiatives qu'il propose. Il ne faut pas tourner autour du pot ni enrober ce qu'on a à dire.

En transformant chaque discussion en bras de fer, on froisse des susceptibilités et on se fait des ennemis même parmi ses alliés naturels. Ensuite, on en paie les conséquences sous forme de représailles.

Une victime du style belliqueux d'une Huit témoigne du malentendu qui s'installe entre les Protecteurs et leur entourage :

> Au cours d'un séminaire, j'ai découvert que j'étais un Cinq et, surtout, que ma supérieure était une Huit. Elle s'est mise à louer ma « précieuse contribution » à la campagne publicitaire qui lui avait valu un prix. Moi, je me disais : « Elle est folle ! ».
>
> De mon point de vue, la préparation de cette campagne avait été un cauchemar. Je préférerais démissionner plutôt que de revivre un tel affrontement permanent. J'avais remarqué un problème dès le départ, mais ma supérieure s'obstinait à me répondre qu'on y viendrait en temps voulu. Finalement, un jour, j'ai explosé. J'étais tellement furieux que je me moquais des conséquences. Pourtant, je déteste l'agressivité, et ce moment de colère m'a perturbé pendant plusieurs jours. Ma supérieure, elle, a trouvé que c'était dans l'ordre des choses. Elle n'a pas compris combien ça m'avait pesé.

Le non-verbal : leurs attitudes et leurs gestes

On est conscient de la présence d'un Huit même quand celui-ci ne dit pas un mot. Les Protecteurs expriment en permanence une confiance en eux qui peut paraître menaçante, surtout quand on réprime soi-même son hostilité. Ainsi, les Loyaux-sceptiques ont tendance à succomber à leurs angoisses coutumières. Ils voient les Huit comme des êtres dangereux et gardent pour eux les informations qui fâchent. Quant aux Médiateurs, soucieux de maintenir la paix, ils peuvent se taire pendant des années.

Même quand ils ne sont pas grands de taille, les Huit adoptent un langage corporel direct et sans prétention. Leur énergie débordante et leur détermination les font paraître plus grands qu'ils ne sont. Ce dynamisme peut être très constructif. Les collaborateurs d'un Huit ont tendance à s'abriter derrière lui quand il faut donner l'assaut: ils lui accordent une confiance implicite car ils savent qu'il saura affronter les combats.

Ces mêmes collaborateurs sont conscients qu'en revanche, les Huit ne savent pas communiquer pendant les périodes de calme. Privés de l'excitation liée à un projet ou un objectif évident, les Huit peuvent devenir des empêcheurs de tourner en rond. Pour lutter contre leur ennui, ils jettent de l'huile sur le feu au moindre incident et transforment un environnement de travail paisible en champ de bataille.

Communiquer avec les Huit

En général, les Huit disent sans détours ce qu'ils veulent. Faites de même et donnez-leur des réponses claires. Ils n'apprécieront pas votre opposition éventuelle, mais ils vous respecteront.

Les Huit peuvent considérer les compromis comme un signe de faiblesse. Dites-leur que vous comprenez leur position en utilisant les termes qu'ils choisiraient eux-mêmes. Ensuite, exposez vos arguments. Évitez que la discussion tourne à la dispute et revenez-en systématiquement au fond du problème.

Les Huit sont avares de compliments. Ne cherchant pas eux-mêmes à être appréciés, ils ne pensent pas à féliciter leurs collaborateurs. Incitez-les à ne pas oublier les petits gestes qui encouragent et motivent les autres.

Écoutez ce qu'ils ont à dire, même lorsqu'ils le disent d'un ton furieux ou accusateur. Ne vous laissez pas entamer par leur colère. Si vous avez fait une erreur, admettez-la sans renoncer à votre amour-propre.

Aidez les Huit à maîtriser leur autoritarisme. Ils peuvent se priver d'informations ou de collaborateurs précieux si les autres les fuient pour échapper à leur tempérament belliqueux. Quand une question de justice se pose, obligez les Huit à écouter tous les arguments en présence.

Donnez votre avis aux Huit. Remettez en cause les idées toutes faites qu'ils se font sur les autres ou sur la meilleure façon de procéder. Ils ont une fâcheuse tendance à foncer tête baissée en se fondant sur des informations erronées ou sans prendre le temps de réfléchir aux diverses options possibles.

Tenez toujours les Huit informés. Entretenez-vous avec eux chaque fois qu'il y a un doute. De simples oublis peuvent être perçus comme des trahisons. Les Huit préfèrent qu'on leur donne de mauvaises nouvelles plutôt que pas de nouvelles du tout.

Ce qui pousse un Huit à agir

La stratégie de survie des Huit consiste à avoir soif de tout – soif de vivre, soif de relever des défis, soif de concurrence. Les Protecteurs s'appuient sur leur appétit de vivre pour accomplir leurs tâches. Ils adorent se consacrer pleinement à un projet exigeant énormément de temps et d'énergie. Les Huit se motivent d'eux-mêmes quand ils ne se sentent pas sous-utilisés et quand ils peuvent se jeter à corps perdu dans le travail. Ils détestent l'idée de passer leur vie avec un pied sur le frein.

> À quoi bon s'intéresser à un projet quand on ne peut pas s'y donner à fond ? À quoi bon faire des efforts quand l'objectif est désespérément modeste ?

Quand ils sont jeunes, les Huit aiment travailler jusqu'à en tomber d'épuisement et se remettre à la tâche dès leur réveil. En revanche, ils peuvent être très paresseux quand leur travail est inintéressant. C'est tout ou rien. Soit ils débordent d'énergie, soit ils n'en ont aucune. En outre, ils jugent qu'aucun travail ne vaut d'être entrepris s'ils ne peuvent pas y exprimer toutes leurs capacités.

Ainsi, une avocate manifestera un souci aigu de protection à l'égard de tout client venu solliciter son aide. Elle se chargera de traiter avec la partie adverse, le tribunal et même la famille de son client. À l'occasion, elle pourra même malmener son client « pour son bien » et lui rappeler sans ménagement qu'il ne doit pas baisser les bras, qu'il faut continuer le combat. Si un règlement amiable ou un échec est inévitable, elle se chargera également de gérer cette période difficile en prenant les dispositions nécessaires, en aidant les autres à gérer leurs émotions et en soutenant les plus atteints.

Notre avocate n'a besoin d'aucun facteur extérieur de motivation quand son environnement de travail lui offre suffisamment de défis à relever. Elle est capable de soulever des montagnes pour ceux en qui elle croit et elle est le point de ralliement de tout le personnel de son cabinet dans les périodes de stress. Sous la pression, elle monte au créneau pour gérer les situations d'urgence et donne du courage à ceux qui ont tendance à paniquer. Ainsi, elle donne confiance aux Perfectionnistes, qui ont tendance à ne rien faire de peur de commettre une erreur. Quant aux Altruistes, elle les rassure par sa maîtrise de la situation.

En revanche, quand elle ne peut pas se donner à fond ou quand ses efforts restent vains, sa vitalité naturelle se transforme en une colère dirigée contre elle-même ou contre les autres. Les Huit font des vagues quand leur besoin de stimulation est frustré ou quand ils se sentent contrôlés par quelqu'un d'autre. Dans leurs pires moments de découragement, ils s'économisent en attendant que justice soit faite. Heureusement, ces moments d'usure leur donnent aussi l'occasion de découvrir leur motivation profonde – en l'occurrence, trouver un exutoire constructif à leur énergie. Pour progresser, les Huit doivent apprendre à identifier les moments où leur sentiment d'impuissance laisse place à la colère. Ils doivent détecter les moments où leur colère monte et se concentrer sur les paramètres qu'ils maîtrisent encore et sur lesquels ils peuvent peser d'une manière constructive.

Motiver les Huit

Si vous voulez devenir l'allié d'un Huit, faites preuve de respect, d'équité et de franchise.

Les Huit font confiance à ceux qui combattent loyalement. Ils n'hésitent pas à provoquer leurs amis et leurs collègues pour leur faire dire la vérité et crever l'abcès. Défendez fermement votre position et ne vous laissez pas intimider.

Incitez les Huit à mettre leur autorité naturelle, leur assurance et leur enthousiasme au service du bien collectif. Apprenez-leur à se servir de leur force pour accompagner les autres, et non pour les dominer. Vantez les mérites de la coopération et soulignez les limites de la coercition.

Les Huit se mobilisent aussi bien contre leurs adversaires que pour leurs alliés. Ils exigent un minimum de justice pour eux-mêmes et pour les autres et ne reculent devant rien quand il faut redresser un tort.

Quand ils s'investissent dans un projet, les Huit travaillent jusqu'à l'épuisement. Incitez-les à ne pas se surmener et à déléguer.

Les Huit veulent la vérité et feront tout pour l'obtenir. Informez-les de votre position. Organisez régulièrement des réunions pour faire le point. Insistez pour qu'eux-mêmes ne dissimulent aucune information.

Les Huit tiennent à régner sur leur territoire, quel qu'il soit. Ils ont tendance à tester l'autorité des autres et à essayer d'accroître leur sphère de pouvoir. Incitez-les à se définir un territoire clairement délimité au sein duquel ils pourront agir en toute autonomie.

Les Huit et la gestion de leur temps

Les Huit s'arrangent pour maîtriser le temps. Quand ils sont à l'heure, les autres ont intérêt à l'être aussi. Quand ils ont envie de faire une pause, ils en décrètent une. Les Protecteurs font et défont les règles à leur guise. Ils gèrent parfaitement le temps, puisqu'eux seuls décident s'ils souhaitent respecter et faire respecter les délais.

Ils maîtrisent également le temps en se concentrant sur ce qui les intéresse et en n'accordant au reste qu'une attention limitée.

Ainsi, un imprimeur Huit n'aura aucun problème avec les délais : il les respectera tous. En effet, les dates limites représentent le point culminant de projets auxquels il tient: il a mis à leur service son expérience, son savoir-faire et son énergie.

L'imprimeur arrive généralement en avance à ses rendez-vous (encore un moyen de maîtriser le temps). Ensuite, dès qu'il se plonge dans le travail, il perd toute notion du temps. Le calendrier d'avancement de ses travaux est d'ailleurs difficile à prévoir, car lui-même ne raisonne pas en termes d'étapes successives assorties d'échéances partielles. Tout ce qu'il sait, c'est qu'il ne doit jamais ralentir. Son énergie est telle qu'il est sûr de respecter la date limite. Il passe d'une tâche à l'autre en accordant du temps à ce qu'il juge important. Il gère son temps à sa façon.

Ce besoin d'être maîtres de leur temps rejaillit sur les rapports des Huit avec leurs collègues. En effet, les Protecteurs ne peuvent pas s'empêcher de chercher également à gérer le temps de leurs collaborateurs. Cette tendance à tout contrôler, couplée à l'aveuglement des Huit face aux réactions des autres, leur coûte parfois un temps considérable lorsqu'ils doivent revenir sur leurs pas et réparer le tort psychologique qu'ils ont causé.

Devoir travailler avec les autres, faire preuve de patience lors des réunions et attendre que les autres atteignent leur vitesse de croisière: toutes ces contraintes alimentent une frustration considérable chez les Huit. Les autres leur paraissent timorés et semblent freiner délibérément le processus. « Qu'est-ce qu'ils ont tous à me faire perdre mon temps? », se demandent les Protecteurs.

Les Huit ne raisonnent pas en termes de temps objectif. L'important est le travail à accomplir, pas le calendrier des diverses étapes intermédiaires. Ils ne considèrent donc jamais qu'ils perdent du temps. Si le projet n'est pas achevé dans les délais prévus, ils invoquent des obstacles imprévus qui ont retardé leur travail.

Aider les Huit à gérer leur temps

Aidez les Huit à se fixer un planning. Détestant attendre, ils ont tendance à passer à l'action sans étudier toutes les conséquences ni toutes les possibilités. Rappelez-leur qu'ils doivent écouter l'avis des autres et, le cas échéant, en tenir compte.

Quand les Huit se heurtent à une opposition, ils ont tendance à se braquer et à devenir sourds aux arguments des autres. Aidez-les à prendre le temps de réfléchir et de réévaluer leur position. Ils peuvent passer à côté d'informations importantes qui les convaincraient de changer leur fusil d'épaule.

Incitez les Huit à prendre le temps de mobiliser leurs collègues autour de leur projet. Les Huit ont tendance à présumer que les autres n'ont rien à apporter. Rappelez-leur que les autres ont besoin, selon leur personnalité, de bien comprendre le projet, d'être sûrs qu'il y a un consensus ou encore d'avoir un rapport personnel avec le Protecteur pour se mobiliser.

Faites comprendre au Huit qu'une collaboration réussie avec les autres permet d'accroître sa productivité, mais aussi d'assurer ses arrières.

Incitez les Huit à réfléchir avant de parler, surtout quand ils sont très remontés. Ils répugneront à se contenir, mais cet effort leur évitera de passer ensuite un temps considérable à réparer les dégâts.

Si vous travaillez pour un Huit, proposez-lui des séances hebdomadaires au cours desquelles ses collaborateurs et lui évoqueront les grandes questions du moment et exprimeront leurs préoccupations. Ces séances limiteront les risques d'explosions de colère par la suite.

Les Huit en négociation

Quand on négocie avec un Huit, il faut savoir s'imposer. Les Huit sont des négociateurs sûrs d'eux et totalement inconscients des défauts éventuels de leur cuirasse. En revanche, ils sont extrêmement conscients des points faibles de leur adversaire ou, s'ils ne les connaissent pas, font tout pour les découvrir. Une fois qu'ils les ont repérés, ils ne lâchent plus prise, même si les points faibles en question n'ont rien à voir avec le fond du débat.

Imaginons par exemple qu'un Observateur aille voir son supérieur, un Huit, pour lui demander une augmentation. Le Cinq mérite cette augmentation. Son dur labeur a eu un effet positif sur les résultats de la société prospère qui l'emploie.

Au cours de la conversation, le Cinq signale qu'une de ses collègues a été augmentée deux mois plus tôt et que lui-même demande une augmentation plus modeste.

Le Huit s'empare de cet argument en ignorant tous les autres. Si le Cinq veut se comparer à sa collègue, soit! Brusquement, l'Observateur se retrouve sommé d'expliquer pourquoi il est absent plus souvent que sa collègue, au lieu de parler de ses réussites professionnelles.

Si, à l'inverse, le Huit avait eu envie de lui accorder une augmentation, il aurait balayé d'un revers de la main toutes les objections éventuelles et se serait focalisé sur les qualités du Cinq, aussi modestes soient-elles, pour justifier sa décision. À noter que quand le Protecteur n'a pas de préférence particulière, les collaborateurs obtiennent généralement ce qu'ils veulent.

Quand un négociateur voit que l'entretien tourne à la confrontation, il a tout intérêt à détourner l'attention du Huit en lui parlant d'une autre option. Imaginons par exemple qu'une Loyale-sceptique sache qu'elle est sur le point d'être mutée. Elle sera envoyée, soit à Dallas, soit à Houston. Ayant une préférence pour Dallas, elle serait bien inspirée de défendre devant son supérieur les mérites de... Houston.

Elle a tout intérêt à entamer sa conversation avec son supérieur en ces termes: «Vous savez, je comprends tout à fait que vous ayez envie de m'envoyer à Dallas, mais j'ai préparé une liste des raisons pour lesquelles la société ferait mieux de m'envoyer à Houston ». Il y a de fortes chances pour que le Huit défende l'option contraire et finisse par « convaincre » la Six que Dallas lui conviendra mieux.

Cette stratégie ne présente que des avantages: si elle réussit, la Six partira pour la ville qu'elle préfère. Si elle échoue, elle devra se conformer au choix de son supérieur, ce qui est de toute façon le cas quand on est encadré par un Huit.

Les Huit et la formation et l'apprentissage

Les Huit ont du mal à demander conseil. Les formateurs doivent donc formuler leurs remarques avec prudence et en toute équité. Organisez régulièrement des séances pour « faire le point » et éviter que les Huit ne partent dans une mauvaise direction. Les Huit ont du mal à accepter les critiques (même les plus constructives) et les phrases du type: «Vous devez suivre strictement ces diverses étapes ». En outre, ils n'accepteront les indications du formateur que si celui-ci a prouvé sa compétence.

Quand leur groupe comprend des Huit, les formateurs doivent parler d'un ton convaincu et tenir fermement le gouvernail. Les Huit apprennent très bien quand ils perçoivent l'intérêt pratique de la formation et peuvent même être mis à contribution pour aider les autres élèves. La formation doit être très interactive. Le formateur doit autoriser les Huit à se déplacer librement dans la salle de cours et encourager la participation tout en restant maître du jeu. Les Huit aiment avoir une vision globale des choses pour voir comment leurs pièces du puzzle s'intègrent dans l'ensemble. Le formateur doit néanmoins veiller à injecter des aspects pratiques dans son enseignement théorique, faute de quoi les Huit s'ennuieront.

Il pourra utilement s'inspirer de l'étude de cas ci-dessous, qui illustre comment on peut inciter un Huit à acquérir de nouvelles compétences.

Étude de cas : un Huit est victime de sa technophobie

Le responsable des livraisons d'une association caritative spécialisée dans la distribution de repas à domicile s'apprête à passer un entretien d'évaluation. Le travail de ce Huit consiste à superviser quatre cents livraisons de repas par jour.

Le système qu'il a mis en place est si efficace que le conseil d'administration de l'association envisage d'intensifier les livraisons dans la zone gérée par le Huit. Celui-ci n'est pas encore informé du projet, qui est pour l'instant confidentiel. Tout ce qu'il sait, c'est que les bénéficiaires des repas, des personnes alitées ou âgées, sont très satisfaits.

La responsable administrative de l'association est une Perfectionniste. Elle redoute cet entretien. Elle est au courant du projet d'intensification des livraisons et sait que l'association va avoir besoin d'un plus grand nombre de camionnettes. Or, le transport pose déjà problème. Elle a l'impression qu'aucun jour ne passe sans qu'une camionnette tombe en panne.

C'est la troisième fois qu'elle fait passer un entretien d'évaluation au responsable des livraisons, et les conclusions sont toujours les mêmes. Le responsable obtient d'excellentes notes partout, sauf en matière de planification. Or, la planification va revêtir une importance cruciale si le nombre de repas distribués augmente. La responsable administrative a fourni au responsable des livraisons un ordinateur équipé d'un progiciel de logistique. Le responsable des livraisons ne l'a même pas déballé et s'est contenté de l'abandonner par terre dans un coin de son bureau. La responsable administrative est maintenant contrainte de rouvrir ce dossier épineux.

Interactions typiques

La responsable administrative est irritée. Comment annoncer au Huit, par ailleurs travailleur et très apprécié, qu'il doit mieux se conformer au profil de son poste ? Tout le monde apprécie la générosité du responsable et son attitude détendue. Les chauffeurs n'hésitent pas à changer d'itinéraire pour lui rendre service. Ni à redoubler d'efforts pendant les moments de surchauffe.

La Perfectionniste soupire. Pourquoi est-ce toujours à elle de dire les choses qui fâchent ? Pourquoi a-t-elle toujours le mauvais rôle ? Toujours est-il que, pour son propre bien, le responsable des livraisons ne doit pas être autorisé à faire preuve d'insubordination en refusant d'utiliser le nouvel ordinateur.

Avec la multiplication annoncée des distributions de repas, le système actuel est condamné. Pour l'instant, le responsable des livraisons jongle mentalement avec les plannings sans s'appuyer sur le moindre outil de planification. Il ne pourra pas continuer comme ça une fois que de nouveaux itinéraires viendront s'ajouter aux anciens. Il est clair qu'il va devoir recourir à l'informatique, mais comment le lui faire comprendre sans le braquer ? D'ailleurs, pourquoi s'entête-t-il à faire les choses à sa façon ?

De son côté, le responsable des livraisons adore évoluer dans cette atmosphère survoltée où il doit être sur tous les fronts, avec toujours un téléphone à la main et plusieurs chauffeurs agités en face de lui. Son bureau ressemble à un poste de commandement militaire en pleine effervescence. On croirait à peine que son travail consiste à faire livrer des repas.

À ses yeux, ce chaos et la fragilité des véhicules vieillissants de l'association représentent un défi quotidien passionnant. La responsable administrative voit les choses d'un autre œil: pourquoi le Huit résiste-t-il au changement ?

Les Perfectionnistes ont une tendance naturelle à s'inquiéter, et la responsable administrative ne déroge pas à la règle en attendant l'arrivée du responsable des livraisons. L'association reçoit des subventions publiques ; tout le monde a donc accès à ses comptes. Que se passerait-il si un journaliste découvrait ce problème de gestion ? La presse sait se montrer impitoyable avec les organismes qui bénéficient de subventions… Et si un membre du conseil d'administration leur faisait une visite surprise en plein milieu du chaos ambiant? À cause du responsable des livraisons, elle n'a pas l'impression de maîtriser la situation et elle lui en veut de ce qu'elle considère comme de la négligence.

Le responsable des livraisons finit par arriver avec dix minutes de retard. Il a l'assurance de ceux qui sont en terrain familier, mais la posture rigide de la responsable administrative le met immédiatement mal à l'aise. Il se montre d'autant plus cordial et la gratifie d'un salut chaleureux.

Comme d'habitude, la responsable administrative est assise bien droite dans son fauteuil. En réaction, le Huit met un point d'honneur à se tenir voûté. Comme à chaque fois, il suffit de quelques minutes pour que chacun essaie d'avoir l'ascendant sur l'autre: la Une en fixant des règles, le Huit en ne les respectant pas. Malheureusement, ils s'apprécient mutuellement. « Malheureusement », car une franche animosité serait plus facile à gérer.

Le Huit sait que l'entretien d'évaluation va tourner autour des questions de planning. Il sait aussi qu'il refuse de se former à de nouveaux outils en la matière. Il prend l'offensive et se cherche des justifications: « Un travail comme le mien se fait au jour le jour. Produire un planning sur ordinateur et l'imprimer, c'est bien beau, mais il y a toujours des changements ou des problèmes de dernière minute qui rendent les plannings inutilisables. Il y a plus important: notre service fonctionne bien, on respecte le budget et les chauffeurs sont contents. On a déjà parlé des questions de planning au cours de mes deux derniers entretiens d'évaluation. Passons à autre chose! D'ailleurs, je n'ai pas le temps de me former à l'informatique. Cet ordinateur n'a rien à faire dans mon bureau. »

La responsable administrative s'entend lui répondre d'un ton pincé: « Je vous ai envoyé un questionnaire à remplir sur vos connaissances en informatique. Qu'en avez-vous fait? »

Le Huit s'affale encore davantage sur son siège et la Une se demande pourquoi il se montre si peu coopératif. Elle se souvient qu'il a débuté comme simple chauffeur.

«Vous allez devoir acquérir de nouvelles compétences », lui dit-elle. « Les camionnettes tombent en panne parce qu'elles ne sont pas entretenues correctement. » Serrant la mâchoire sous l'effet de l'énervement, la Perfectionniste se rend compte que son interlocuteur la force à adopter une posture rigide et autoritaire. Elle sait qu'elle a raison, mais elle ne retire aucun plaisir de cette situation.

Les deux interlocuteurs sont en colère. C'est l'impasse. L'indignation de la Perfectionniste se heurte à l'agacement du Huit.

Celui-ci prend la main. Maintenant que la responsable administrative a joué cartes sur table, c'est à son tour d'exprimer une longue liste de doléances.

« Mon travail ne se fait pas derrière un bureau », dit-il tout en pensant: « J'aimerais la voir gérer les chauffeurs! Dans mon poste, ce ne sont pas les règles qui importent, ce sont les gens. »

Il envisage de court-circuiter la responsable administrative pour s'adresser directement au conseil d'administration. Il a le sentiment de maîtriser la situation. Il voit très bien que son interlocutrice est mal à l'aise et l'idée de passer à la vitesse supérieure ne lui déplaît pas.

Le vent tourne

En réalité, le responsable des livraisons sait qu'il ne peut pas continuer à se fier uniquement à sa mémoire et à un petit calepin. Néanmoins, à ses yeux, admettre ses lacunes reviendrait à ramper devant la responsable administrative. Il préfère démissionner plutôt que de suivre des cours d'informatique.

Un observateur extérieur pourrait croire à une impasse mais, en réalité, les positions sont moins irréconciliables qu'il n'y paraît. Les deux interlocuteurs ont en commun de gagner modestement leur vie mais d'être très attachés à l'association, et ils travaillent ensemble depuis longtemps. La responsable administrative reprend ses esprits: elle vient de penser à une nouvelle possibilité. Elle annonce au responsable des livraisons: « Le conseil d'administration a décidé d'intensifier les livraisons, et c'est grâce à votre excellent travail. »

Pris au dépourvu, le Huit répond sans réfléchir: « Je peux faire tourner un millier de camions, si vous ne me forcez pas à utiliser votre machine. »

La Perfectionniste comprend enfin. Son intuition était la bonne: si le Huit n'a pas lu la documentation du progiciel, c'est de peur de ne rien y comprendre. Ce n'était ni du sabotage ni de l'insubordination, mais uniquement de la crainte et de la honte.

Sans perdre de temps, elle réexamine le budget. « Pour accompagner l'augmentation du nombre de livraisons, nous pouvons embaucher un opérateur de saisie à mi-temps. Vous sentez-vous capable d'encadrer à la fois les chauffeurs et cet opérateur de saisie? » Elle se dit: « À cet employé, il n'aura pas honte de poser toutes les questions qu'il voudra, même les plus élémentaires. »

La réunion se clôt sur une poignée de main. La responsable administrative entend ensuite le responsable des livraisons rire de bon cœur dans le couloir. Savourant ce moment d'apaisement, elle se rend compte qu'elle aussi aurait honte de son ignorance, à sa place.

Dénouement

La responsable administrative est allée à l'encontre de son ennéatype en modifiant le projet initial du conseil d'administration. Si elle avait agi en Perfectionniste invétérée, elle aurait attaqué le responsable des livraisons, se serait vengée de lui en s'abritant derrière la décision du conseil d'administration et aurait mis fin à un casse-tête. Mais elle aurait également poussé à la démission un employé de qualité.

Elle a préféré se souvenir du respect que lui a toujours inspiré le responsable des livraisons et elle s'est efforcée de se mettre à sa place. Dès lors, sa colère (la grande passion des Un) s'est apaisée et elle a cessé de juger son interlocuteur.

De son côté, le Protecteur a été pris de court par l'appréciation positive de la responsable administrative. Il en a temporairement perdu son masque de « gros dur » et a admis sa technophobie. En exprimant de la vulnérabilité plutôt que l'insubordination, il est sorti de l'impasse. Sa collègue a compris l'origine de sa résistance et a pu lui proposer une solution lui permettant de sauver la face.

Comme notre technophobe, rappelez-vous que :

Les Huit doivent prendre du recul quand ils ont l'impression d'avoir totalement raison dans une dispute. Si leur point de vue était vraiment inattaquable, pourquoi leurs interlocuteurs s'y opposeraient-ils ? Les Huit doivent se dire: « Est-ce que je vois la situation dans sa globalité ? Et si je me mettais à la place des autres pour mieux comprendre leur point de vue ? »

Credo	Éviter de semer le trouble
Modèle mental	Toute chose a ses avantages et ses inconvénients
Filtre de perception	Les priorités des autres
Méthode de tri des informations	Voit toutes les facettes de chaque décision, d'où une difficulté à faire un choix
Ce qu'il évite à tout prix	Sa propre position
Progrès à accomplir	Agir pour son propre compte
Cheminement spirituel	Prendre soi-même ses décisions
Passion	La paresse
Vertu	L'action
Moteur	Le soutien inconditionnel
Style de management	Recherche le consensus ou se retranche derrière les règles: « Ne vous en prenez pas à moi, ce n'est pas moi qui fais les règles »
Perception par les autres	Imperturbable, aimable et réconfortant ou bien têtu et traînant les pieds
Conflits typiques	Tactique passive-agressive. Comme par hasard, le travail n'avance plus en cas de conflit.
Bonne résolution	Si vous êtes un Neuf, souvenez-vous que la colère permet de crever l'abcès et d'être constructif.
Signaux positifs envoyés	Sensibles aux besoins de autres. Réceptifs et ouverts au compromis. Capables de faire ressortir le meilleur de chacun.
Signaux négatifs envoyés	Têtus dans la colère, faisant exprès de ne pas comprendre, sourds aux arguments des autres, incapables d'établir une hiérarchie entre les priorités, refusant de s'écarter des sentiers battus.
Signaux mixtes	Quand ils jugent qu'une décision est mauvaise, la respectent dans un souci d'apaisement mais ressentent une colère rentrée. Message officiel: « Ce n'est pas grave ». Message officieux: « Vous ne vous êtes pas souciés de moi ».
Sentiment de sécurité: passage au point 3	Les Neuf passent à l'action. Ils respectent les objectifs et les délais. Il se peut même qu'ils fassent des choix personnels.
Stress/Risque: passage au point 6	Le stress force au choix. Si le Neuf sombre dans la panique, il est paralysé. En revanche, s'il parvient à maîtriser son stress, il raisonne plus clairement que d'habitude et évalue mieux les risques
Secteurs d'activité à conseiller	Les postes exigeant une vision globale des choses et la synthèse de points de vue divers; la planification
Secteurs d'activité à éviter	Les environnements en mutation permanente où la communication interpersonnelle importe peu.
Activités idéales	Services postaux, direction administrative d'une entreprise, responsable administratif, planification

12

BASE 9 : LE MÉDIATEUR

Le conciliateur, le négociateur, l'arbitre, celui qui évite les conflits

ÊTES-VOUS UN NEUF ?

Si vous n'avez toujours pas trouvé dans cet ouvrage l'ennéatype vous correspondant, vous êtes peut-être un Neuf. Dans ce cas, vous êtes si sensible aux priorités de ceux qui vous entourent que vous en oubliez les vôtres. Vous êtes très conscient des arguments défendus par les autres. En revanche, quand on vous demande votre avis, vous ne savez pas quoi répondre. De toute façon, vous pensez avoir peu de chances d'obtenir ce que vous voulez. Alors, à quoi bon le demander?

Pourtant, vos collègues ont l'impression que vous avez fait un choix. Ils considèrent que si vous aviez été opposé à la décision, vous l'auriez dit. Ils se trompent: quand vous consentez à un projet, c'est uniquement parce que vous sentez qu'il est d'une importance vitale aux yeux de son auteur. Vous vous laissez entraîner par son enthousiasme et vous décidez de l'aider. Néanmoins, votre opinion personnelle sur le projet n'est pas encore fixée.

Il vous faut du temps avant de savoir vraiment ce que vous en pensez, parce que vous prêtez une oreille attentive à l'opinion de toutes les parties en présence.

C'est notamment le cas de Karen, une jeune avocate qui, en bonne Neuf, comprend le point de vue de toutes les factions en présence dans le cabinet où elle travaille.

Une fois de plus, le cabinet est en proie à un petit conflit interne. Immédiatement, tous les avocats décident de prendre leur pause-café dans le bureau de Karen.

Il est normal que des disputes éclatent entre les membres du cabinet: en bons avocats, ils ont l'habitude de se battre sur tout – y compris sur la répartition des tâches pour le gros dossier qui vient d'arriver. Le travail promet d'être ingrat et de durer des semaines. C'est l'objet du litige.

Les avocats sont toutefois d'accord sur un point: Karen peut assurer un arbitrage judicieux et impartial. Ils l'ont affectueusement surnommée « la grande réconciliatrice ». C'est toujours vers elle qu'ils se tournent en cas de conflit. Personne n'analyse mieux qu'elle le pour et le contre et elle a un don pour la médiation.

Cette capacité à prendre du recul fait de Karen une excellente avocate, car elle est sensible à toutes les facettes de chaque dossier. En revanche, sa recherche permanente du compromis pénalise son avancement au sein du cabinet. Il lui est difficile de mettre en avant ses propres mérites alors qu'elle est pleinement consciente de la valeur des autres candidats qui espèrent comme elle accéder au rang d'associé.

Karen est d'un abord très facile, car elle écoute son interlocuteur sans l'interrompre pour donner son avis ou formuler un jugement. Elle ne s'oppose pas à ses interlocuteurs et ne leur demande rien. À tel point qu'elle paraît d'accord avec eux même quand elle ne l'est pas. En réalité, elle ne fait que sonder la résonance que leur opinion trouve en elle. Elle aime s'absorber dans les récits des autres et voir les choses de leur point de vue. En revanche, elle vit très mal la colère et le conflit.

En l'occurrence, comme d'habitude, tous les avocats se trouvent une bonne raison de ne pas se charger de ce gros dossier ennuyeux et l'expriment avec conviction. Tous, sauf Karen, qui est trop occupée à écouter les autres. Manifestement, il faut répartir la charge de travail et les autres avocats comptent sur elle pour négocier cette répartition. Le seul moment difficile intervient quand l'un des avocats se tourne vers elle pour lui demander: « Et vous, qu'en pensez-vous? ». À ce moment-là, Karen tressaillit et se rend compte qu'elle a été si attentive aux arguments des autres qu'elle ne s'est pas fait d'opinion propre.

Comment les Neuf trient les informations

Après le départ des autres, Karen peut enfin réfléchir au fond du problème. À travers son filtre de perception, elle perçoit tous les points de vue, sauf le sien. Les Neuf sont traditionnellement appelés les « moines à l'esprit paresseux », non pas parce qu'ils sont indolents, mais parce qu'ils perdent de vue leurs propres priorités. Karen est si occupée à faire des rapprochements entre les arguments des autres qu'elle en oublie de se faire une opinion.

D'ailleurs, comment pourrait-elle se faire une opinion alors qu'il y a du pour et du contre? Toute prise de position lui paraîtrait arbitraire. Pourquoi exprimer une opinion quand on sait à l'avance qui la soutiendra et qui la combattra? Est-ce vraiment la peine de se battre pour une question de répartition du travail? Bientôt, il y aura de nouveaux visages au sein du cabinet, car les collaborateurs actuels démissionneront s'ils ne sont pas promus au rang d'associés. Leurs remplaçants auront à leur tour leurs idées et leurs opinions. Est-ce vraiment la peine de se battre alors que le contexte est condamné à évoluer?

Plus Karen élargit le champ de sa réflexion, plus elle se noie dans les paramètres à intégrer, sans réussir à faire le tri. Au passage, sa réflexion évolue : elle ne pense plus à la répartition des tâches, mais au caractère relatif de toute décision. Elle jongle avec les informations, entre l'avis des autres, sa propre opinion naissante et le contexte dans lequel s'inscrit le litige.

Elle se demande si ce débat autour de la répartition d'un travail ingrat ne dissimule pas une lutte de pouvoir interne. Et si chaque avocat cherchait seulement à défendre son territoire? Est-ce vraiment l'ingratitude du travail qui est en cause, ou l'influence de chaque avocat? Karen en vient à se dire que la vraie question est : « Qui va accéder au statut d'associé? ».

Elle commence à perdre pied. La question de la répartition des tâches n'a aucune importance par rapport à celle du statut d'associé. Et la question du statut d'associé la conduit à s'interroger sur ses priorités dans la vie. À cette pensée, Karen sent toute son énergie l'abandonner. Elle a besoin d'un café.

Cette aptitude à voir toutes les implications d'une question est à double tranchant, dans la mesure où Karen n'arrive pas à déterminer sa propre opinion. Elle n'a aucun mal à savoir ce que les autres veulent, car ils l'expriment clairement. En revanche, face à cette avalanche de considérations, elle-même ne sait pas par où commencer.

Karen va plus loin que les Épicuriens, qui voient des passerelles entre des dimensions distinctes, et que les Battants, qui détectent les aspects positifs de plusieurs dimensions pour les faire converger vers un objectif unique. En effet, les Neuf voient les choses dans leur globalité et raisonnent non pas sur quelques dimensions, mais sur toutes les dimensions possibles et imaginables.

Les Neuf au travail et dans l'action

Karen a toujours été douée pour voir venir les autres. Enfant, elle se sentait négligée par les adultes. Elle a fini par « s'endormir » en se distanciant affectivement de ce qui lui importait le plus. Plutôt que de formuler des demandes, elle a préféré maintenir la paix à tout prix. Elle a neutralisé ses sentiments pour se protéger des déceptions.

Chacune de ses tentatives pour s'imposer avait été un échec. Soit elle avait l'impression que les autres ne tenaient aucun compte de son avis, soit elle finissait par céder aux priorités d'un autre. Elle a donc appris à se montrer patiente. Sa stratégie de survie affective consiste désormais à être partiellement d'accord avec tout le monde, à bien s'entendre avec la plupart des gens et à éviter ainsi les conflits.

Les Neuf se laissent facilement détourner de ce qui leur tient vraiment à cœur. Le matin, ils arrivent au bureau remplis d'impatience à la perspective de travailler sur un projet auquel ils tiennent. Le soir venu, ils n'ont pas consacré un seul instant à ce projet. Comment est-ce possible ? Comment ont-ils pu négliger leur priorité au profit d'activités accessoires ? Rétrospectivement, les Neuf comprennent qu'ils n'auraient pas dû se laisser détourner de leurs tâches par une succession d'appels téléphoniques, de conversations, de courriers électroniques et de projets secondaires.

Toujours est-il que, sur le moment, toutes ces activités leur semblaient aussi importantes que leur priorité personnelle.

Les Neuf sont faits pour les environnements de travail bien structurés. Les échéances les motivent et, quand quelqu'un sollicite leur aide, ils se sentent autorisés à refuser quand ils peuvent invoquer une priorité extérieure et objective. Inversement, ils ne sont pas faits pour les cultures d'entreprise impliquant des décisions et des changements de cap rapides. Prenons l'exemple de David, un responsable du développement produits qui a dû s'adapter au rythme rapide du groupe de brainstorming chargé d'imaginer les nouveaux modèles.

> Au début, quand j'arrivais à la réunion, j'avais déjà préparé toutes les spécifications des nouveaux produits, mais je n'avais pas envie de prendre la parole parce qu'autour de moi, c'était la foire d'empoigne. Ils allaient trop vite pour moi. J'étais trop méthodique pour partir dans tous les sens, sans fil conducteur entre les idées.

David a tenté de ne pas se laisser distraire de l'objectif principal. Il a travaillé sur les nouveaux modèles lentement, en s'efforçant d'intégrer toutes les idées formulées par ses collègues.

Du coup, les autres lui ont reproché d'aboutir à des modèles consensuels, sans audace ni originalité, et d'être un frein à la modernité et à l'expérimentation.

Le Neuf cherchait simplement à faire régner la paix entre les membres de son équipe. Il a fini par comprendre qu'il favorisait au contraire les dissensions. Chaque nouvelle information se traduisait par un coup de frein au processus de création, au moment même où ses collaborateurs se passionnaient pour le projet et allaient de l'avant. David ne pouvait pas s'empêcher d'examiner successivement chaque nouvelle idée sous toutes les coutures. Désorienté par les séances de brainstorming, il n'avait qu'une hâte : se retirer dans son bureau pour intégrer au projet les suggestions de ses collaborateurs. Finalement, il a été contraint de prendre davantage de recul, ce qui l'a rapproché du mode de pensée d'un Sept.

J'ai fini par me rendre compte que je n'étais pas censé analyser toutes les suggestions lancées au cours de ces séances. Désormais, je pars d'une idée de modèle puis je pense à ce que cette idée évoque en moi. Il n'y aucune logique, juste des associations d'idées. Parfois elles font mouche, parfois non. Quand j'ai compris ça, j'ai ressenti un immense soulagement : je me suis rendu compte que les autres ne s'offusquaient pas que je ne retienne pas toutes leurs idées et que ce n'était pas à moi de veiller à ce que tout le monde ait le même temps de parole.

Gardez bien ceci à l'esprit à propos des Neuf

Au sein d'une équipe, les Neuf sont dans leur élément. Du moment que l'harmonie règne, ils apportent un soutien précieux à leurs collègues et s'associent de tout cœur aux succès des autres comme à leurs déceptions.

Les Neuf sont disposés à soutenir un champion, à condition que ce champion reconnaisse qu'il doit sa réussite aux efforts de toute une équipe. En s'identifiant pleinement aux ambitions des autres, les Médiateurs sont le ciment de l'équipe.

Les Neuf ont tendance à intérioriser le climat qui règne au sein de l'équipe et à se fondre dans leur environnement comme des caméléons. Pleins d'allant quand l'époque est à l'optimisme, ils se découragent très vite quand l'équipe perd espoir.

Dans les bons moments, les Médiateurs conduisent les autres à donner le meilleur d'eux-mêmes rien qu'en leur offrant un soutien inconditionnel. En revanche, ils se laissent facilement ronger par les conflits.

Les Neuf ont une fâcheuse tendance à perdre de vue leurs priorités. Ils doivent apprendre à creuser leur sillon sans se laisser distraire par ce qui les entoure. Ils doivent apprendre à dire : « Je ne suis pas pour ou contre qui que ce soit, je suis pour la solution que j'estime être la meilleure ». Ce sentiment d'œuvrer objectivement en faveur de la meilleure solution est libératoire pour les Neuf.

Les Neuf doivent apprendre à donner leur avis sans se soucier de la réaction des autres et sans se laisser distraire de leur objectif. L'inaction peut avoir des conséquences tout aussi lourdes qu'un conflit ouvert. Ils doivent éviter de patienter trop longtemps, faute de quoi les décisions se prendront sans eux.

En d'autres termes

Les Neuf sont habitués à leur propre indécision, mais celle-ci peut perturber leur entourage. Face à un être qui n'exprime aucun avis, les autres sont tentés d'insister pour savoir s'ils peuvent compter sur lui. Ces tentatives de pression sont vouées à l'échec. Les Neuf passent des heures entières à s'interroger sur la moindre décision et à demander l'avis de tout le monde et refusent d'être contraints de fournir une réponse rapide.

Quand ils ne sont pas d'accord avec une proposition, les Neuf évitent toute confrontation directe et optent pour une résistance passive: travail au ralenti et refus d'écouter les autres. Ils n'expriment jamais ouvertement leur colère, mais leur insatisfaction est patente.

Pourtant, ils connaissent un profond soulagement quand ils s'autorisent à se mettre en colère. Leur fureur reste longtemps contenue mais, quand elle éclate, elle est l'occasion d'une prise de position claire. Et, une fois que cette prise de position est intervenue, les Neuf sortent de l'impasse et s'impliquent pleinement. Quand ils sont en colère, les Neuf voient clairement ce qu'ils veulent et trouvent l'énergie nécessaire pour introduire des changements importants dans des délais très courts.

Face à toute proposition, les Neuf examinent dans un premier temps tous les arguments en présence. Ensuite, si la proposition leur déplaît, ils tardent à le dire parce qu'ils redoutent la réaction des autres. Enfin, dans certains cas, leur colère explose et ils disent ce qu'ils ont sur le cœur. Ils sont alors soulagés d'avoir crevé l'abcès et, même s'ils se l'avouent difficilement, se sentent revigorés d'avoir défendu leur position avec une telle énergie.

Reprenons l'exemple de Karen, l'avocate. Elle connaît toujours la position de tous ses confrères, mais jamais la sienne. Elle doit apprendre à détecter les moments où elle prête une attention excessive aux idées des autres. Elle doit également se concentrer sur ses propres priorités, se demander si elle souhaite devenir associée puis prendre les mesures qui s'imposent. Pour cela, elle peut commencer par se demander quelles propositions l'irritent le plus puis en venir progressivement à celles qui la choquent le moins, et qui représentent peut-être la solution la plus adaptée. En procédant ainsi par élimination, les Neuf peuvent plus facilement faire le tri entre les idées en présence et identifier celles qui correspondent à leur propre opinion.

Stress, risque et sécurité

Dynamiques de changement des Neuf

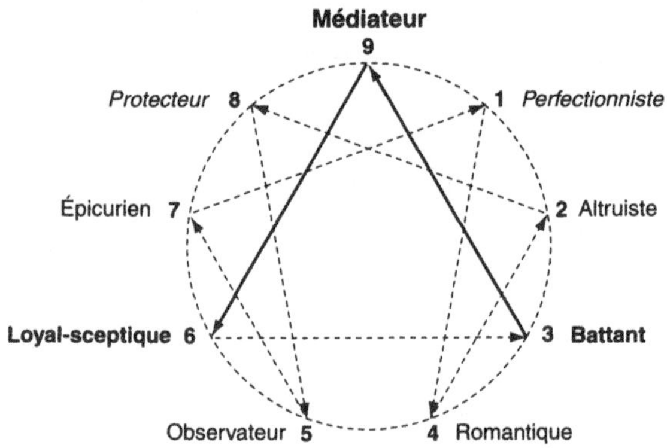

En période de sécurité, le transfert vers la base 3

Les Neuf fonctionnent conformément au principe de l'inertie: un corps en mouvement a tendance à rester en mouvement tandis qu'un corps immobile a tendance à rester immobile. Quand ils ont l'impression de crouler sous les détails et les décisions à prendre, les Neuf ne bougent généralement pas: ils sont trop occupés à peser le pour et le contre. Extérieurement, ils paraissent très calmes. En revanche, intérieurement, ils sont très agités.

Toutefois, un calendrier de travail bien pensé peut suffire à sécuriser les Neuf. Des directives claires leur permettent de devenir extraordinairement productifs, à la manière des Trois, car ils se sentent libérés du fardeau de la prise de décision. Leur niveau d'énergie est à son maximum et l'inertie produit son effet d'entraînement: le mouvement appelle le mouvement. Quand ils passent en base 3, les Neuf s'intéressent aux performances, aux possessions matérielles et au prestige social – des préoccupations habituellement réservées aux Battants. Cependant, contrairement aux Trois, les Neuf veulent être appréciés pour ce qu'ils sont, et non pour ce qu'ils font, et savent distinguer le respect accordé au professionnel de la véritable affection.

Ce transfert vers la base 3 peut être un succès ou un échec : tout dépend de l'orientation que prennent les efforts du Neuf. S'il ne se sent que partiellement en sécurité, le Médiateur aura tendance à défendre un projet dont il n'est pas à l'origine et qui ne reflète pas un choix personnel. Dès lors, même s'il projette une image de réussite, le Neuf n'écoute toujours pas sa nature profonde. Il se contente de faire comme les autres en employant des procédures ayant déjà fait leurs preuves.

En revanche, quand un Neuf se sent pleinement en sécurité, il se consacre à ses priorités personnelles. Le travail avance alors à un rythme très soutenu. Les Neuf qui aiment leur métier sont un véritable modèle de professionnalisme. Ayant choisi leur profession par vocation, ils tirent une immense satisfaction de leur travail et de leur utilité pour les autres.

Les Neuf doivent donc apprendre à se demander : « Est-ce que j'ai choisi ma stratégie ou est-ce que je me contente d'appliquer de vieilles recettes éprouvées ? Est-ce que j'avance ou est-ce que je fais du surplace ? ».

Réponse au stress et au risque : le transfert vers la base 6

Tout conflit est une source importante de stress et déclenche les mécanismes de défense propres aux Neuf: digresser et détourner l'attention. Tous les moyens sont bons pour éviter de subir une confrontation ou d'avoir à dire non. Les Médiateurs peuvent facilement sombrer dans un immobilisme à tendance dépressive. Or, selon les lois de l'inertie, un corps immobile tend à rester immobile. Tout en étant physiquement présent dans son bureau, un Médiateur peut être en pilotage automatique et repousser le plus possible le moment d'agir.

Mais le temps finit toujours par rattraper le Neuf. À ce moment-là, la poussée d'adrénaline qu'il ressent à l'idée du délai à respecter ou de la mauvaise décision à appliquer se transforme en crise de panique. Après avoir perdu beaucoup de temps, il doit faire face à ses échéances. Un raisonnement de type obsessionnel se met en place : « Et si j'avais fait le mauvais choix ? À qui pourrais-je demander son avis ? Est-ce que j'ai vraiment envie de faire ce genre de choses ? ».

Les Neuf sont programmés pour se conformer à une routine. Quand on leur demande d'accomplir une tâche sortant du cadre de cette routine, ils ne s'y mettent qu'au tout dernier moment.

Le transfert vers la base 6 intervient quand les Neuf se mettent à imaginer des scénarios catastrophes. Leur raisonnement est alors influencé par leur colère. C'est dans les moments de stress qu'ils comprennent ce qu'ils veulent – ou plutôt ce qu'ils ne veulent pas. Inutile de continuer à se voiler la face : ils en ont assez. Ils se reprochent leur inaction, mais trouvent aussi que les autres ont largement abusé de leur bonne volonté. Tout est donc de la faute de leur entourage.

Ce ressentiment et cette colère peuvent tourner à l'avantage des Neuf, s'ils sont l'occasion d'une prise de conscience de leurs vraies priorités. C'est souvent sous l'effet de la colère que les Neuf se mettent à clamer haut et fort ce qu'ils veulent. Dynamisés par leur révolte, ils prennent enfin conscience de ce qu'ils souhaitent, ce qui ravit leurs collègues.

Comment les Neuf sont perçus

Leur style de communication

Les Neuf étant sensibles à la valeur de tous les arguments, leur communication a tendance à être ambiguë. Quand on les entend présenter les diverses positions en présence, on se demande quel est leur avis. En réalité, les Médiateurs détestent dire des choses qui fâchent. Préférant le confort de la neutralité, ils font tout pour éviter les conflits et la colère. Leur désir profond d'une bonne entente sur le lieu de travail, notamment entre la direction et les salariés, les conduit à reculer devant toute confrontation. Leur première réaction consiste à minimiser les conflits : « Ça n'a pas d'importance », « Ça ne me regarde pas », « Attendons de voir comment ça évolue » – tous les moyens sont bons pour maintenir la paix.

Pourtant, une fois qu'ils prennent position, les Neuf sont remarquablement têtus. Plus rien ne peut les faire changer d'avis. Il leur faut du temps pour se décider mais, une fois qu'ils sont convaincus, ils deviennent sourds à tous les arguments contraires et s'obstinent.

Les Médiateurs ont beaucoup de mal à choisir entre deux possibilités. Pour eux, faire un choix implique de prendre le parti de quelqu'un, ce qui débouche systématiquement sur un conflit. De plus, les Neuf ne savent pas dire non, ce qui les conduit à paraître exprimer un accord tacite en ne s'opposant pas aux initiatives envisagées. Ainsi, un consultant Médiateur uniquement chargé, au départ, de concevoir un projet finira sans doute par se charger également de sa mise en œuvre. De plus, il restera si vague sur la question de sa rémunération qu'il finira par recevoir une somme tout à fait médiocre au vu du travail effectué. De même, une Médiatrice exerçant la profession d'assistante finira par organiser les activités extrascolaires des enfants de son patron alors que cela ne rentre pas dans ses attributions. C'est d'autant plus handicapant que les Neuf se laissent souvent distraire de leurs tâches essentielles par des travaux accessoires, ce qui les conduit à se noyer dans un océan de détails à régler.

Au début, les Neuf se sentent valorisés par la confiance qu'on leur manifeste en les chargeant de tâches supplémentaires. Ensuite, ils se demandent comment échapper à cette pléthore d'obligations. « Je déteste dire non, mais les gens abusent. Comment ai-je pu en arriver là ? ».

Au bureau, pour maintenir la paix, les Neuf se fondent dans le paysage. Ils répriment toute colère, toute énergie débordante et même tout enthousiasme – autant de facteurs susceptibles de conduire au conflit.

Leur personnalité joue également sur la façon dont les Neuf prennent la parole en public. Ils ont du mal à exprimer des idées nouvelles ou peu courantes. Par ailleurs, ils peinent à hiérarchiser leur discours : les questions importantes et les points mineurs sont traités à la même enseigne. À croire qu'ils pataugent dans un dédale de faits indifférenciés sans plan de route. Il leur est difficile d'en venir au fait et ils cherchent désespérément par où commencer.

Ensuite, une fois qu'ils sont lancés, les Neuf adoptent un ton monocorde et neutre pour éviter de susciter des réactions partagées au sein de l'auditoire. Ils aiment utiliser des supports de cours issus de leur parcours personnel et « parler d'expérience » pour conseiller les autres de suivre la même méthode qu'eux.

Le non-verbal : leurs attitudes et leurs gestes

Même quand ils sont perturbés, les Neuf ne paraissent jamais pressés. Apparemment placides et nullement troublés, ils restent fidèles à leur rythme mesuré, même dans un bureau débordant d'une activité frénétique. Contrairement aux Cinq, qui fuient sous l'effet de la pression, et aux Huit, qui s'efforcent de maîtriser cette activité débordante, les Neuf gardent leur apparence impassible et paisible même quand ils se sentent dépassés par les événements. Leur état d'esprit est rarement visible. Leurs collègues doivent comprendre que, sous cette apparence de calme au milieu de la tempête, les Neuf sont tout aussi stressés que les autres.

Les collègues perçoivent l'insatisfaction d'un Neuf quand celui-ci se met à ralentir le rythme et à refuser de prendre position. Les Médiateurs ont besoin des autres pour surmonter leurs blocages, faute de quoi ils optent pour une stratégie passive-agressive de retards calculés et d'entêtement.

Quand les Neuf ont envie que les choses changent, ils trahissent cette envie en amassant des quantités d'informations. Ils cherchent également à adosser leur raisonnement à un cadre préexistant : « Conformément à l'alinéa II de l'article 103 du Code, etc. ». Ils s'abritent derrière les textes pour manifester leur opposition. De cette façon, ils ne se compromettent pas.

Communiquer avec les Neuf

Contrairement à l'adage, quand ils ne disent mot, les Neuf ne consentent pas forcément. Pour préserver la paix, les Médiateurs évitent de dire non. Ne prenez pas ce silence pour un accord.

Si vous voulez arracher un véritable consentement à un Neuf, présentez-lui votre projet. Ensuite, montrez-lui les avantages que ce projet aurait pour lui. Discutez-en ensemble, faute de quoi le Neuf aura tendance à adhérer dès le départ à votre projet pour éviter tout conflit, mais aura ensuite l'impression de s'être fait piéger.

Les Neuf ont besoin de beaucoup de soutien pour s'épanouir. Appréciez leurs contributions à leur juste valeur. Cela dit, ils détestent assurer leur auto-promotion. Ils tiennent énormément à ce que leur valeur soit reconnue, mais ne feront aucune demande explicite en ce sens.

Souvenez-vous que les Neuf aiment les environnements structurés. Ils veulent des procédures claires et des rapports hiérarchiques bien définis. Ils veulent aussi un système de récompenses sans ambiguïtés. Limitez les effets de surprise. Quand vous effectuez un changement, reconnaissez que cette évolution pose des problèmes et demandez aux Neuf de vous aider.

Les Neuf peuvent avoir du mal à supporter les ordres. Efforcez-vous de leur faire comprendre le contexte général de ces ordres. Chaque fois que possible, présentez les ordres comme de simples suggestions sur lesquelles les Neuf peuvent avoir une influence.

Les Neuf ont tendance à parler longuement sans pour autant évoquer le fond des problèmes. Si nécessaire, interrompez-les et invitez-les en douceur à en venir au fait.

Ce qui pousse un Neuf à agir

Les Neuf sont motivés par les priorités des autres, ce qui les conduit à une impasse. Dans leur esprit, s'affirmer équivaut à affronter les autres, et leur soif d'harmonie leur interdit de le faire. Malheureusement, en cherchant à tout prix à éviter les conflits, ils ne fixent pas de limites aux autres et croulent sous le travail.

> Les Neuf s'efforcent de maintenir la paix, d'être sensibles à tous les aspects d'une question et de mettre les autres à l'aise. Par conséquent, ils paraissent souvent d'accord alors qu'en réalité, ils n'ont pas encore arrêté leur position définitive.

Facilement détournés de leur tâche principale par les sollicitations de leurs collègues, les Neuf ont du mal à se souvenir de leurs priorités personnelles quand ils sont bombardés d'autres informations. Contrairement aux Sept, qui ne perdent jamais de vue leurs priorités, les Neuf perdent très souvent le fil de ce qu'ils essayent d'accomplir. Et c'est quand ils redoutent un conflit autour de leurs propres priorités qu'ils se laissent le plus facilement absorber par des questions secondaires.

Ainsi, quand un Neuf est professeur d'université, il est très conscient des tiraillements entre enseignants et administration et des rivalités professionnelles entre chercheurs. Il s'aligne alors systématiquement sur le ton de ceux avec lesquels il se trouve, de quelque bord qu'ils soient. Malheureusement, en cherchant à éviter toute confrontation directe, il intériorise des conflits qui finissent par le ronger.

C'est précisément parce qu'ils sont très sensibles à l'ambiance que les Neuf cherchent à créer l'harmonie. Ils mettent souvent en place dans leur entreprise des procédures fondées sur le consensus. En effet, les procédures sont pour eux un moyen de couper court aux conflits. Ils sont donc attirés par les métiers de la banque et du droit, qui sont très structurés et permettent de se référer à un règlement en cas de litige.

Pour les Neuf, adhérer aux priorités des autres est également une véritable source de plaisir, même si cela peut paraître étonnant aux autres ennéatypes. En mettant leur empathie et leurs compétences au service d'un projet, d'une personne ou d'une entité, les Médiateurs évitent les conflits tout en participant pleinement aux projets en cours. Quand ils sont très motivés, les Neuf peuvent apporter un soutien inconditionnel. Ils n'ont pas besoin de se mettre en avant, car ils retirent une immense satisfaction des succès de ceux qu'ils servent.

Les Médiateurs aiment devenir experts d'un domaine. Ils aiment rester longtemps dans la même entreprise et la faire progresser au fil des ans. Les professions de la santé sont un bon exemple de domaine exigeant un partage clair des responsabilités et une bonne communication, avec des attentes précises (soins réguliers aux patients et tenue méticuleuse des dossiers médicaux) et des protocoles (pour les procédures médicales complexes).

Cette vision du travail peut conduire les Neuf à l'épuisement quand ils se noient dans les détails et sont incapables de hiérarchiser les priorités ou de dire non. Plus un Neuf est surchargé de travail, plus il s'égare dans des tâches secondaires, perdant ainsi un temps et une énergie précieux. Tout est bon pour ne pas s'attaquer aux priorités. Quand ils sont usés, les Neuf en veulent aux autres. S'étant sacrifiés aux priorités des autres, ils ont l'impression que rien n'est de leur faute en cas de problème : « Ce n'est pas moi qui ai lancé ce programme, ce n'est pas moi qui ai fait ce choix. Rien de tout cela n'était mon idée ».

Quand ils se sentent dépassés par les événements, les Neuf adoptent une routine interdisant toute initiative. Dans leurs pires moments, ils sont en pilotage automatique, travaillant juste assez pour ne pas être licenciés et refusant de démissionner comme de s'impliquer davantage. Ils en font le strict minimum, leur énergie est au plus bas et ils renoncent à toute activité réellement productive.

Heureusement, cette usure peut aussi être l'occasion d'une prise de conscience: les Neuf se rendent enfin compte qu'ils ont besoin de décider par eux-mêmes. Ils doivent ensuite apprendre à détecter les moments où leurs propres envies sont détrônées par celles des autres. Ils doivent faire attention aux réflexions du genre: « Je me demande ce qu'Untel en pense » ou: « Qu'est-ce qu'il ferait à ma place? ». Ils doivent distinguer les moments où ils font un véritable choix de ceux où ils se laissent influencer par l'enthousiasme d'un autre. Quand les priorités des autres commencent à s'imposer, les Neuf doivent prendre le temps de se dire: « Je suis en train de me rallier à la position d'un autre. Et moi, qu'est-ce que je veux? ».

Motiver les Neuf

Les Médiateurs ont besoin d'un environnement structuré pour rester motivés. Fixez des délais clairs et organisez régulièrement des réunions pour faire le point.

Aidez-les à rester conscients de leurs propres besoins et de leurs priorités. Les Neuf ont du mal à protéger leur territoire. Aidez-les à fixer des limites et à se concentrer sur leurs priorités.

Les Neuf ont une vision globale des choses. Ils perçoivent toutes les facettes d'un problème et la manière dont elles s'imbriquent les unes avec les autres. Exploitez ce talent, surtout lorsqu'il s'agit de définir les valeurs de l'entreprise ou sa planification stratégique. Les Neuf savent intégrer des points de vue multiples et aiment être consultés lors des phases de planification et de prise de décision.

Quand il faut appliquer une décision ou agir immédiatement, faites-leur savoir que leur réflexion globale vous sera utile à un autre moment.

Faites comprendre aux Neuf que les conflits sont une composante nécessaire de toute réflexion collective. Leur refus du conflit peut les conduire à abandonner prématurément des pistes intéressantes ou à cesser de participer aux discussions.

Les Neuf acceptent plus facilement les critiques objectives que les critiques subjectives liées aux réactions et aux déceptions personnelles de leur auteur.

Assouplissez votre style et maîtrisez votre impatience. Allez-y doucement. Donnez-leur le temps de digérer ce que vous dites. Dites: « Il y a un problème. Comment pouvons-nous le résoudre ensemble? ».

Les Neuf et la gestion de leur temps

Pour les Neuf, tout vient à point à qui sait attendre: des occasions se présentent, les priorités se précisent et un choix évident finit par apparaître clairement. Il suffit de patienter pour que les décisions s'imposent d'elles-mêmes. Ils se disent: « Pourquoi faire un choix dès maintenant alors qu'avec le temps, la situation évoluera d'elle-même et nous mettra devant le fait accompli? Pourquoi agir dès aujourd'hui alors que tout aura sans doute changé d'ici demain? ».

Pourtant, les Médiateurs donnent le meilleur d'eux-mêmes quand on leur fixe des délais clairs. Quand on donne à un Neuf un délai vague et confortable pour concevoir une campagne publicitaire, il a tendance à patauger et à être incapable de trouver un angle d'approche. Par où commencer quand tous les arguments semblent importants et quand toutes les idées paraissent intéressantes? Les Neuf ont besoin d'échéances précises. Elles leur permettent d'organiser leur temps et de hiérarchiser leurs priorités. Plutôt que d'imaginer une campagne publicitaire, un Neuf préférera rédiger des communiqués de presse avec des échéances quotidiennes, car cette contrainte de temps stimulera sa créativité.

Très doués pour sauver la situation à la dernière minute, les Médiateurs se donnent à fond quand l'échéance se rapproche. Ils font enfin un bon usage du temps, ignorant toutes les sollicitations secondaires.

Les Médiateurs jouent un rôle décisif dans les situations d'urgence et sont galvanisés lorsqu'ils ont un objectif extérieur bien défini. En revanche, ils ont du mal à se mettre au travail lorsqu'ils agissent pour leur propre compte.

Par où commencer quand on est incapable de hiérarchiser ses priorités et que le temps est compté ? Les Neuf croient toujours bénéficier d'un délai confortable quand ils acceptent de se charger d'une tâche supplémentaire, mais le temps s'accélère d'une façon alarmante quand plusieurs échéances tombent à la même période.

Si un publicitaire Neuf se retrouve avec une longue liste de campagnes à concevoir, il commencera par ébaucher la dernière campagne de la liste. Il travaillera ensuite un peu sur chaque campagne, en fonction du temps dont il disposera. Il n'en négligera aucune totalement et il aura toujours fort à faire, car les divers projets progresseront à des rythmes différents. Et, pendant toute cette période, il aura du mal à refuser de se charger des campagnes supplémentaires qu'on lui demandera…

Les Neuf doivent limiter leur charge de travail. Ils doivent comprendre qu'un refus ne se solde pas forcément par un conflit.

Les Neuf peuvent également se servir du temps pour exprimer leur colère d'une manière détournée : « Oui, je travaille sur votre projet ! J'ai travaillé dessus hier et j'y retravaillerai demain », « Je sais que j'ai promis de mettre à jour mon document cette semaine. Je vais le faire. Je ne vous retarde pas, j'espère ? ». Leur passage permanent d'une tâche à l'autre est tout aussi frustrant pour les Neuf que pour ceux qu'ils font attendre.

Quand les Médiateurs passent en pilotage automatique, leur travail se fait de lui-même et le temps passe sans qu'ils se rendent compte de grand-chose. Les choses se font, mais sans réelle participation consciente de leur part. Le rythme est soutenu, les Neuf projettent une image de dynamisme et de succès et ils semblent très occupés à respecter les délais mais, intérieurement, ils se sentent déphasés.

Aider les Neuf à gérer leur temps

Planifiez. Prévoyez des réunions régulières pour faire le point sur l'avancement des travaux. Les Neuf aiment faire un travail bien structuré et pouvoir compter sur un soutien permanent. Il leur faut absolument des rendez-vous réguliers.

Rappelez régulièrement aux Neuf les grands objectifs auxquels répondent leurs projets. Insistez sur les avantages qu'ils vont en tirer à titre personnel.

Commencez par présenter le projet dans sa globalité, puis subdivisez chaque décision en étapes. Fixez une échéance pour chacune de ces étapes. Ne laissez pas filer le temps, sous peine de voir les Neuf perdre toute énergie.

Les Médiateurs sont très sensibles aux besoins des autres. En revanche, ils se braquent quand on leur donne des ordres. Prenez le temps de convenir avec eux de tous les détails, faute de quoi ils mettront un temps infini à accomplir leur tâche. S'il se braque, un Neuf travaillera très lentement et continuera à le faire tant que vous n'aurez pas écouté ses doléances, réprimandé les responsables et réorganisé le travail.

Les Neuf s'épanouissent dans les environnements interactifs. Ils aiment que les autres leur donnent leur avis et les complimentent. Avec eux, mieux vaut être trop présent que pas assez.

Suivez attentivement les problèmes et les erreurs et donnez votre avis aux Neuf. Signalez les problèmes très tôt, avec bienveillance. Ne laissez pas la situation pourrir.

Les Neuf en négociation

Les Médiateurs savent parfaitement présenter les arguments des diverses factions en présence. À la table des négociations, ils sont très sensibles aux mérites des diverses opinions exprimées, au point de risquer de perdre de vue leur propre position.

Comme à leur habitude, les Neuf se sentent partagés entre les souhaits des autres et leurs souhaits propres. Contrairement aux Huit, qui sont déterminés à obtenir ce qu'ils veulent, et aux Cinq, qui ressentent du détachement par rapport aux désirs des autres, les Neuf ont besoin de faire un effort pour ne pas perdre de vue leurs propres souhaits. Dans leur schéma mental, chaque chose a ses avantages et ses inconvénients. Ils se sentent donc obligés de trancher une multitude de questions dont les autres ennéatypes n'ont même pas conscience. Pour échapper à ce casse-tête, les Neuf ont tendance à afficher un discours du « tout ou rien ». En réalité, ils paniquent à la perspective de devoir négocier point par point.

Les Neuf ont tendance à parler beaucoup pour ne pas dire grand-chose. Les discussions s'enlisent jusqu'à ce que le Neuf parvienne à distinguer les points auxquels il tient absolument de ceux sur lesquels il peut faire des concessions. Prenez le temps de l'aider à faire cette distinction, parce que les Médiateurs ont tendance à être inflexibles sur tout ou, à l'inverse, à céder systématiquement. L'ampleur des décisions à prendre les effraie.

Placez en face d'eux des personnes avec lesquelles ils ont déjà négocié avec succès. Ainsi, ils se souviendront que des conflits passés ont eu des résultats positifs et, par ailleurs, seront plus à l'aise pour s'exprimer et dire ce qu'ils veulent vraiment. Structurez méthodiquement les divers volets des négociations: dès lors que des Neuf sont présents, rien n'ira vite.

Vous pouvez par exemple fixer une date limite pour chaque volet de la négociation, avec l'accord du Neuf. Dites-lui: « Je comprends que vous ayez du mal à prendre une décision. Avec ce calendrier, vous serez plus serein ». La décision en elle-même n'aura pas avancé d'un pouce, mais vous aurez au moins structuré les négociations. Cependant, le plus dur est à venir: vous devez absolument résister à l'envie de contacter, menacer ou conseiller le Neuf dans l'intervalle. Si vous le laissez libre, il y a des chances pour qu'il se décide vite. En revanche, si vous faites pression sur lui, il traînera les pieds.

Les Neuf paraissent imperturbables et indifférents, même quand ils sont intérieurement déchirés quant à la décision à prendre. Ne leur permettez pas de s'isoler, faute de quoi ils mettront un temps infini à examiner la question sous toutes ses coutures. Les Neuf mettent un point d'honneur à détecter toutes les failles, les incohérences et les sources de conflit potentielles, mais tout cela prend du temps. Pour accélérer le processus, veillez à ce que le Neuf soit assisté d'un conseiller qui l'aide à formuler ses propositions. Les principaux retards interviennent tout au début, au moment où le Neuf doit annoncer sa position.

Vous pouvez par exemple procéder comme suit: commencez par demander au Neuf de décrire la position de chacun des participants à la négociation (à l'exception de la sienne propre). Ensuite, demandez-lui de décrire comment chacune de ces diverses positions est perçue par les autres négociateurs, toujours sans lui demander son opinion personnelle. Le Neuf n'aura aucun mal à répondre, car il perçoit parfaitement les points de vue des autres. Ensuite, demandez au Neuf de faire la liste des positions qu'il rejette. En procédant par élimination, il est plus facile de révéler les priorités des Neuf.

Les négociations ne commencent réellement que quand le Neuf exprime une position sérieuse. Attention: en début de négociation, il a tendance à formuler des positions intenables, du type: « Je veux tout », « Je cède sur tout » ou « Je refuse de participer à ces négociations ». Heureusement, avec le temps, il en viendra à formuler une proposition plus raisonnable, si vous lui en laissez le temps. Le reste des négociations s'articulera alors autour de cette proposition.

Les Neuf et la formation et l'apprentissage

Comme les Huit et les Un, les Neuf n'ont l'impression de maîtriser une nouvelle compétence qu'une fois qu'ils ont mis en pratique l'enseignement théorique qu'ils ont reçu. Pour apprendre, ils ont besoin de répétition et de pratique. Les idées sont importantes, mais les Neuf ne sont sûrs d'avoir acquis une nouvelle compétence qu'une fois qu'ils l'exercent sans difficulté.

Comme tous les élèves ayant besoin de s'approprier physiquement l'enseignement qu'on leur prodigue, les Neuf sont très sensibles aux autres élèves et au lieu dans lequel les cours se déroulent. Ils ont besoin d'une bonne entente, car ils intériorisent tout climat tendu. Par ailleurs, ils ne doivent pas être distraits par une salle trop ou pas assez chauffée ou par le bruit que d'autres élèves font dans le couloir. En outre, le formateur ne doit pas hésiter à se répéter. Une formation qu'un Trois ou un Sept jugera monotone sera très appréciée par un Neuf, qui se sentira rassuré par sa prévisibilité.

Les Neuf ont, en outre, du mal à faire le tri entre les points essentiels et les éléments secondaires. Le formateur ne doit donc aborder que les points les plus importants. Il doit aussi éviter d'évoquer les questions susceptibles de détourner les Neuf du fond de leur enseignement. Pour cela, il faut être très clair: « Suivez la méthode A pour résoudre le problème. N'envisagez pas les options B et C ». Cette technique pourra sembler très prosaïque aux Trois, qui veulent toujours aller droit au but, ou aux Sept, qui aiment prendre tous les chemins de traverse, mais les Neuf apprécieront que le formateur leur rappelle périodiquement le contexte de son enseignement. S'il ne le fait pas, les Neuf perdront du temps à réexaminer tous les points abordés en cours chaque fois qu'un détail clochera.

Les Médiateurs examinent de près chaque pièce du puzzle. Un détail jugé insignifiant par le formateur pourra accaparer l'attention d'un Médiateur au point de ralentir considérablement son apprentissage tant qu'il n'aura pas trouvé la place de ce détail dans le contexte général.

Le formateur a intérêt à ouvrir la session de formation en décrivant les objectifs du cours et en expliquant comment les compétences enseignées pourront être mises en pratique sur le terrain. Il doit ensuite passer à des exercices permettant d'illustrer la portée pratique de l'enseignement. Les Neuf se prendront au jeu sans réserve. Ils apprennent en acquérant des habitudes et intègrent rapidement un enseignement s'ils peuvent le mettre en pratique et si le formateur les encourage.

Étude de cas: un Neuf refuse de céder

L'heure est difficile pour la gérante d'une petite chaîne locale de restaurants, une Loyale-sceptique qui vient d'être nommée à son poste. C'est son frère qui a ouvert le premier restaurant et qui a fini par créer une chaîne de cinq établissements. La plus grande partie de l'argent de la famille est investie dans ces restaurants. Maintenant, son frère est malade et la Loyale-sceptique doit achever les négociations qu'il a entamées.

Les restaurants sont très fréquentés, mais ils subissent depuis peu la concurrence d'une chaîne de restaurants régionale. Cette concurrence oblige la famille à rationaliser sa gestion. Par conséquent, la nouvelle gérante doit négocier un contrat de vente d'équipements, de maintenance et de support avec le directeur commercial d'une société informatique, un Neuf.

Comme le reste du personnel, la gérante de la chaîne de restaurants ne s'y connaît pas en informatique. Or, ce contrat représente le plus gros investissement que l'entreprise familiale ait jamais effectué. Les serveurs saisiraient les commandes sur des terminaux portables, ce qui déclencherait automatiquement l'impression de chaque commande en cuisine. Les serveurs n'auraient donc plus besoin d'aller en cuisine pour commander les plats. Ils n'auraient pas non plus besoin d'établir une note à la fin du repas: leur terminal la créerait automatiquement. La gérante compte également commander des scanners pour ses entrepôts et un logiciel de comptabilité. C'est vraiment une grosse commande.

La gérante souhaite un contrat qui lui permette de dormir sur ses deux oreilles sans avoir à s'inquiéter d'éventuels bogues informatiques. Elle est sûre d'acheter des équipements et des logiciels de qualité, mais les questions de maintenance et de support n'ont pas encore été réglées.

De son côté, le directeur commercial de l'entreprise informatique a hâte de signer le contrat, mais il sait que les questions de maintenance et de support vont être déterminantes. Il a déjà consacré beaucoup de temps à la gérante, mais ça en vaut la peine: il est payé à la commission et, par ailleurs, ce contrat peut pousser d'autres entreprises locales à faire appel à sa société.

Interactions typiques

La gérante se demande comment elle a pu se fourrer dans un tel guêpier. Elle a travaillé dans la restauration toute sa vie mais, cette fois, toute sa famille compte sur elle. D'une certaine façon, les choses paraissent trop simples: son frère connaît le dossier sur le bout des doigts et elle n'a qu'à suivre ses indications. Seulement, maintenant que la décision est imminente, elle est rongée par le doute.

Ce nouveau système est extrêmement coûteux. Et s'il ne fonctionnait pas? Une fois lancée, elle imagine le pire: « Peut-être cesseront-ils bientôt de fabriquer cette gamme de produits. » Elle se voit déjà cherchant désespérément des pièces de rechange. « C'est peut-être comme ça qu'ils gagnent de l'argent: au moindre problème, leurs clients sont obligés de racheter tous les équipements! » Elle s'imagine expliquant ça à sa famille le jour de la première panne...

Le directeur commercial a tenté de la rassurer. Il l'a envoyée visiter un restaurant des environs équipé du même système. Ce restaurant avait également souscrit le contrat d'assistance téléphonique qu'il essaie de lui faire signer. Malheureusement, cette visite n'a nullement rassuré la gérante. Elle trouve ridicule d'imaginer qu'elle puisse remettre son système en marche sur la seule foi d'instructions téléphoniques.

À l'issue de cette visite, sa seule réaction a été de se demander : « Comment peuvent-ils essayer de faire gober ça à leurs clients ? » Elle a commencé à perdre confiance. « Combien de temps faut-il pour venir à bout d'une panne du système ? Deux heures ? Une journée ? Mon Dieu ! Si le restaurant est plongé dans le chaos pendant toute une journée, il perdra une partie de sa clientèle ! »

En attendant le directeur commercial, la gérante fait les cent pas dans son bureau. Elle imagine l'effet d'une panne du système dans un restaurant bondé. Ce serait à elle de gérer la crise.

Quelqu'un sonne à l'interphone. C'est le directeur commercial, un homme chaleureux et si affable qu'il est difficile à cerner. Elle adorerait pouvoir lui dire ce qu'elle a sur le cœur et payer le prix nécessaire pour qu'il la libère de tout souci. Malheureusement, elle ne lui fait pas confiance et se méfie des conseils qu'il pourrait lui donner. Comment demander de l'aide à quelqu'un au sujet duquel on a des doutes ?

Le directeur commercial est tout à fait conscient des doutes et de l'inexpérience de la gérante. Il sent qu'elle recommence à paniquer et aimerait pouvoir la rassurer. Ne sachant que faire, il patiente. Le contrat d'assistance – comme il le redoutait – peut faire capoter toute l'affaire. Si la gérante insiste pour qu'un technicien intervienne sur site au lieu de se contenter de l'assistance téléphonique coutumière, les contrats coûteront plus d'argent à la société informatique qu'ils ne lui en rapporteront.

En bon Neuf, il se sent déchiré entre les souhaits de sa cliente et les intérêts de son employeur. Il déteste les conflits qui surgissent quand il doit dire non et fixer des bornes à ses clients. Il doit lutter contre la tentation d'accepter toutes les exigences de la gérante.

Le vent tourne

Le Médiateur passe en revue les éléments dont il dispose : la gérante, dans son extrême prudence, a acheté un progiciel haut de gamme, le plus fiable du marché. Le directeur commercial n'a même pas insisté sur le caractère révolutionnaire du progiciel, tant il est évident que la gérante fuit les risques. Il a joué sur son souci de sécurité et a lourdement insisté sur ce que sa cliente avait envie d'entendre : « Notre société est la plus réputée de toute la région. Nous sommes implantés ici depuis des années. Dans le restaurant que vous avez visité, notre progiciel fonctionne depuis dix-huit mois sans le moindre problème. » Tout ce qu'il dit est vrai, mais il se rend compte qu'il ne peut pas la rassurer éternellement. Réfléchir à la situation de sa cliente le met mal à l'aise. Il se met facilement à sa place et souhaiterait pouvoir la rassurer, mais il ne peut pas faire perdre de l'argent à sa société.

Conclure un contrat de vente avec cette chaîne de restaurants permettrait d'approcher d'autres entreprises du coin. L'importance de ce contrat va donc bien au-delà de sa propre commission. Il est persuadé que la gérante ne trouvera pas mieux ailleurs. Il doit à tout prix la rasséréner avant qu'elle ne fasse machine arrière. Il comprend tout à fait la position de la Six : à peine nommée à son nouveau poste, elle est chargée de prendre une décision importante. Il se rappelle son propre baptême du feu professionnel : à l'époque, il avait eu l'impression que tout l'avenir de sa société pesait sur ses épaules. La gérante ressent peut-être la même impression. En bon Neuf, le directeur commercial compatit et se met à sa place : la gérante ne doit voir en lui qu'un inconnu cherchant à lui faire signer un contrat.

En se mettant ainsi à la place de sa cliente, le Neuf sort de l'impasse. Il ne se sent plus partagé entre des impératifs contraires et voit comment procéder. Au lieu de s'opposer au besoin de sécurité de sa clientèle en l'incitant à choisir la solution de l'assistance téléphonique, il décide d'apaiser ses craintes. Jusqu'à présent, la gérante n'a jamais tiqué sur les prix qu'il lui a annoncés. Il décide donc de lui proposer un système extrêmement protecteur, avec l'achat d'ordinateurs de rechange et l'intervention sur site d'un technicien, tout en lui précisant que ce système aura un coût élevé. Il lui proposera également la solution de l'assistance téléphonique, beaucoup plus raisonnable à ses yeux. Peut-être qu'ils arriveront à un compromis entre ces deux extrêmes.

Curieusement, la gérante s'anime quand il lui propose d'acquérir des ordinateurs supplémentaires, même si elle reconnaît qu'un tel investissement serait trop lourd pour sa chaîne de restaurants. La perspective de bénéficier d'un tel dispositif de protection la sécurise. La gérante se détend et le directeur commercial se sent mieux. Il a ouvert une brèche sans sacrifier ses propres priorités aux exigences de sa cliente.

Dénouement

Face à l'envie de sécurité totale de la Six, le Neuf lui répète ses arguments : « Vous n'avez pas les moyens de financer une sécurité plus complète. C'est un bon système. Rien n'est jamais sûr à cent pour cent. D'ailleurs, on ne vous laissera pas tomber en cas de problème. »

La Loyale-sceptique s'accroche à cette promesse comme à une bouée de sauvetage. Elle peut faire confiance à son frère pour avoir pris tous les renseignements nécessaires. En outre, la société du directeur commercial jouit d'une excellente réputation. Certes, elle est sûre que les ordinateurs tomberont en panne. Mais si elle peut compter sur la promesse du Neuf, pourquoi pas ?

Le directeur commercial voit que son interlocutrice est en train d'étudier le problème. Il la laisse s'interroger. Intérieurement, il est maintenant sûr que tout finira bien. Certes, la gérante continue à hésiter : « Comment puis-je en être sûre à cent pour cent ? À qui pourrai-je m'adresser si le système tombe en panne ? » Le Neuf s'emploie à la rassurer : « Nous avons fait nos preuves, nous avons une excellente réputation, nous sommes implantés dans la région depuis des années. »

Finalement, le Neuf lui propose un compromis : « Si notre service d'assistance n'arrive pas à régler le problème par téléphone, je m'engage à vous envoyer un technicien sur site dans l'heure. » Cette proposition fait mouche. La gérante interprète la proposition comme une promesse ferme de la sauver dans l'heure. En outre, la perspective de la présence physique d'un technicien la rassure.

De son côté, le directeur commercial ne compte envoyer un technicien sur place qu'en dernière extrémité. L'assistance téléphonique reste au cœur du dispositif. C'est donc une bonne opération pour sa société.

Comme le montre cet exemple, les Neuf ne s'appellent pas les « Médiateurs » par hasard. Dès qu'il a mesuré le besoin de sécurité de la Six, le directeur commercial a proposé un compromis habile. Il a renversé la situation grâce à une phrase magique, « On ne vous laissera pas tomber », sans pour autant perdre de vue ses propres priorités.

Comme ce directeur commercial, rappelez-vous que :

En cas de conflit, les Neuf doivent apprendre à ne pas oublier leurs propres intérêts à force de s'identifier aux autres. Conscient de sa tendance à négliger ses propres priorités, le directeur commercial a fait l'effort de défendre les intérêts de sa société face à ceux de sa cliente. Au lieu de paniquer ou de proposer un compromis prématuré, il a tenu compte de tous les acteurs en présence tout en prenant les inquiétudes de sa cliente à cœur.

CONCLUSION

Agir juste, comprendre, respecter et manager

IL EST SOUVENT RASSURANT DE DÉCOUVRIR SON ENNÉATYPE, car on comprend qu'on n'est pas seul au monde, que sa vision des choses est partagée par des millions de personnes à travers la planète. Cette prise de conscience était autrefois réservée aux personnes qui pratiquaient la méditation et qui souhaitaient se libérer de tout obstacle interne à la pratique de leur spiritualité. Toutes les civilisations se sont intéressées aux moines à l'esprit de jugement, aux moines à l'esprit d'excès et aux moines à l'esprit qui doute. Pourtant, nous mesurons rarement à quel point les choses nous paraîtraient différentes si nous adoptions le point de vue d'un autre.

Nous sommes encore entourés de moines à l'esprit de jugement. Simplement, aujourd'hui, ils portent un costume-cravate et travaillent dans une tour. Équipés d'un véritable radar interne à erreurs, ils passent leur temps à se jauger et à jauger les autres. De même, nos moines à l'esprit qui doute continuent de voir l'univers comme leurs lointains ancêtres. Ils passent leur temps à se poser des questions, non pas par choix, mais parce que le doute est la pierre de touche de leur stratégie de survie affective.

Imaginons qu'un Six partage un bureau avec une Trois et qu'en bonne Battante, cette dernière ait tendance à se surestimer. Les deux collègues lèvent la tête en entendant leur supérieur, un Neuf, avancer dans leur direction. Leur supérieur, en bon moine à l'esprit paresseux, est tout à fait détendu. La matinée s'annonce calme, sans décisions urgentes à prendre, et il s'en réjouit. Il n'a aucun rendez-vous avec des clients, le rapport qu'il a chargé ses subordonnés de rédiger est en bonne voie et l'ambiance au bureau est détendue.

Dès que son supérieur apparaît, le Loyal-sceptique s'alarme. Il observe le visage et les gestes du Neuf, à la recherche d'indices. « Pourquoi vient-il maintenant? On a déjà fini le rapport, mais il n'est pas censé le savoir: il nous l'avait demandé pour demain. Qu'est-ce que j'ai fait? » En revanche, la Battante voit dans cette visite inopinée l'occasion d'impressionner son supérieur par son efficacité et son enthousiasme. Elle lui fait signe d'avancer et, avec un grand sourire, lui montre le rapport qu'il attendait pour le lendemain. Son supérieur est agréablement surpris et le lui montre. Une fois de plus, elle a tiré la couverture à elle.

Si le Six ne réagit pas, des scènes de ce genre se reproduiront indéfiniment. La Trois attirera toujours l'attention sur ses propres mérites. Pendant ce temps-là, le Six passera son temps à anticiper avec vigilance toutes les difficultés susceptibles de survenir, et leur supérieur aggravera le problème en ne cherchant pas à en savoir plus. Si ce trio connaissait l'Ennéagramme, il en irait autrement: chacun de ses membres connaîtrait la position des autres et verrait la situation sous un autre angle.

Le Six serait soulagé de découvrir que la Battante n'a rien contre lui et n'a pas l'impression de mal agir. Après tout, toutes les personnes ayant participé à l'élaboration du rapport l'ont signé. Leur contribution a donc été reconnue à leur juste valeur. Si c'est elle qui a attiré l'attention de leur supérieur sur la diligence et les efforts de l'équipe, quelle importance? Elle a travaillé dur, le supérieur est satisfait. Tout le monde en sort gagnant.

En se mettant à la place de la Trois, le Six se rend compte que seule l'approbation de son supérieur compte aux yeux de celle-ci. La Battante ne cherche pas à vexer son collègue, loin de là. Simplement, elle est si focalisée sur son supérieur que les sentiments n'entrent pas en ligne de compte – pas plus les siens propres que ceux des autres, d'ailleurs. Si le Six allait plus loin dans sa réflexion, il se rendrait compte que sa collègue cherche même à se faire apprécier de lui – du moins, quand c'est compatible avec ses autres objectifs.

Le Six se rend compte qu'il critique les initiatives de sa collègue sans jamais en prendre lui-même. Alors que la Trois a seulement l'impression de se montrer dynamique, il interprète ses actes comme des agressions, mais sans le lui dire. S'il essayait de lui faire comprendre qu'il l'apprécie, serait-elle prête à moins tirer la couverture à elle ? Doit-il courir ce risque ? Seul un travail sur lui-même peut lui permettre de faire changer les choses, si le principal obstacle au changement réside dans sa tendance au doute permanent.

De même, si elle se mettait à la place du Six, la Battante comprendrait qu'elle semble prête à écraser les autres pour se faire une place au soleil. Au lieu de ne pas tenir compte de son collègue, elle devrait devenir son alliée en cessant de se mettre en avant aux dépens des autres. La Trois devrait même inciter le Six à présenter lui-même le rapport suivant à leur supérieur. Si elle connaissait l'Ennéagramme, elle saurait que les doutes des Six s'évanouissent quand ils se sentent en confiance. Toujours est-il que le plus grand obstacle au travail d'équipe efficace auquel elle aspire tient à son propre désir de surpasser les autres.

Quant au supérieur, le moine à l'esprit paresseux, il doit réagir. Pour l'instant, la Battante cherche à attirer son attention tandis que le Loyal-sceptique reste en retrait. Il faudrait équilibrer la situation en reconnaissant le travail des deux collègues à sa juste valeur. Le Médiateur ne le fait pas car il craint que ce rééquilibrage ne conduise à un conflit.

La Battante considère son supérieur comme un homme cherchant avant tout à éviter les ennuis. À vrai dire, son supérieur ne serait pas choqué par une telle analyse : après tout, pourquoi intervenir quand les choses s'arrangent parfois d'elles-mêmes ? Le supérieur subodore sans doute qu'il se fait manipuler par la Battante, mais il préfère éviter les conflits et attendre que le Six proteste. Or, le Six n'a nullement conscience de la tendance de son supérieur à peser le pour et le contre. Il ne voit qu'un homme crédule flatté par une collègue monstrueusement ambitieuse, et cette analyse ne fait que renforcer ses doutes.

Même s'il est conscient qu'il doit intervenir, le supérieur peut continuer à hésiter par habitude. En bon Neuf, il entre facilement dans une routine et peut se plonger dans la paperasse au lieu de

L'Ennéagramme suscite souvent les questions suivantes : « Quel ennéatype convient le mieux à tel ou tel travail? », « Comment constituer une équipe idéale? ». La réponse est la suivante : « Trouvez des personnes mûres! ». Un employé doit être embauché pour ses compétences, sa créativité, son expérience professionnelle et son aptitude à se comporter en adulte, pas pour son ennéatype. Il n'empêche que cet ennéatype influe sur le travail d'équipe, le style de management, la prise de décision et toutes les interactions du monde du travail.

Nous avons vu comment les êtres appartenant aux divers ennéatypes communiquent, gèrent leur temps, négocient, se motivent et se forment. Toutefois, l'Ennéagramme ne vise pas essentiellement à mieux comprendre les autres. Le plus important est d'apprendre à prendre du recul et à nommer son propre cadre de pensée au lieu de rester en pilotage automatique. Cet effort permet de consacrer toutes ses facultés mentales à exprimer pleinement son potentiel professionnel et spirituel.

BREF HISTORIQUE DES THÉORICIENS DE L'ENNÉAGRAMME

L'OCCIDENT A DÉCOUVERT L'ENNÉAGRAMME grâce à GEORGE IVANOVICH GURDJIEFF (1872-1949), maître spirituel doté d'un charisme considérable. Gurdjieff a vécu et enseigné à une époque où les théories de Freud sur l'inconscient n'étaient pas encore popularisées. Affirmant avoir découvert ce système dans des sources spirituelles traditionnelles, Gurdjieff a été le premier à représenter l'Ennéagramme sous la forme d'une étoile à neuf branches. Gurdjieff fondait son enseignement sur ce qu'il appelait « la caractéristique principale » de chaque individu. L'étoile à neuf branches que nous utilisons encore aujourd'hui est devenue le symbole de son apport. Des écoles Gurdjieff existent dans la plupart des grandes villes des États-Unis et d'Europe.

Tous les professionnels de l'Ennéagramme doivent beaucoup à OSCAR ICHAZO, qui a lancé bon nombre des idées fondamentales qui ont enrichi la réflexion psychologique et spirituelle sur l'Ennéagramme. Oscar Ichazo a associé les passions décrites par les traditions spirituelles à l'étoile à neuf branches et a donné ses propres descriptions des divers ennéatypes. C'est sans aucun doute le plus grand théoricien moderne de l'Ennéagramme. L'enseignement d'Oscar Ichazo est diffusé par l'Arica Institute de New York[1], qui publie ses livres et d'autres ouvrages consacrés à sa réflexion sur les « ennéagones ». Les réflexions du présent ouvrage buent, chacun à leur manière, à la diffusion et à l'avenir de l'Ennéagramme.

Je remercie tout spécialement les nombreux cadres qui, malgré leur emploi du temps chargé, défendent l'Ennéagramme sur leur lieu de travail: Ellen Levin, Dale Knutsen, Stephen Winters, Courtney Behm, Bob et Claire Crawford Mason, Ilene et Michael Gerber et leurs collègues. Ils m'ont incitée à me consacrer à l'étude de l'Ennéagramme sous l'angle de l'environnement professionnel.

Je suis extrêmement reconnaissante à mes interlocuteurs de Harmony Books, dont les encouragements infatigables et l'excellent travail ont permis la rédaction et la publication de cet ouvrage: Leslie Meredith, Sherry Rifkin, Peter Guzzardi et surtout Joanna Burgess, qui m'a énormément soutenue.

Pistes de lecture chez le même éditeur

Arriver à le dire… même quand c'est difficile – Trouver les mots vrais, le ton juste et l'attitude adaptée, Fabrice Lacombe

Bien se connaître pour bien piloter sa vie – Savoir ce que l'on veut et concrétiser ses ambitions, 2e édition, Érica Guilane-Nachez

Choisir sa vie – Découvrir et réaliser ses valeurs et ses buts de vie avec la PNL, 2e édition, Josiane de Saint Paul

Confiance en soi, estime de soi – Les deux piliers de notre équilibre personnel et social, Josiane de Saint Paul

Comment leur dire… La Process Communication, Gérard Collignon

Communiquer avec une victime de l'alcool, François Besançon

Construire sa vie adulte – Comment devenir son propre coach, Jane Turner, Bernard Hévin

Derrière la magie, la PNL, Alain Cayrol, Josiane de Saint Paul

Devenir acteur de sa vie – Objectif épanouissement : gérer son stress et ses émotions, Bernard Sananés

Former au Développement personnel – Objectifs et principes d'action, Myriam Orazzo

Influencer avec intégrité – La PNL dans l'entreprise, Génie Laborde

Intégrez la dynamique du coaching à votre vie… ou comment devenir votre meilleur allié, Cégolène Colonna

L'ABC des émotions – Développez votre intelligence émotionnelle, Claude Steiner, avec Paul Perry

Le chantage affectif – Quand ceux que nous aimons nous manipulent, Susan Forward, avec Donna Frazier

Les cycles de l'identité – Comment se développent nos compétences tout au long de notre vie, Pamela Levin

Le développement personnel, c'est quoi ? – Savoir enfin de quoi on parle, Gilles Prod'homme

L'Esprit de la magie, la PNL, 2e édition, Josiane de Saint Paul, Sylvie Tenenbaum

Le pouvoir de négocier – S'affronter sans violence : l'espace gagnant-gagnant en négociation, 3e édition, François Delivré

Le recadrage – Transformer la perception de la réalité avec la PNL, Richard Bandler, John Grinder

La Ligne du Temps – Un outil pour dresser son bilan personnel et réorganiser sa vie, Jane Turner

Mobiliser toutes les facettes de sa personnalité – Gérez votre « entreprise intérieure » comme un bon manager, Pierre Blanc-Sahnoun

Nos paysages intérieurs – Ces idées qui nous façonnent, 2e édition, Sylvie Tenenbaum

Que faire quand la vie nous malmène... agir ou subir ?, 2e édition, Nelly Bidot, Bernard Morat

Qu'est-ce qui m'empêche de me sentir bien ? – Pour en finir avec l'insatisfaction chronique, Laurie Ashner, Mitch Meyerson

Question de temps – Un manuel de gestion du temps avec des exercices, 2e édition, François Delivré

Réussir sa vie aujourd'hui – Dynamique, outils et stratégies, Guy Missoum

Savoir convaincre – Faire passer ses idées en toute circonstance, Gerry Spence

S'entraîner à la PNL au quotidien – 80 jours pour maîtriser les outils de base de la PNL, 2e édition, Nelly Bidot, Bernard Morat

Surmonter le deuil de ses parents, Alexander Levy

Transactions – Exercices et cas d'analyse transactionnelle, 2e édition,Gysa Jaoui, Marie-Claude Gourdin

Travailler avec les hommes : les règles du jeu – Tout ce qu'une femme doit savoir pour réussir dans un monde d'hommes, Adrienne Mendell

Visualisation, des images pour des actes – Comment cela fonctionne, pourquoi cela marche, 3e édition, François Paul-Cavallier

Vous et votre projet – Réaliser les rêves qui vous tiennent à cœur, Michel Chalude

Vous pouvez vaincre la dépression – Comprendre pour agir, John Preston

901359 – (III) – OSB 90° – FAB – MGR
Dépôt légal : mai 2005 – Suite du tirage : septembre 2017
Dépôt légal de la 1re édition : mai 2003

Achevé d'imprimer par Dupli-Print à Domont (95)
N° d'impression : 2017072588
www.dupli-print.fr

Imprimé en France